### 数字驱动

# 数字经济与企业变革研究

>>>>>> 宋承蕾 彭 爽 张斐然 ◎ 著

汕頭大學出版社

图书在版编目（CIP）数据

数字驱动：数字经济与企业变革研究 / 宋承蕾，彭爽，张斐然著． -- 汕头：汕头大学出版社，2024.7．
ISBN 978-7-5658-5346-3

Ⅰ．F279.21

中国国家版本馆 CIP 数据核字第 2024YZ3133 号

## 数字驱动：数字经济与企业变革研究
SHUZI QUDONG：SHUZI JINGJI YU QIYE BIANGE YANJIU

著　　者：宋承蕾　彭　爽　张斐然
责任编辑：郭　炜
责任技编：黄东生
封面设计：寒　露
出版发行：汕头大学出版社
　　　　　广东省汕头市大学路 243 号汕头大学校园内　邮政编码：515063
电　　话：0754-82904613
印　　刷：河北万卷印刷有限公司
开　　本：710 mm×1000 mm　1/16
印　　张：16.75
字　　数：230 千字
版　　次：2024 年 7 月第 1 版
印　　次：2024 年 8 月第 1 次印刷
定　　价：98.00 元
ISBN 978-7-5658-5346-3

版权所有，翻版必究

如发现印装质量问题，请与承印厂联系退换

# 前 言
## preface

　　数字经济是由新一代信息技术与实体经济深度融合而产生的新经济形态。随着经济全球化和技术革新的加速，我国的数字经济展现出强劲的发展势头，并成为推动经济增长的重要力量。数字经济不仅代表了经济未来发展方向，也是国家和企业把握时代脉搏、实现跨越式发展的重要机遇。要实现数字经济的高质量发展，就要深化大数据技术、互联网技术、云计算技术和人工智能技术等新一代信息技术与企业发展战略的融合，催生新技术、新产品、新产业、新业态和新模式。同时，要自主创新，矢志不移地进行科技攻关，实现自主可控，促进企业数字化转型升级。这也是发展数字经济的主要目标之一。实现企业数字化转型升级，深化企业变革，是当前企业发展的关键点。

　　本书共分为七章。第一章为数字经济综述，主要介绍数字经济的概念、特征、体系架构，以及发展数字经济的意义和策略，为读者构建一个全面的数字经济理论框架，帮助读者深入理解数字经济的本质及数字经济对社会、经济发展的影响。第二章分析数字经济时代企业发展面临的挑战与机遇，分析企业数字化转型的必要性和紧迫性，并提出企业数字化转型的总体规划，为企业绘制数字化转型路线图提供理论支持和实践指导。第三章首先介绍企业组织结构的基本知识，然后分析数字经济时代对企业组织结构的新要求，最后提出数字经济时代企业组织结构的新模式。第四章首先介绍企业文化的基本知识，然后分析数字经济时代对企业文化的新要求，最后探讨数字经济时代新型企业文化建设。第五章先对企业财务管理变革进行整体介绍，接着分析企业数字化财务管理体系的构建，最后探讨企业数字化财务管理报告的编制和使用。第六章先对企业人力资源管理变革进行整体介绍，接着分析企业人力资源管理数字化转型的原则，最后提出企业人力资源数字化管理的路径。第七章先对企业营销变革进行整体介绍，接着分析企业数字营销的实施策略，最后探讨数字经济时代的企业精准营销。

  本书结构严谨，内容丰富，为数字经济发展提供了一定的理论依据，具有理论参考价值，适合学术研究人员、学生、企业决策者和管理者参考。不过，尽管本书致力全面探讨数字经济及其对企业变革的影响，但鉴于数字经济的广泛性和探索的复杂性，本书的研究不可避免地存在一些局限。因此，诚挚地欢迎业界前辈、同行及广大读者提出宝贵意见和建议，以共同推进数字经济及企业变革研究的深化。

# 目 录
## contents

**第一章　数字经济综述 / 1**

　　第一节　数字经济的概念 / 3

　　第二节　数字经济的特征 / 11

　　第三节　数字经济的体系架构 / 22

　　第四节　发展数字经济的意义与策略 / 33

**第二章　数字经济时代的企业发展 / 45**

　　第一节　数字经济时代企业发展面临的挑战及机遇 / 47

　　第二节　数字经济时代企业的数字化转型 / 54

**第三章　数字经济引领企业组织结构变革 / 83**

　　第一节　企业组织结构概述 / 85

　　第二节　数字经济时代对企业组织结构的新要求 / 94

　　第三节　数字经济时代企业组织结构的新模式 / 99

**第四章　数字经济重塑企业文化 / 107**

　　第一节　企业文化概述 / 109

　　第二节　数字经济时代对企业文化的新要求 / 114

　　第三节　数字经济时代新型企业文化建设 / 120

## 第五章　数字经济引领企业财务管理变革　/ 129

第一节　企业财务管理变革概述　/ 131

第二节　企业数字化财务管理体系的构建　/ 147

第三节　企业数字化财务管理报告的编制和使用　/ 167

## 第六章　数字经济引领企业人力资源管理变革　/ 177

第一节　企业人力资源管理变革概述　/ 179

第二节　企业人力资源管理数字化转型的原则　/ 192

第三节　企业人力资源数字化管理的路径规划　/ 196

## 第七章　数字经济引领企业营销变革　/ 213

第一节　企业营销变革概述　/ 215

第二节　企业数字营销的实施策略　/ 228

第三节　数字经济时代的企业精准营销　/ 247

## 参考文献　/ 255

# 第一章 数字经济综述

## 第一节　数字经济的概念

### 一、数字经济的内涵与外延

#### （一）数字经济的内涵

数字经济是一种随着信息技术的发展而逐渐形成和发展起来的经济形态，体现了信息技术对经济活动的深刻影响和作用。

20世纪末，数字技术开始影响信息产业之外的领域，促进了传统行业的数字化转型，同时，催生了新的生产要素和商业模式。在这样的技术发展和应用背景下，尼葛洛庞帝（Nicholas Negroponte）的《数字化生存》一书广受欢迎，数字化概念兴起。1996年，美国学者泰普斯科特（Don Tapscott）在《数字经济：网络智能时代的前景与风险》中正式提出数字经济概念。1998年、1999年和2000年，美国商务部先后出版了名为《浮现中的数字经济》《浮现中的数字经济Ⅱ》《数字经济2000》的研究报告，这些研究推动了21世纪之初数字经济概念的传播，使数字经济概念被广泛接受。

目前，学术界对数字经济的概念界定主要有以下几种观点。

一是数字经济就是在数字技术的基础上形成的经济，是数据在网络中流行而产生的一种经济。数字经济的基本特征主要有三点：一是数字技术在大范围内被推广使用，使得经济环境与经济活动发生了根本性改变；二是经济活动在信息网络中发生的频率提高；三是信息技术使经济结构得以优化，并推动了经济增长。

二是数字经济可界定为以知识为基础，在数字技术催化作用下，在制造领域、管理领域和流通领域以数字化形式表现的新经济形态。这一概念的界定包括三个方面：数字经济在形式上表现为商业经济行为的不断数字化、网络化和电子化，即电子商务的蓬勃发展；在内容上表现为传统产业的不断数字化以及新兴数字化产业的蓬勃发展；实质是在以创新为特征的知识社会中，当以 1 和 0 为基础的数字技术发展到一定阶段，信息数字化扩展到整个经济社会的必然趋势。①

三是数字经济是依托互联网平台及媒体而开展的交易行为。

四是数字经济是以信息及数字化知识为核心生产要素，依托互联网，在数字技术驱动下形成的经济形态。

以上定义虽然各有侧重，且范围不同，但都认为数字经济是一种基于数字技术的经济。通过梳理相关文献，分析国内数字经济发展实践，笔者认为，数字经济是指以数字化的知识和信息为关键生产要素，以现代信息网络为重要载体，以信息通信技术的有效使用为效率提升、经济结构优化的重要推动力的一系列经济活动。②

通常，可以从狭义和广义两个方面去理解数字经济。狭义的数字经济主要指的是基于数字产品或服务的商业模式产生的产出，也就是那些完全或主要由数字技术驱动的产业，如软件制造、信息服务等。这些产业在生产过程中主要依赖数字化的信息和技术，构成了数字经济的核心部门（或数字部门）。广义的数字经济包含狭义的数字经济，是指一切基于数字技术

---

① 何枭吟.美国数字经济研究 [D].长春：吉林大学，2005：15.
② 中央网络安全和信息化委员会办公室，中华人民共和国国家互联网信息办公室.二十国集团数字经济发展与合作倡议 [EB/OL].（2016-09-29）[2024-02-18].http://www.cac.gov.cn/2016-09/29/c_1119648520.htm.

的经济活动。任何应用数字技术的行业，如工业 4.0、精准农业、电子商务等，都可以被视为数字经济的一部分。①

### （二）数字经济的外延

2021 年 5 月，国家统计局发布了国家统计局令第 33 号《数字经济及其核心产业统计分类（2021）》，全面统计了和数字技术关系比较密切的产业，这些产业分为数字产品制造业、数字产品服务业、数字技术应用业、数字要素驱动业、数字化效率提升业五大类，如图 1-1 所示。

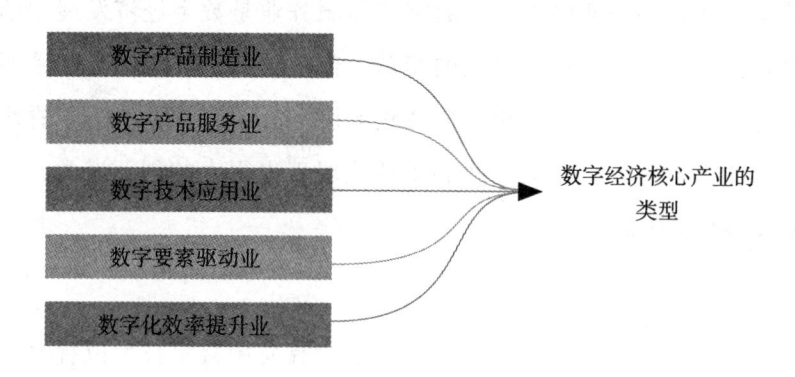

**图 1-1 数字经济核心产业的类型**

**1. 数字产品制造业**

数字产品制造业是指利用数字技术生产数字化设备和产品的行业，主要包括计算机硬件、通信设备、智能穿戴设备及其他智能硬件的生产和制造。这类产业的核心是将传统制造业与新的数字技术相结合，实现产品的智能化和数字化。通过引入先进的数字化设计、生产控制系统、物联网技术及人工智能，数字产品制造业不仅提高了生产效率和产品质量，还推动了产品的创新。这类产业的典型特征是高度依赖研发创新，对于推动技术进步和满足市场多样化需求具有重要作用。随着第五代移动通信技术（5th generation

---

① 裴长洪，倪江飞，李越. 数字经济的政治经济学分析 [J]. 财贸经济，2018，39（9）：5-22.

mobile communication technology, 5G）、人工智能技术等前沿技术的发展和应用，数字产品制造业成为推动全球产业升级和经济增长的关键力量。

2. 数字产品服务业

数字产品服务业涵盖了提供数字内容、软件、平台和相关服务的广泛领域，不仅包括软件开发和信息技术服务，还包括云计算服务、大数据分析、数字媒体和娱乐、电子商务及在线教育等。这类产业的特点是依托互联网和其他数字通信网络提供服务，以数据为核心，通过各种平台和应用程序满足消费者和企业的需求。数字产品服务业是数字经济发展中活跃的部分之一，推动了信息传播方式的变革，促进了知识共享，提高了服务效率，并为消费者提供了个性化、多样化的服务。随着技术的不断进步和消费者需求的日益多元化，数字产品服务业展现出很大的创新潜力，为人们提供了较多的市场机会。

3. 数字技术应用业

数字技术应用业是指在非数字产业中广泛应用数字技术以提升效率和创新能力的行业，包括利用数字技术对传统制造业进行升级改造，以及农业、教育、医疗、金融、物流等领域的数字化转型。这类产业的核心在于通过引入云计算技术、大数据分析技术、物联网技术、人工智能技术等数字技术，改造传统业务流程，提高生产效率，降低运营成本，同时，创造新的商业模式和服务模式。数字技术应用业的发展不仅加速了各行各业的数字化进程，也为企业提供了强大的数据支持和决策工具，有利于提高企业竞争力。随着数字技术的成熟和应用领域的扩大，数字技术应用业的影响力和贡献将持续增长，这类产业成为推动社会经济发展的重要力量。

4. 数字要素驱动业

数字要素驱动业关注的是利用数字技术驱动传统产业和新兴产业创新、升级的过程。这类产业需要投入数字要素，如数据资源、算法模型、人工智能、区块链等，从而获得发展动力。这类产业涉及通过数字要素提升社会生产力和创新能力，实现产业结构的优化和经济增长方式的转变。在数字要素驱动业中，数据被视为新型的生产资料，算法和人工智能成为重要的生产工具，区块链技术等为经济活动提供了新的组织形式。这类产业的发展标志着数字经济进入以数据为核心驱动力的新阶段，不仅推动了信息技术产业的创新发展，也为传统产业的数字化转型提供了技术基础和动力源泉。随着大数据技术、云计算技术、物联网技术和人工智能技术等关键技术的广泛应用，数字要素驱动业成为推动经济高质量发展的关键力量。[1]

5. 数字化效率提升业

数字化效率提升业专注于通过数字技术提升企业运营效率和经济活动的效率，如采用数字技术改进企业内部管理、生产流程、供应链管理、客户关系管理等，核心目标是通过数字化手段实现成本降低、效率提升、响应速度加快和服务质量提升。企业和其他组织应用先进的信息技术和系统，如企业资源计划（enterprise resource planning, ERP）系统、客户关系管理（customer relationship management, CRM）系统、供应链管理（supply chain management, SCM）系统及各种协同工作工具，实现业务流程的优化和管理效率的提升。此外，数字化效率提升业也涉及利用大数据分析技术、云计算等技术手段，对企业运营进行智能化决策支持，从而使企业在激烈的市场竞争中获得优势。随着数字技术不断进步和应用领域的扩展，数字化效率提升业在推动企业数字化转型和提升国家经济效率方面发挥越来越重要的作用。

---

[1] 杨瑾，傅德印. 数字经济对劳动生产率的影响：基于省级面板数据的实证[J]. 统计与决策，2023，39（1）：5-10.

## 二、数字经济与相关概念的联系和区别

### (一) 数字经济与信息经济的联系和区别

信息经济是以信息活动和信息产业为核心的经济形态,强调信息的生产、获取、处理和应用对经济发展的重要性。[①] 这一概念由马克卢普(Fritz Marchlup)和波拉特(Marc U. Porat)等学者提出,在 20 世纪 80 年代被美国经济学家保尔·霍肯(Paul Hawken)在其著作《未来的经济》中进一步阐述和推广。从宏观角度看,信息经济主要强调信息作为生产要素的特性、功能以及对经济系统的影响条件和影响规律。从这个角度来看,信息经济与知识经济是相通的,都属于同一范畴。从微观角度看,信息经济主要强调信息产业和信息产品的特性以及在国民经济中的地位和比重,也关注信息对国民经济的贡献。信息经济更强调信息产业部门经济。

信息经济是与数字经济最相似的概念,也是引起广泛研究的概念之一,但是两者在本质和范围上有明显的区别。

信息经济的重点是信息资源。信息经济关注的是信息的生产、分发和消费过程,而对信息的形式和处理方式不做特定的要求。无论是纸质的报纸、杂志,还是电子邮件、电子书等,只要它们是以信息为基础进行生产、分发和消费的,都可以被视为信息经济的一部分。数字经济的核心是数字化信息,通过数字技术对信息进行编码。在数字经济中,信息的传输和分享需要通过数字化的方式进行,信息的处理和决策要依赖大数据技术、云计算技术、人工智能技术等数字技术。尽管信息经济和数字经济都依赖信息资源,但数字经济对信息的形式和处理方式有更高的要求。

从发展历程上看,信息经济和数字经济是经济发展不同阶段的经济形态。信息经济的兴起早于数字经济,信息经济源于 20 世纪 40 年代至 90 年代信息技术的发展,主要表现为计算机技术、互联网等的应用。随着科技

---

[①] 宋爽. 数字经济概论[M]. 天津:天津大学出版社,2021:3.

的进步，尤其是21世纪初智能手机、社交媒体、云计算、大数据技术、人工智能技术等的出现，信息经济逐渐演化为数字经济。

数字经济强调的是数字化、网络化和智能化技术，而信息经济则主要关注的是信息的生产、分发和消费过程。数字经济可以被视为信息经济的深化和发展。

### （二）数字经济与网络经济的联系与区别

网络经济又称互联网经济，是指基于互联网进行的以资源的生产、分配、交换和消费为主的经济活动。[①] 当前，网络经济有电子商务、即时通信、搜索引擎、网络游戏等多种形态。

网络经济的产生和发展与信息化、网络化的社会发展趋势密切相关，尤其与互联网技术的广泛应用和发展密切相关。网络经济的基本要素是信息和网络。网络经济的价值主要来自信息的收集、传输、处理和使用，网络是这些信息活动的主要载体。通过网络，各类经济主体可以在同一个平台上进行信息交流和资源配置，从而实现效率最大化。网络经济具有传统经济难以实现的优势，如开放性、实时性、全球覆盖性、互动性等，这些特性使得网络经济的效率和规模效应大大提高，且拓展了市场，改变了竞争格局。

数字经济与网络经济在很大程度上是相联系的，都依赖信息通信技术，尤其是互联网技术。数字经济与网络经济都强调信息的重要性，并且都依赖信息技术来进行信息的收集、分析和处理。这两种经济形态都把信息视为重要的经济资源，并通过提高信息的流通效率来提高经济效率。但两者也存在明显的差异。网络经济的核心在于网络，数字经济的核心在于数字化。网络经济的价值主要来自网络的连接和信息的流通，数字经济的价值主要来自数字技术的广泛应用，如大数据分析技术、云计算技术、人工智

---

[①] 何枭吟.数字经济与信息经济、网络经济和知识经济的内涵比较[J].时代金融，2011(29)：47.

能技术等的应用。此外，网络经济更加关注的是利用网络进行信息的传输和交易，数字经济更加注重利用数字技术改变生产和经营活动。在网络经济中，网络是经济活动的基础和载体；在数字经济中，数字技术是驱动经济发展的关键因素。

### （三）数字经济与知识经济的联系和区别

知识经济是以知识和信息为基本的生产要素，以创新为推动力，依赖知识创新和信息技术，实现经济增长的一种经济形态。[①] 在知识经济中，知识和信息不仅是生产和服务的主要内容，也是企业获得竞争优势的关键因素。知识经济的主要特征有知识创新的重要性、信息技术的广泛应用、经济全球化和产业结构的变化等。

知识经济的出现和发展是科技进步、经济全球化和信息化的必然结果。科技进步使得知识创新成为推动经济、社会发展的关键因素，经济全球化使得知识和信息可以在全球范围内流动，信息化提供了处理、传输知识和信息的有效手段。这些变化使得知识和信息成为经济增长和社会发展的关键因素，催生了知识经济。

数字经济和知识经济在很大程度上是相联系的。一方面，两者都重视知识和信息的价值，并且都将知识和信息视为重要的生产要素；另一方面，两者都依赖信息技术，如互联网技术、大数据技术、云计算技术、人工智能技术等。这些技术不仅改变了知识和信息的收集、处理、传播方式，也为知识创新提供了新的工具和平台。数字经济和知识经济也存在明显的差异。两者的差异主要体现在两方面。一是知识经济和数字经济的侧重点是不同的。知识经济注重知识创新和知识应用，强调知识作为生产要素的价值。数字经济更注重数字技术的应用，强调通过数字技术改进信息的收集、分析和处理，从而提高生产效率和经营效率。二是知识经济和数字经济处

---

① 姜德兴.管理信息的收集与处理[M].武汉：武汉大学出版社，2000：282.

于社会发展的不同阶段。知识经济是信息社会发展的早期阶段的经济，其主要特征是知识和信息的广泛应用。数字经济是信息社会发展的后期阶段的经济，其主要特征是数字技术的广泛应用。

总之，数字经济与信息经济、网络经济、知识经济既存在联系，又存在差异。信息经济强调信息技术相关产业对经济增长的影响，网络经济强调利用互联网进行的以资源生产、分配、交换和消费为主的经济活动，知识经济强调知识作为基础要素在经济发展中的作用，数字经济突出表现在整个经济领域的数字化上。数字经济以信息通信技术的重大突破为基础，以数字技术和实体经济融合驱动的产业梯次发展及经济创新发展为引擎，其概念与范畴、特征与界限、运行机理与架构等均产生了质的飞跃。[①] 随着新一代信息技术的颠覆式创新与融合式发展，当前发展数字经济的重点不仅包括发展互联网企业，也包括推动互联网、大数据、人工智能和实体经济深度融合。数字经济不是特指少数互联网领军企业，而是大力推进全产业、全主体、全要素、全业务、全渠道的数字化转型。

## 第二节　数字经济的特征

作为一种新的经济形态，无论在基本特征方面，还是在规律性特征方面，数字经济都呈现出有别于传统农业经济与工业经济的独特性。

---

① 杨佩卿. 数字经济的价值、发展重点及政策供给 [J]. 西安交通大学学报（社会科学版），2020，40（2）：57-65，144.

## 一、数字经济的基本特征

### (一) 数据资源成为数字经济的核心生产要素

在过去,经济发展依赖传统的生产要素,如土地、劳动力、资本和企业家才能。随着信息技术的发展,数据的价值得到了前所未有的重视。这不仅改变了生产方式,也改变了产业结构和市场竞争规则。

数据资源对创造新知识、新产品和新服务有重要作用。通过对大量数据进行收集、分析和应用,企业能够了解市场趋势,优化产品设计,提高生产效率,并实现个性化服务。基于数据的决策和创新为数字经济提供了强大的动力。数据资源也促进了生产模式的变革。在传统经济中,产品和服务的生产通常是线性的:原材料采购—生产—销售。在数字经济时代,基于数据分析和反馈能够实现更为灵活和动态的生产调整,满足消费者需求,提高资源利用效率。此外,数据资源还促进了新业态和新模式的产生。云计算技术、大数据技术、人工智能技术等技术的发展,推动了共享经济、平台经济等新业态的兴起。这些新业态以数据为基础,通过网络平台联结供需双方,降低了交易成本,提高了经济活动的效率和便捷性。

大量数据资源不仅给人类社会带来了许多新的价值增值,也为人类价值创造能力发生质的飞跃提供了不竭动力。[①] 数据要素有一些不同于其他要素的特征。第一,数据要素具备规模报酬递增的特性。随着数据量的增加,人们能够从数据中提取的信息量和价值增长。这与传统生产要素(如土地和劳动力)的规模报酬递减特性不同。在传统经济中,资源的增加会逐渐减少边际产出;在数字经济中,更多的数据可以带来更高的信息解析能力和创新潜力。第二,数据要素可重复使用、多人共享。与传统资源不同,数据的使用不会导致数据消耗。数据可以被无限次复制和共享,而不会降低价值。数据的这种特性使得数据能够成为支持协作、创新和知识传播的

---

① 黄奇帆,朱岩,邵平.数字经济:内涵与路径[M].北京:中信出版集团,2022:138.

基础，促进了生产效率提升和经济增长。第三，数据的非排他性和无限增长潜力，突破了传统经济中资源稀缺性的限制。在数字经济中，数据的创造和利用不受物理限制。理论上，数据可以无限扩展。这种无限增长的潜力使得数据成为一种独特的资源，能够支持无限创新和价值创造。这也意味着数据的价值依赖数据被收集、分析和应用的方式，以及数据收集、分析、应用背后的技术和人才。

数据要素的特性给经济发展带来了新的机遇，也引发了关于数据要素作为独立生产要素推动经济持续增长与永续发展的讨论。数据的价值不仅依赖数据量的积累，也依赖数据质的提升和应用效率的提高。此外，在数字经济背景下，经济增长和创新还依赖技术发展、数据治理和人才培养等。尽管数据具有规模报酬递增、可重复使用和非排他性等特征，但是数据作为独立生产要素推动经济增长的能力，建立在有效的数据管理、技术创新和政策支持等基础上。政府、企业和社会各界需要共同努力，确保数据资源的有效利用和可持续发展，从而使数据要素的价值和应用潜力最大化。

### （二）数字基础设施成为数字经济时代的关键基础设施

传统工业时代的经济基础设施以铁路、公路、机场、电网等为代表。数字经济时代的基础设施基于"云+网+端"的架构运行。数字基础设施可分为两种：一是专用型的数字基础设施，如宽带网络、大数据中心、云计算平台等，这些基础设施使得企业和个人能够以前所未有的速度和规模处理数据，推动了人工智能技术、物联网技术等技术的应用和发展，为新业态和新服务模式的出现提供了土壤；二是通过引入数字化组件对传统基础设施进行升级改造的混合型数字基础设施，如数字化交通系统和监测系统。对传统基础设施进行升级改造，不仅能提高这些系统的运行效率和可靠性，也能为城市管理和公共服务提供新的可能。这种数字化改造使得传统基础设施能够适应数字经济时代的需求，提升了整个社会的运行效率和人们的生活质量。

数字基础设施的建设和发展面临资金投入大、技术更新快、安全保障等挑战。政府、企业和社会各界需要共同努力，增加投资，优化管理，强化安全保障，以确保数字基础设施能够支撑数字经济的持续健康发展。未来，随着技术的进步，数字基础设施将继续发挥其不可或缺的作用，推动数字经济向更广阔的领域和更深层次发展。

### （三）数字技术的进步成为数字经济发展的不竭动力

数字经济展现出了强劲的增长势头，这离不开各种先进数字技术的支撑和驱动。从互联网的普及到移动通信的发展，再到人工智能技术、大数据技术、云计算技术、区块链技术等前沿技术的应用，每一次技术突破都为数字经济的发展注入了新的活力。

数字技术的进步不仅提高了信息处理的效率，还大大扩展了信息的应用范围，使得经济活动的各个环节更加紧密地相互联结。例如，大数据技术的应用使企业能够准确分析市场需求、实现精准营销；云计算提供了弹性的计算资源，降低了企业的信息技术成本，提高了企业运营效率；人工智能技术不仅改变了产品和服务的提供方式，还在医疗、教育、交通等领域具有广阔的应用前景。在数字技术的推动下，新的业态和新模式不断涌现，如共享经济、平台经济、远程办公等。这些新模式的出现不仅改变了人们的生活方式，也为经济发展创造了新的增长点。数字技术的进步也推动了传统产业的数字化转型，提升了产业链的智能化水平，促进了产业升级和增值。

在新时代，数字技术的创新是推动经济、社会发展的关键力量。未来，随着物联网技术、5G、量子计算技术等更多尖端技术的成熟，数字经济将进一步扩展，数字技术对经济增长的贡献将更加显著。政府、企业和研究机构应增加在技术研发和应用上的投入。政府需要构建更加完善的政策框架，以促进数字技术的发展和广泛应用。

## （四）具备数字素养成为数字经济时代对劳动者和消费者的新要求

数字素养不仅包括基本的计算机操作技能，也包括理解和利用数字信息、保护个人隐私和数据安全、批判性地评估和使用数字内容的能力。随着互联网、移动通信、人工智能等的广泛应用，数字技术已经渗透经济活动的每一个环节，劳动力市场对劳动者的要求发生了根本性的变化。当代劳动者需要具备足够的数字素养，才能适应智能化工作环境，使用各种数字工具和平台进行工作。大多数领域的职业都要求工作人员具备一定的数字技能，如数据分析、数字营销、在线协作等方面的技能。对消费者而言，数字素养同样重要。随着电子商务、数字支付、社交媒体等的普及，消费者在享受便利的同时，面临信息过载、网络诈骗、隐私泄露等风险。消费者具备良好的数字素养，能安全、有效地利用数字技术，维护自己的权益，同时，能够批判性地评估信息，做出明智的消费决策。

在数字经济时代，获取、分析和利用数字信息的能力对个人的职业发展、终身学习和生活都至关重要。这要求教育体系对数字素养的培养给予足够重视，从基础教育阶段开始就培养学生的信息技术应用能力、网络安全意识和批判性思维。

## （五）数字经济平台生态成为数字经济时代的主流商业模式

### 1. 平台化、生态化成为数字经济时代产业组织的核心特征

作为数字经济2.0的基础，数字平台依托数字基础设施，汇聚了数字经济背景下的数据等关键生产要素，创造了新的商业环境，不仅改变了单个企业的运作方式，使企业能够更容易地实现规模效应，还改变了传统商业模式中产品由生产者向消费者转移过程中的多级分销结构，显著降低了交易成本。得益于数字技术的支持，各个领域的中小企业通过接入广阔的数字经济2.0平台，在一定程度上摆脱了地理位置的束缚，实现了与全球消费

者和商家的直接联系。商家能直接服务消费者，增加了利润，也提升了全球消费者的福利水平。

2. 数字平台有助于资源的优化配置，促进价值创造与汇聚

一方面，信息通信技术企业及传统制造业企业快速向数字平台模式转型。以树根互联股份有限公司开发的工业互联网平台根云平台为例，该平台能够实时收集全球范围内接入设备的运行数据，基于此，提供大数据分析服务、预测服务、运营支持服务以及售后服务，推动客户商业模式创新。另一方面，自20世纪90年代至今，制造业、商贸、物流、交通、旅游等不同领域的数字平台如雨后春笋般涌现，促进了资源优化配置，其市值增长速度远超传统企业。

3. 数字平台推动价值创造主体实现多方互利共赢

在工业经济时代，传统企业作为价值创造主体采用上游原材料采购、中游加工生产、下游销售及售后服务的最终品线性价值创造模式，竞争对手越少，利润越丰厚；买卖双方集中在规模有限的大型超市等实体平台实现点对点交易。在数字经济时代，无论是新兴的平台企业，还是正在转型的传统企业，都能通过开放平台策略有效整合上游供应商、中游竞争者与下游客户，形成了一个互利共赢的生态系统。这不仅增强了平台的吸引力和竞争力，也提升了各价值创造主体的能力，使价值创造主体能够共同应对外部环境的变化和挑战。数字平台将传统的竞争关系转化为合作与共创的生态系统，通过开放平台战略吸引大量企业和消费者加入，不断提高平台的价值和竞争力，使得交易更高效、成本更低，还为所有参与者创造了更多的价值和机会。通过共享资源、数据和客户，数字平台上的企业可以快速地创新和响应市场变化，消费者能享受更多样化和个性化的产品与服务。此外，数字平台还促进了跨行业的合作和融合，打破了传统行业的界限，使得不同领域的企业可以在平台上相互学习、合作，共同探索新的商

业模式和市场机会。这种跨界合作不仅加速了技术的创新和应用，也给消费者带来了更加丰富的选择。

### （六）数字产业的基础性、先导性作用突出

在历史的长河中，每一次科技革命和产业变革都伴随着某些基础性和先导性产业的崛起。这些产业发展迅速，创新能力强，而且对其他产业的创新和发展具有显著的带动作用和外溢效应。正如蒸汽技术革命中的交通运输产业、电力技术革命中的电力电气产业以及信息技术革命中的信息产业，如今，随着数字经济时代的到来，集成了大数据技术、云计算技术、物联网技术、人工智能技术等核心数字技术的数字产业已经成为产业变革的基础性、先导性产业。

数字产业的基础性作用体现为数字产业为经济、社会发展提供了必要的技术和平台支撑。云计算技术、大数据技术、人工智能技术等数字技术的应用，不仅提升了信息处理的效率，也为各行各业提供了智能化转型的可能。这些技术是数字经济发展的基石，使得信息资源的获取、存储、处理和利用变得更加快捷和方便，为经济活动的各个环节注入了新的活力。数字产业的先导性作用体现为数字产业能够引领和推动新的经济增长点的形成。随着数字技术的不断进步和广泛应用，新的商业模式和产业形态不断涌现，如共享经济、平台经济、区块链经济等都是数字产业创新能力的直接体现。数字产业不仅为传统产业的升级提供了技术路径，也为经济发展开辟了新的空间，引领产业结构向更加先进、高效、绿色的方向转变。更重要的是，数字产业在促进社会经济发展的同时，推动了社会治理和服务模式的创新。利用大数据分析技术、云计算技术等，政府能够更加精准地进行社会管理和公共服务，提升管理效率和服务质量。此外，数字产业还能够通过技术创新促进教育事业、医疗事业、文化事业等社会事业的发展，提高人民生活质量，推动社会全面进步。

## （七）多方融合成为推动数字经济发展的主引擎

1. 数字产业与传统产业融合

随着数字技术的快速发展，人类经济活动从物理空间转移到虚拟网络上。随着传统行业数字化进程的加快，人类经济活动又从线上向线下实体空间扩展。这主要体现在两个方面：一方面，数字平台向线下扩展，通过收购或合作进入制造业、批发业、零售业等传统行业，催生新产业和新模式，如新娱乐、新零售、新制造和新金融等，扩展了经济活动的空间，丰富了人们的物质生活及精神生活；另一方面，传统行业，如制造业、金融业、物流业和娱乐业等，不断强化数字化融合和创新，将数字化融入战略管理、研发设计、生产制造、物流、售后服务等关键环节，促使智能制造、智慧物流、数字金融、泛娱乐等新兴业态出现。这种深度融合不仅提高了传统行业的生产效率和管理效能，还引领了消费者行为方式的根本变革。

2. 人类社会、网络世界和物理世界融合

数字技术的快速发展不仅改变了人们对网络世界的认识，也在重塑人类社会与物理世界的关系。在数字经济时代，网络世界已经不仅是物理世界的虚拟映象，也成为一种新型的社会和生存空间。对此，信息物理系统（cyber-physical systems, CPS）起到了关键作用。CPS 是集成了计算、传感器、制动器和通信功能的系统，使物体和环境能进行智能化互动。这种集成不仅加速了物理世界的发展，也使人类社会快速发展。随着人工智能、虚拟现实（virtual reality, VR）和增强现实（augmented reality, AR）等的发展，信息物理生物系统应运而生。这一系统不仅改变了人与物理世界的交互模式，还促进了人与机器更为协调的互动。这种人、网络、物的融合进一步加速了人类社会、网络世界、物理世界之间界限的消失，构建了一个全新的互联网生态系统。在这个系统中，人类、虚拟实体和物理实体能够交流和互动，开启了新的、互联互通的时代。这样的融合不仅加速了企业创新和进步，也对企业提出了新的挑战，如数据安全、隐私保护问题。企业在构建高效、智能的系统时，要对这些问题予以充分考虑。

## 二、数字经济的规律性特征

虽然目前全球数字经济从成长期逐渐过渡到成熟期，许多规律性的特征没有充分体现出来，但许多学者已总结出网络经济和传统经济的不同特点。下面在此基础上对数字经济的规律性特征加以简单描述。

### （一）数字经济是去中介化的虚拟经济

去中介化主要是指在数字经济的背景下，通过应用信息技术，减少或消除经济活动中的中间环节，直接联结产品或服务的提供者与需求者。在传统经济中，由于信息不对称和交易成本的存在，经济活动的中介（如批发商、零售商等）发挥重要作用。在数字经济中，互联网、大数据、云计算技术等的应用降低了信息获取和交易的成本，消费者可以直接通过数字平台接触到产品和服务提供者，实现点对点的交易，绕过传统的中介。去中介化给消费者和生产者带来了更大的便利和价值。对消费者而言，他们能够更直接、更快速地获取所需的产品和服务，享受更低的价格；对生产者而言，直接面对消费者意味着更高的市场响应速度和更灵活的产品调整。此外，去中介化还促进了新业态和新商业模式的产生，如直播销售，新商业模式丰富了数字经济的内容。

### （二）数字经济是合作大于竞争的开放经济

在数字经济时代，由于技术的快速发展和技术应用场景的多样化，单一企业很难独立满足市场的复杂需求，所以跨界合作成为常态。企业通过技术共享、数据互联互通、资源共建共享等方式，形成了以合作为基础的竞争关系，推动了创新和产业升级。企业合作大于竞争。企业也与消费者、政府等多方进行互动。数字技术的开放性和互联互通性使得各方能够很容易地参与经济活动，共同创造价值。例如，开放的创新平台允许外部开发者和用户参与产品设计和改进，这种众包式的创新模式加速了新产品的研发和市场推广。此外，数字经济还推动了全球化合作的深化。互联网使得信息传播和资源流动不再受地理限制。企业可以在全球范围内寻找合作伙伴，共同开发市场，分享利润。这种开放和合作的经济模式不仅加速了全球经济的一体化进程，也有利于企业应对全球性挑战。

### （三）数字经济是速度型经济

数字经济的规模报酬递增和外部性特征使数字经济成为速度型经济。在快速发展的时代，企业能否迅速达到规模经济往往决定了企业在市场上的竞争力大小。随着数字技术的不断进步，信息传输和产品更新换代的速度显著加快。这使得创新周期不断缩短，竞争逐渐演变为时间的竞赛。无论是制造业企业，还是服务业企业，能够快速收集、处理和应用大数据，将复杂数据转化为有用的知识和信息，满足消费者个性化需求，更有可能在竞争中取得领先地位。数字经济不仅强调产品和服务的质量，也重视速度。企业通过快速响应市场变化，提供即时的产品和服务，满足消费者的即时需求，从而提高运营效率。这种速度优势是数字经济区别于传统经济的关键特征，也是推动数字经济快速发展的主要因素。

### （四）数字经济是持续创新型经济

数字经济的核心动力是源源不断的创新能力。这使数字经济成为一个持续创新型经济体系。在这个体系中，技术进步和商业模式更新换代成为常态，企业和个体为了适应和引领市场变化，不断探索新的可能。数字技术（如人工智能技术、大数据技术、云计算技术等）的迅猛发展，为创新提供了无限的空间和工具，加速了产品和服务的迭代。创新不局限于技术层面，也包括用户体验、市场策略和组织管理等多个方面的创新。随着消费者需求的多样化和个性化趋势日益明显，企业为了满足消费者需求，必须持续创新，制订更高效的运营策略，实现更精准的营销。另外，数字经济的开放性促进了跨行业、跨领域的合作，为创新注入了新的活力，使得知识、技术和数据资源能够在更大的范围内流动和结合，提高了创新的深度和广度。持续创新成为数字经济发展的关键驱动力，不仅是企业竞争力的源泉，也是数字经济持续健康发展的保障。

**（五）数字经济是供给和需求的界限日益模糊的经济**

在传统经济中，供给侧和需求侧往往被清晰地划分。数字经济的快速发展打破了供给和需求的界限。供给和需求现在更趋向于融合，"产消者"这一新角色产生。例如，在供给侧，新兴技术（如大数据技术和3D打印技术）使得企业能够更灵活地应对消费者需求、开发更有针对性的产品或服务。这不仅满足了市场需求，也改变了行业内的价值链。大数据技术能够精准地分析消费者的行为和偏好，进而指导产品设计和生产。3D打印允许更高程度的个性化。在公共服务领域，政府通过分析经济、社会数据来精准地进行政策决策。在需求侧，消费者参与度的提升促使供应商调整自己的操作模式。如今，消费者拥有更多的信息和选择，对供应侧产生更大的影响。新的消费模式，如众包或共享经济，进一步模糊了供需双方的界限。供需双方界限的模糊不仅影响了产品和服务的设计、推广和交付，也重新定义了供应链和价值链，使更加动态和互联的经济生态系统产生。供给和需求之间界限的模糊是数字经济的一大特点。企业需要顺应这种趋势，重新思考经济行为和商业模式。

**（六）数字经济是普惠化经济**

数字经济通过独特的技术优势和广泛的应用场景，降低了信息获取和交易成本，使得更多的人能够享受经济发展的成果。数字经济的这种普惠性主要表现在这几个方面：第一，数字技术的普及使得小微企业和个体经营者能够利用电子商务平台、社交媒体等工具，以较低的成本进入市场，拓宽销售渠道，提升竞争力；第二，数字金融为广大用户提供了便捷、安全的金融服务；第三，数字经济还推动了教育、医疗等领域公共服务的数字化转型，通过在线教育、远程医疗等，打破了地域的限制，使更多人能够享受优质的教育资源和医疗资源。数字经济的普惠性不仅提高了人们的生活水平，也为经济的可持续发展提供了新的动力。通过不断深化数字化和创新，数字经济成为推动社会全面进步的重要力量。

## 第三节　数字经济的体系架构

### 一、支撑层

数字经济的支撑层是以数据中心、云计算中心、移动智能终端等为代表的数字基础设施与以大数据技术、云计算技术、物联网技术、人工智能技术、区块链技术、3D打印技术、生物识别技术等为代表的数字技术融合应用，为上层数据获取、商业活动开展与数字经济治理提供支撑的基础层级。

#### （一）数字基础设施

1. 数据中心

数据中心承担着存储、处理和管理数据的重要任务。随着各行各业数字化转型的加速，数据中心的作用越来越重要。数据中心是支持云计算技术、大数据分析技术等数字技术应用的基础。数据中心通过高效的服务器、存储设备和网络设备，实现了数据的高速处理和安全存储，保证了数据服务的连续性和可靠性。此外，随着能效和环保要求的提高，绿色数据中心逐渐成为数据中心发展趋势，通过采用先进的节能技术和管理策略，降低能耗，减小对环境的影响。

2.云计算中心

云计算中心通过提供弹性的计算资源、存储空间和各种软件服务，促进了企业的数字化转型。云计算中心使得企业无须投资昂贵的硬件设备和软件许可就可以快速获取所需的信息技术资源和服务，从而加速产品的开发和上市，提高运营效率。此外，云计算中心还支持跨平台、多设备的数据访问和应用，为用户提供了便捷的数字生活和工作方式。随着云计算技术的不断进步，云服务模式更加多样化，满足了不同行业和用户的个性化需求。

3.移动智能终端

移动智能终端，如智能手机和平板电脑，已成为人们日常生活和工作中不可或缺的工具，为数字经济的发展提供了强大的用户接口。移动智能终端的普及促进了移动互联网的发展，为各种移动应用和服务提供了广阔的平台。使用移动智能终端，用户可以随时随地访问互联网，进行信息检索、在线购物、移动支付、网络社交等，极大地丰富了数字生活的内容。移动智能终端也成为收集用户数据、推送个性化服务的重要渠道，为企业提供了精准营销和服务的机会。随着技术的不断进步，移动智能终端的性能不断优化，推动数字经济向更加便捷、智能的方向发展。

（二）数字技术

1.大数据技术

大数据技术是指用于分析和处理体量巨大、类型多样、更新速度快的数据集的技术。这些数据集因规模超出了传统数据库软件处理能力，需要用大数据技术来存储、管理和分析。大数据技术包括数据采集、存储、管理、分析和可视化等多个方面。利用大数据技术，企业能够对海量数据进行高效分析，揭示数据背后的模式、趋势和关联，从而在商业策略、市场研究、产品开发、客户服务等方面做出精准、高效的决策。大数据技术也是推动人工智能等前沿技术发展的基础，通过丰富的数据资源和深度分析能力，使智能算法的训练和应用成为可能。

2.云计算技术

云计算是一种通过互联网提供可扩展的计算资源和服务的模式。它使用户能够通过网络访问、使用存储在远程数据中心的硬件和软件资源。这些资源按需提供，用户无须购买和维护专用硬件或软件。简而言之，云计算将计算能力、存储空间、网络和各种应用软件服务集成到一个远程的、统一的系统中，用户可以根据需求灵活地获取和配置这些资源。云计算的目标是通过集中式的资源管理和分布式的资源使用，实现更高效、可靠和经济的计算服务。云计算通过简化基础设施的管理和维护，降低成本，同时，提供灵活的计算解决方案。通过这种方式，云计算能够满足多种业务需求，如数据分析、应用托管、数据存储和备份等。云计算是一种对企业尤为有用的技术。

云计算服务通常分为三种服务模式：基础设施即服务（infrastructure as a service, IaaS）、平台即服务（platform as a service, PaaS）和软件即服务（software as a service, SaaS）。基础设施即服务为用户提供了虚拟化的计算资源，如服务器和网络资源。用户通过互联网可以租用这些资源，无须购买和维护实体硬件。基础设施即服务为用户提供了高度灵活和可扩展的计算基础设施。用户可以根据业务需求快速调整资源配置，有效控制成本。这种服务模式适用于需要大量计算资源且资源需求具有波动性的场景，如大数据处理、网站托管和应用开发等。平台即服务提供了除基础计算资源外的开发工具和服务，使开发者能够在云端构建、部署和管理应用程序。平台即服务环境包括操作系统、中间件和数据库管理系统。用户可以专注于应用开发，无须担心基础设施和平台的维护、更新。平台即服务支持快速的应用开发和部署，能提高应用开发效率，降低应用开发成本，适合快速迭代和多版本管理的软件开发项目。软件即服务将应用程序作为服务通过互联网提供给用户。用户可以直接通过浏览器或应用程序接口访问这些软件服务，无须安装任何软件。在软件即服务模式下，软件供应商负责软件的维护、更新和安全保障，用户只需按使用或订阅支付费用。SaaS 应用涵盖了办公自动化、客户关系管理、财务管理等广泛领域，为用户提供了灵活的软件服务和成本效益，适合追求高效办公和业务管理的企业和个人用户使用。

3. 物联网技术

物联网是利用射频识别（radio frequency identification, RFID）设备、红外感应器、全球定位系统、激光扫描器等先进的信息传感设备，按照特定的通信协议，将各种物体与网络连接起来，以达到智能化识别、定位、跟踪、监控和管理目的的一种信息网络。当人们能够为每一个单独的物体分配唯一的标识，并利用先进的识别技术、通信技术和计算技术将物体与互联网连接起来，这种广泛连接的网络就构成了物联网。

物联网的运作依赖三个基本组成部分：感知层、网络层和应用层。感知层负责收集来自环境和对象的数据。这些数据通过网络层传输，最终在应用层被分析和处理，能为用户提供决策支持。例如，在智慧农业中，农民可通过在农田安装的传感器收集土壤湿度信息和温度信息。这些数据通过互联网传输到数据处理中心。农民可以根据数据分析结果调控灌溉系统，达到节水增效的目的。

4. 人工智能技术

人工智能技术通过模拟人类智能，如学习、推理、自我修正的能力，实现机器自动执行任务、解决问题和做出决策。人工智能的核心技术包括机器学习、深度学习、自然语言处理、计算机视觉等。人工智能技术推动了数字经济的发展，能提高效率，降低成本，创造新的商业模式和服务。在制造业中，人工智能可以优化生产流程，提高产品质量；在金融行业，人工智能技术能分析大量交易数据，帮助人们识别欺诈行为，提供个性化金融服务；在医疗领域，人工智能技术能够协助医生进行疾病诊断和治疗方案的制订；在零售业中，人工智能技术通过消费者行为分析，为消费者提供个性化的购物体验。随着技术的不断进步，人工智能成为推动数字经济发展不可或缺的动力。通过智能化的数据分析和决策支持，人工智能技术不仅给企业带来了新的发展机遇，也极大地丰富了消费者的生活，成为数字经济时代的重要标志。

5. 区块链技术

区块链技术是一种分布式数据库技术，由链式结构串联的数据块构成，每个数据块都包含一系列交易记录。这些数据块按照时间顺序相继生成。每个新块都包含前一个块的哈希值，确保数据的完整性和不可篡改性。与传统数据库不同，区块链数据存储在成千上万的计算机（称为节点）上，每个节点都有完整的数据副本。这种分布式特性使区块链去中心化、具有透明性和安全性。当交易请求发生时，网络中的节点验证交易的合法性。交易一旦通过，就会被记录到新的数据块中。通过复杂的加密算法和共识机制，如工作量证明（proof of work, PoW）或权益证明（proof of stake, PoS），确保所有节点对数据块内容达成共识。交易一旦被记录，几乎不可能被修改或删除。区块链技术提供了可信、安全和透明的数据存储和传输方式，被广泛应用于供应链、金融、医疗、版权和其他众多领域，成为推动数字经济发展的重要力量。区块链技术不仅为现有的商业模式提供了创新的可能，也为开展新的经济活动、提高用户信任度开辟了新路径。

6. 3D 打印技术

3D 打印技术也称为增材制造技术，是一种将数字模型直接转化为实体对象的制造技术。3D 打印技术通过逐层叠加材料来构建对象，能够生产出形状复杂的零件和产品。3D 打印技术的优势是它具有高度的灵活性和定制化能力。它能够根据用户的具体需求快速生产出个性化的产品，缩短设计、生产产品的周期，降低生产成本。此外，3D 打印技术还能有效减少材料浪费，支持使用多种材料进行打印，如塑料、金属、陶瓷、生物材料，为创新设计和新材料的应用提供了广阔空间。随着技术的不断进步和成本的逐渐降低，3D打印技术在数字经济中的作用将进一步扩大。3D打印技术不仅为产品设计和制造提供了新的可能，也为实现经济的高效、绿色、可持续发展开辟了新的路径。未来，3D打印技术有望在更多领域发挥创新和变革的作用，成为数字经济发展的重要支撑技术。

7. 生物识别技术

生物识别技术是一种利用人体生物特征进行身份验证的技术，包括指纹识别、面部识别、虹膜识别、声音识别和手势识别等多种形式。指纹、面部、虹膜、声音等生物特征具有唯一性和难以复制的特点，使生物识别技术成为一种安全、便捷的身份验证手段。生物识别技术的应用极大地增强了数字身份的安全性和可靠性。在金融服务、数据访问控制等领域，利用生物识别技术进行身份验证，可以有效防止身份盗窃和欺诈行为，保障用户信息和资产的安全。此外，生物识别技术还能够提供更为便捷的用户认证服务，能提高服务效率，提高用户满意度。用户无须记忆复杂的密码或携带额外的认证设备，通过简单的生物特征扫描就能完成身份验证。随着技术的进步，生物识别技术向更高精度、更广泛的应用领域发展。例如，面部识别技术的快速进步使这种技术能够在复杂环境中实现高准确率的识别。面部识别技术被广泛应用于机场安检和智能门禁等场合。虹膜识别由于其高安全性和稳定性，被应用于需要严格身份验证的场景中。

8. 增强现实技术

增强现实技术是一种在用户的视觉现实环境中叠加生成的图像、音频及其他感觉增强信息的技术，旨在实时增强用户对现实世界的感知。增强现实不是替代真实世界，而是在真实世界添加数字信息，使虚拟世界和现实世界能够无缝融合。增强现实技术利用摄像头、传感器、显示器等设备捕捉现实世界的场景，通过计算处理后，将虚拟信息实时覆盖在真实世界的图像上。这种技术可以应用于智能手机、平板电脑、AR眼镜等多种设备上，为用户提供互动性强、信息丰富的新体验。

在数字经济时代，增强现实技术的应用快速扩展，覆盖了零售、教育、医疗、旅游、制造业等多个领域。例如，在零售行业，消费者应用增强现实技术，可以在自己的家中虚拟试穿衣服或试妆；在教育领域，增强现实技术能够将抽象的知识通过三维模型直观展现，提高学生学习兴趣和效率；在医疗行业，医生可以利用增强现实技术进行精确的手术指导；在制造业，工程师可以利用AR眼镜查看设备的实时数据和维修信息，提高设备维护效率和安全性。增强现实技术能为用户提供沉浸式的体验和高效的信息交互，拓展了数字经济的范围和深度。随着技术的进一步发展，技术成本降低，增强现实技术有望给更多领域带来新的问题解决方案，为数字经济的发展提供强有力的支持。

9. 5G

5G标志着全球通信领域进入新的时代。这项技术远远超过了此前任何一代通信技术的升级，为数字经济的发展提供了前所未有的计算支持和网络连接能力。5G具有以下优点：

一是5G能够提供比第四代移动通信技术（the fourth generation mobile communication technology, 4G）更快、更稳定、具有更低延迟和更高数据传输能力的网络服务。5G网络能够支持高清视频流、大规模物联网设备连接以及实时数据处理等，这些在之前的网络技术条件下是难以实现的。5G的低延迟特性对自动驾驶汽车、远程医疗和虚拟现实等至关重要，因为自动驾驶汽车、远程医疗和虚拟现实等需要实时数据交换和处理。

二是5G具有更大的覆盖范围和更强的网络连接能力。5G采用了更高频率的电磁波传输数据。虽然这使5G传输距离相对较短，但通过部署更密集的网络基站，5G能够实现在城市、乡村的广泛覆盖。这意味着用户无论身处何处，都能使用高速的网络。5G推动了信息的无障碍流通和资源的有效分配。

三是 5G 在网络切片方面的能力较强。网络切片允许运营商在同一物理网络基础设施上提供多个虚拟网络，每个虚拟网络都可以根据不同应用的特定需求进行优化。这意味着 5G 网络能够同时满足低功耗物联网设备的连接需求和高带宽视频传输的需求，提高了网络的灵活性和效率。

在数字经济背景下，5G 的推广使用将对各行各业产生深远的影响。5G 不仅能够促进现有业务模式的优化和升级，还能够促进商业模式和服务的创新。随着 5G 网络的普及，云计算技术、大数据技术、人工智能技术等将得到更广泛的应用，推动经济发展方式向更加智能化、数字化的方向转变。企业可以利用 5G 收集和分析大量数据，优化决策过程，提高生产效率，也能够通过提供更加个性化和高质量的服务来满足消费者的需求。

## 二、数据层

作为数字经济核心生产资料的数据需要在支撑层数字基础设施的基础上，借助数字技术，从各种各样的智能终端收集，并经过网络传输到云端的大数据平台，再存储、整理、筛选、加工、分析和共享，实现在不同业务场景的应用价值。例如，利用深度学习技术分析消费者行为数据，企业可以优化产品设计和市场策略，提升用户体验和满意度；利用数据挖掘技术分析机器运行数据，工厂可以实现设备的预测性维护，提高生产效率，降低成本。

作为物理世界在虚拟空间的客观映射的数据是数字经济时代人类自己创造的可再生、可反复多次被多人同时使用的资源。未来随着数字技术的不断发展，万物互联的海量数据都会被记录、存储、整理、加工、分析，产生更大的价值。

## 三、商业层

商业层是建立在支撑层和数据层基础上的不同产业的商业活动，主要包括以下两方面：

## （一）数字产业化

### 1. 数字产业化的概念

数字产业即信息通信产业，是数字经济基础部分，是数字经济发展的先导产业，为数字经济发展提供技术产品、服务和解决方案等。[①] 数字产业化就是通过大数据技术、云计算技术、人工智能技术等的市场化应用，将数字化的知识和信息转化为生产要素，推动数字产业形成和发展。数字产业化是数字经济发展的核心，代表了新一代信息技术的发展方向和最新成果。随着信息技术的创新突破，新理论、新硬件、新软件和新算法层出不穷，由软件定义、数据驱动的新型数字产业体系正在加速形成。数字技术的日新月异使得数字产业、数字产业化涉及的范围不断扩大。数字产业的发展水平已经成为衡量一个国家经济发展水平的重要指标。

### 2. 数字产业的分类

数字产业是运用数字化工具收集、整理、存储和传递信息资源，主要进行数字产品和数字服务的生产与供给等的产业。它由传统的信息产业演化而来，是数字产业化的结果。数字产业主要包括以下几种：

（1）电子信息制造业，主要涉及各种电子设备和组件（如计算机、通信设备、消费类电子产品等）的研发、制造和销售。这一行业是数字经济发展的物质基础，为信息技术的发展提供了必要的硬件支持。随着科技的进步，电子信息制造业朝着智能化、微型化、绿色环保等方向发展，不断推出性能更强、应用更广的新产品，满足数字经济发展的需求。

（2）信息通信业，从传统电信业发展而来，现在成为建设国家信息基础设施、提供网络和信息服务的关键行业。信息通信业利用先进的数据传输技术，能够实时、准确、完整地将信息传达给需求方。随着互联网、物

---

[①] 唐晓乐，刘欢，詹璐遥. 数字经济与创新管理实务研究[M]. 长春：吉林人民出版社，2021：210.

联网、云计算和大数据技术等的快速发展，信息通信业的内涵日益丰富，服务范围从传统的电信服务和互联网服务扩展到物联网等新兴领域，涉及物联网、无线通信、卫星通信和移动互联网等。我国的信息通信业发展速度快、创新活力强，不仅在促进经济发展、提升政府治理能力和公共服务能力方面发挥了巨大作用，也在国际上产生了显著影响。

（3）软件服务业，也称软件和信息技术服务业，主要通过计算机和网络通信技术进行信息的生产、收集、处理、加工、存储、传输、检索和利用，提供信息服务。软件服务业具有技术更新速度快、产品附加值高、应用领域广泛、渗透能力强、资源消耗低等特点，对经济和社会的发展起到了重要的支撑和引领作用。随着各行业数字化转型的深入，软件服务业成为推动创新、提升产业竞争力的关键力量。

（4）互联网与人工智能产业，是数字产业中的新兴力量，代表了数字技术的最新发展方向。互联网与人工智能产业包括互联网技术、大数据技术、云计算技术等基础技术的研发，人机交互、计算机视觉、深度学习等人工智能技术的发展和智能语音、人脸识别、智能机器人、无人驾驶等领域的人工智能技术的应用。

## （二）产业数字化

产业数字化是指在新一代数字科技支撑和引领下，以数据为关键要素，以价值释放为核心，以数据赋能为主线，对产业链上下游的全要素进行数字化升级、转型和再造的过程。[①]

### 1.工业数字化

工业数字化是利用数字技术对传统工业进行深度改造和升级的过程，目标是通过集成信息技术和工业自动化技术，实现生产流程的优化、管理效率的提升和产品创新。工业数字化涉及大数据技术、云计算技术、物联

---

① 林德光.数字技术的经济学分析[M].广州：华南理工大学出版社，2022：116.

网技术、人工智能技术等多种技术的应用，使得工业生产更加智能化、灵活化和个性化。工业数字化不仅提高了生产效率和产品质量，还降低了生产成本和资源消耗，增强了企业的市场竞争力。例如，通过智能制造，企业可以实现生产设备的远程监控和维护、生产流程的自动化调整以及产品质量的实时控制。工业数字化是制造业转型升级的关键路径，对于推动工业结构优化和制造强国建设具有重要意义。

2.农业数字化

农业数字化是指采用信息技术，如卫星遥感技术、物联网技术、大数据分析技术、人工智能技术等，对农业生产全过程进行监控、管理和决策支持的过程。农业数字化能够提高农业生产的精准性和可持续性，优化资源配置，减少化肥和农药的使用量，提升农产品的质量和安全性。通过引入智能农业系统，农民可以实时了解土壤湿度、气象条件、作物生长状态等，实现精准灌溉、精细施肥和病虫害预警。农业数字化还促进了农产品追溯体系建设和农村电子商务的发展，拓宽了农民的销售渠道，增加了农民的收入。农业数字化是现代农业发展的重要方向，对于促进农业现代化和农村经济发展具有深远影响。

3.服务业数字化

服务业数字化是通过应用数字技术和互联网工具，对传统服务行业进行改造和升级的过程。服务业数字化涵盖金融、教育、医疗、旅游、零售等多个领域，旨在提高服务效率、优化用户体验和创造新的服务模式。通过利用大数据分析技术、云计算技术、人工智能技术等，服务业能够实现个性化服务、智能推荐、在线交易和远程服务等，满足消费者对高质量服务的需求。例如，金融科技的发展使得移动支付、在线贷款和智能投顾成为可能，提升了金融服务的便捷性。在线教育平台通过提供灵活的学习方式和丰富的教学资源，打破了时间和空间的限制，促进了教育资源的均衡分配。服务业数字化推动了服务模式的创新，给传统服务行业带来了转型升级的契机，是实现服务质量提升和服务行业可持续发展的关键途径。

## 四、治理层

数字经济治理是指在数字经济环境下，通过制定和实施一系列规则、标准、政策，对数字经济的运行和发展进行指导、协调、监督。数字经济治理的目的是确保数字经济健康、有序发展，促进数字技术创新和应用，维护消费者权益，维护市场公平竞争，应对数字经济发展过程中可能出现的风险和挑战。在经济全球化和网络化的背景下，数字经济治理不仅需要政府的参与，还需要跨国公司、国际组织、非政府组织以及广大网民的共同努力和协作。有效的数字经济治理体系应当是多层次、多主体参与的，能够跨越国界，覆盖数字经济的全球价值链。构建开放、包容和利益平衡的数字经济治理体系，可以为数字经济的可持续发展提供坚实的基础。

# 第四节 发展数字经济的意义与策略

## 一、发展数字经济的意义

随着科技的发展，数字经济的发展成为社会经济发展的重要动力，促使投资者投资于新技术，有助于企业降低成本，有利于实现经济高质量发展。发展数字经济具有重要意义。

### （一）数字经济加快经济全球化进程

数字经济作为当代经济发展的重要引擎，正在加速经济全球化的进程。数字经济通过信息技术的广泛应用和数字资源的全球流通，不仅深化了国际分工和经济合作，也为世界经济增长开辟了新的空间。数字技术的创新和应用成为联结不同国家和地区经济活动的重要纽带，促进了跨境贸易和投资的便利化，加强了全球经济的互联互通。

随着互联网技术、大数据技术、云计算技术等数字技术的发展，信息成本大幅降低，信息传播速度提高，商品和服务能够快速流通到全球市场。企业能够利用电子商务平台拓展国际市场。消费者能够轻松购买来自世界各地的产品和服务。数字经济提高了国际贸易的便捷性和效率。此外，数字经济还推动了国际资本的流动和全球产业链的重组。数字化转型使得企业能够在全球范围内优化资源配置，寻找合适的生产基地和市场。跨国公司利用数字技术进行远程管理和协同工作，有效整合全球资源，提高了生产效率和运营效率。数字经济也带动了发展中国家的经济发展，加速了全球产业链的优化升级。

（二）数字经济软化全球产业结构

数字经济时代的到来标志着全球产业结构正经历一场深刻的变革，如产业结构的软化，即知识和技术等软要素逐渐取代传统的硬要素（如资本和劳动力），成为决定产业竞争力的核心要素。[①] 数字经济不仅推动了经济发展模式的创新，也促进了传统产业与信息技术的深度融合，促进了新型服务业的发展，重塑了全球产业结构。

首先，数字经济促进了知识驱动的经济发展模式的形成。随着新一代信息技术的快速发展，尤其是大数据技术、云计算技术、人工智能技术等的广泛应用，全球经济发展的动力逐渐从传统的资源和劳动力投入转向知识和信息的利用与创新。跨国信息通信技术企业的市场扩展和产品创新，加速了这一转变，使得知识和技术成为推动经济增长的关键因素。各国都在积极发展信息技术产业，力图通过科技创新驱动经济发展。

其次，数字经济加速了传统产业与信息技术的融合。传统产业加强与

---

① 申雅琛.数字经济理论与实践[M].长春：吉林人民出版社，2022：21.

信息产业的联系，引入先进的数字技术，提高生产效率和管理效率。这不仅增强了传统产业的竞争力，也提升了整个产业链的附加值。例如，制造业企业通过引入智能制造系统，实现了生产过程的自动化和智能化；农民利用物联网技术实现精准农业，提高了资源利用效率和产品质量。数字技术的应用推动了产业结构的优化升级，加快了传统产业的数字化转型。

最后，数字经济促进了新型服务业的发展。信息技术的普及和创新为服务业提供了新的发展机遇，计算机和软件服务、互联网信息服务等迅速发展，电子商务、网络金融、远程教育等新型服务业应运而生。这些新兴服务业以高效、便捷、个性化的特点，满足了消费者多样化的需求，同时，推动了服务业向知识化、信息化、智能化方向发展，成为推动全球产业结构软化的重要力量。

综合来看，数字经济的发展正在改变全球产业结构，促进了知识和技术的广泛应用，加速了产业的软化，推动经济向更加智能、高效、可持续的方向发展。

### （三）数字经济引领国家创新战略实施

#### 1.发展数字经济是贯彻新发展理念的集中体现

数字经济是新技术革命的产物，是一种新的经济形态、新的资源配置方式，体现了新发展理念，集中体现了创新的内在要求。我国发展数字经济，是贯彻"创新、协调、绿色、开放、共享"新发展理念的体现。

第一，数字经济体现了创新的发展理念。数字经济基于信息技术的快速发展和创新应用，不断推动产业模式创新，激发了社会创造力和发展活力。数字经济的核心在于技术创新和模式创新，这些创新能促进生产力的提升，引领经济发展的新方向。

第二，数字经济促进了经济、社会各领域的协调发展。数字经济能减少信息流动障碍，加快资源的流动，提高供需匹配的效率，有助于缩小城乡差距、区域差异，促进不同领域的协调，推动经济和社会的整体发展。

第三，数字经济能提升资源利用效率，减少物理资源消耗和环境污染，推动了生产和消费模式的绿色转型。数字经济倡导的是更加节能减排、环境友好的发展方式，为实现可持续发展目标提供了有力支撑。

第四，数字经济体现了开放的发展理念。基于互联网的开放性和互联互通，数字经济打破了传统的空间限制，促进了全球范围内的资源共享，提升了经济的开放水平和国际竞争力。

第五，数字经济为共享发展成果提供了广阔平台。数字经济通过新的技术和商业模式，为人们创造了参与经济活动和共享发展成果的新机会，推动了社会的包容性增长。

2.发展数字经济是推进供给侧结构性改革的重要抓手

以新一代信息技术与制造技术深度融合为特征的智能制造模式，引发新一轮制造业变革。数字化、虚拟化、智能化技术将贯穿产品的全生命周期，柔性化、网络化、个性化生产将成为制造业发展的新趋势，全球化、服务化、平台化将成为产业组织发展的新趋势。数字经济也引领了农业现代化。数字农业、智慧农业等农业发展新模式即数字经济在农业领域的体现。在服务业领域，电子商务、互联网金融、在线教育、远程医疗、网约车、在线娱乐等的出现使人们的生产、生活发生了极大改变。

3.数字经济是打造信息时代国家竞争新优势的重要先导力量

信息革命不仅带来了技术革新，也促进了经济和社会运作方式的深刻变革。在这样的背景下，数字能力、信息能力和网络能力成为衡量一个国家或地区核心竞争力的关键指标。

数字经济的快速发展为国家提供了打造信息时代竞争新优势的重要平台和工具。通过数字技术的创新和应用，国家可以在全球经济中占据有利的位置。数字经济的发展能够提高国内产业的生产效率和产品质量，推动传统产业的升级和新兴产业的成长。数字经济能够通过数字技术的外溢效应，促进全球经济的互联互通，提升国家的国际影响力。

我国在发展数字经济方面具有独特的优势和条件。一方面，政府对数字经济的发展给予了高度重视和大力支持，营造了鼓励创新、支持创业的良好政策环境；另一方面，庞大的市场规模和日益成熟的互联网用户群体为数字经济的发展提供了广阔的空间和基础。我国在互联网基础设施建设、电子商务、移动支付等方面取得了显著成就，已经在多个领域与世界先进水平同步领跑，展现出强大的国际竞争力。随着大数据技术、云计算技术、人工智能技术等前沿技术的进步和应用，数字经济将推动经济、社会各领域实现更高水平的智能化、网络化和数字化，加速产业的转型升级，有利于国家在全球经济竞争中打造新优势，有利于国家提升综合国力和国际地位。

## 二、发展数字经济的策略

### （一）处理好五大关系

1.处理好数字经济与实体经济的关系

数字经济与实体经济是相辅相成的，而不是相互排斥的。在当前的经济发展模式中，数字经济已经成为推动实体经济创新和增长的重要力量。数字技术（如大数据技术、人工智能技术、区块链技术等）广泛应用于实体经济的各个领域，帮助企业优化生产流程、提升运营效率、创新商业模式。实体经济为数字经济提供了丰富的应用场景和数据资源。两者的深度融合可以促进生产力发展。数字经济不是替代实体经济，而是赋能、扩展和丰富实体经济。通过数字技术的应用，实体经济可以实现更高的自动化和智能化水平，生产和服务质量得到显著提升。数字经济也借助实体经济不断扩大市场规模。政府需要认识到两者之间的协同关系，通过制定适当的政策和战略，推动数字经济与实体经济的深度融合，实现经济的高质量、可持续发展。另外，保护数据安全、保护用户隐私、确保市场公平竞争等问题需要得到充分关注和妥善处理。

2.处理好数字产业化与产业数字化的关系

数字产业化是数字技术本身及数字技术相关产业的发展，如云计算技术、大数据技术、人工智能技术等的创新和推广应用。数字产业化涉及数字技术的商业化、标准化和产业链的完善，是数字经济向更深层次、更广泛领域拓展的表现。产业数字化是传统产业通过应用数字技术实现转型升级。产业数字化包括生产过程的自动化、业务流程的优化、产品和服务的个性化等，是数字技术给实体经济带来价值和效益的具体体现。数字产业化与产业数字化是相互促进、相互赋能的。数字产业化为产业数字化提供了必要的技术基础和支撑，推动传统产业创新和发展。产业数字化对数字技术和产品产生了广泛的需求，推动数字产业的繁荣和壮大。通过数字产业化和产业数字化，经济体实现了生产效率、创新能力和市场活力的显著提升。为了最大限度地发挥两者的综合效应，需要加强政策引导、技术研发、人才培养等多方面的支持，建立和完善数字技术与传统产业的融合机制和平台，推动数字经济与实体经济的协同发展。

3.处理好消费互联网与产业互联网的关系

我国消费互联网已经具备相对成熟的基础，成为经济活力和创新的源泉。消费互联网的持续创新推动新型消费模式和新业态的兴起，促进了线上、线下消费的融合发展。消费互联网广泛的用户基础、丰富的数据资源和灵活的服务模式为经济增长和消费升级提供了强大动力。同时，产业互联网成为未来的发展重点，在优化生产流程、提升工业效率、促进产业创新等方面具有显著优势。发展产业互联网能实现资源的优化配置，推动新的产业协作和价值创造体系形成。为实现数字经济高质量发展，需要大力发展产业互联网，打造万亿级的产业互联网平台。在这一背景下，消费互联网与产业互联网相互赋能、协同发展。消费互联网不仅为产业互联网提供了市场需求、用户数据和创新模式，也推动了产业互联网技术的快速发展。产业互联网能优化生产和运营，为消费互联网提供了更高质量、更多样化的产品和服务，推动消费互联网发展。两者共同推动数字经济的快速、健康发展，为产业结构优化和经济增长动力转换提供了有力支撑。

4.处理好数字经济的国内市场与国际化的关系

国内市场作为数字经济的基础，为数字经济提供了巨大的市场空间和丰富的数据资源，是数字经济快速发展的根本保障。在当前形势下，以国内大循环为主体，充分利用国内市场和资源，把发展数字经济的立足点放在国内，能够有效应对外部不确定性，保持经济的稳定增长。然而，数字经济本质上具有全球化的特征。为了不断提高数字经济的发展质量，应加快数字经济国际化进程，提高数字经济的国际竞争力。这涉及参与全球数字经济规则的制定，积极开展国际合作，学习国际先进经验，推动国内数字技术和数字产业的创新、升级。数字经济的国内市场和国际化应当良性互动、协同发展。国内市场的繁荣为数字经济的国际化提供了坚实的基础和支持；数字经济国际化进程中获取的技术、资本、人才和经验，能够推动国内市场的进一步发展。政府需要通过政策指引，使数字经济在充分发挥国内市场优势的同时不断拓展国际市场、提升国际影响力、实现在全球范围内的可持续发展。

5.处理好监管与创新的关系

数字经济具有明显的跨界特征，这使得传统的监管体制和手段面临诸多挑战。为了应对这些挑战，监管层需要灵活应变，创新监管方法和手段；在考虑全球数字经济发展趋势、数字经济全球竞争格局和国内数字经济发展战略等因素的基础上，制定和实施更加适配的竞争治理规则；在监管与创新之间，找到平衡点。过于严格的监管可能会抑制创新活力，限制数字经济的发展潜力；而缺乏有效监管可能导致市场失序、数据泄露和消费者权益受损等问题。建立良性的产业竞争机制，创新政府、互联网平台、用户之间的互动治理模式，是实现监管与创新平衡的关键。

## （二）强化数字产业自主创新能力

1. 保持战略耐心，强化技术研发

在数字经济中，战略耐心是企业获得长期成功的关键因素。企业对技术研发要有足够的耐心，要注重技术方面的长期投入和积累。在当前快速变化的市场环境中，企业重视技术探索和创新，在技术方面持续投入，才能在数字技术领域取得突破，保持竞争优势。

2. 实施全球化战略，提升创新能力

面对全球知识和技术资源的广泛分布，企业可利用国际资源、市场和人才获得创新优势。企业需要积极参与全球创新网络，通过开放的姿态吸引国际顶尖人才、技术和资本，推动技术交流和合作。全球视野能帮助国内企业和研究机构了解最新的技术、管理模式和市场需求，加速技术创新和产品开发。跨国合作和多边交流成为推动创新的重要手段。国内企业与全球创新中心和高技术企业的合作能带来技术和知识的交融，提升国内数字产业的创新能力和竞争力。同时，维护多边贸易和投资，保护知识产权和商业秘密，也是营造健康、稳定的国际创新环境，实现国内数字经济持续、快速发展的关键因素。

3. 加快构建自立自强的创新体系

构建自立自强的创新体系是实现数字经济发展的基石。政府需要制定有利于创新的政策，促进科研、教育、产业的紧密联系和协同发展；增加对基础科学研究的投入，着眼前瞻性技术的发展，同时，鼓励企业增加研发投入，推动技术成果的商业化应用。人才是创新的源泉。需要通过改革教育培训体系，培养更多具备国际视野和创新能力的高层次人才。在技术层面，加强核心技术研究，推动自主知识产权的创造和保护，减少对外部技术的依赖。同时，推动开放、创新，通过与各方合作共享创新资源，实现技术和知识的快速更新。国家通过灵活、高效的服务和协调机制，为创新体系建设提供有力支持。

### （三）推进产业数字化转型

**1. 政府加强引导，推动产业数字化发展**

政府在产业数字化转型中扮演着至关重要的角色。为推动产业数字化发展，政府需要制定明确、具体的政策和发展目标，确保产业全面、协调发展。政府可通过科学的法规和标准来引导产业健康发展，营造利于创新和投资的环境。政府在资金、技术、人才等方面的支持尤为重要。政府可以通过财政补贴、税收优惠、投资引导基金等，刺激产业数字化的发展；同时，建立公共服务平台，提供数据、技术和知识支持，促进各类企业的数字化转型。为推动区域协调发展，政府可制定相应政策，鼓励不同地区、不同产业的数字化融合，构建数字经济产业链和生态圈。在经济全球化背景下，政府还需要积极参与国际交流与合作，引入先进的技术和经验，完善国内的数字化发展体系。

**2. 厚植产业数字化发展的根基**

构建多层次工业互联网平台体系，加强大企业对中小企业的技术指导，加强人才交流、合作，大力培育工业互联网龙头企业和"专精特新"中小企业，构建大型企业引领、中小企业广泛参与的健康、可持续发展的生态圈。推动工业互联网应用走深走实，加快先进工厂培育，推动企业利用5G等技术开展工厂数字化改造，促进新技术、新模式的广泛应用。深化重点行业拓展，广泛开展供需对接，加强工业互联网在重点产业链普及，以工业互联网的规模化应用促进实体经济高质量发展。

**3. 企业开展数字化、智能化改造**

数字化、智能化改造是企业提升竞争力的关键。企业要在生产、管理、服务等方面全面提升数字化水平。企业可引入先进的数字技术，如云计算技术、大数据技术和人工智能技术，实时获取和分析数据，为决策提供支持。在生产方面，企业可通过智能化改造，实现自动化、精准化生产，减少资源浪费，提升生产效率。企业也需要在产品设计、供应链管理、客户服务等方面进行数字化、智能化改造，以构建灵活、高效、响应迅速的运营体系。为实现这一目标，企业需要开放、创新，与外部创新生态系统协同，共享技术和数据资源，加速自我革新。政府和社会各界需要为企业提供支持和服务，降低企业改造升级的门槛和成本，推动数字经济进一步赋能实体经济。

### （四）提升数字化治理水平

在数字化时代，提升数字化治理水平已成为一项紧迫的任务，包括构建完善和科学的数据管理体系，确保数据的安全、准确和有效利用。引入先进的技术，如人工智能技术和大数据技术，可以实现对大量复杂数据的快速分析和处理，为政策制定和决策提供及时的信息支持。同时，加强数字安全体系建设，确保数据和网络安全，保护个人和企业的隐私权、数据权。在法律法规方面，需要不断更新和完善相关法律法规，构建符合数字化时代特点的法治体系，为数字化治理提供法治保障。公民应该提升数字素养，了解和遵守数字化时代的规则，参与数字化治理。构建高效、安全、公正的数字化治理体系，能够推动社会和经济健康发展。

#### 1.持续推动数字政府建设

持续推动数字政府建设涉及优化公共服务、提升政府决策效率和透明度、强化数据安全与隐私保护。为此，政府需要运用数字技术，如云计算技术、大数据技术和人工智能技术等，提高公共服务的质量和效率，实现服务的个性化和便捷化。政府可通过数据共享和一体化服务平台建设，使公民和企业能方便地获取信息和服务。同时，政府的决策过程也受益于数字技术的应用。政府利用数字技术，可实现数据驱动的决策，提高政策的准确性和有效性。公共参与也是数字政府建设的重要方面。政府需要建立公共参与机制,让公民和企业能更容易地参与政策制定和公共服务改进,提高政府工作的透明度。在全面推进数字政府建设的同时,要关注和解决数字鸿沟问题,确保每个人都能公平享受数字化带来的便利和福利。

2.依托数字孪生推动城市治理数字化转型

数字孪生通过构建一个虚拟的城市模型,实现对实体城市的精确复制和模拟,支持更高效、智能的城市管理和服务。利用数字孪生,政府可以在虚拟环境中模拟和分析各种情景,预测和响应各类事件,从而优化资源配置,提升决策效率。对于公共服务而言,数字孪生能实现服务的个性化和精准化,满足居民的多样化需求。在安全和应急响应方面,数字孪生提供了实时、准确的数据和分析工具,支持快速、有效的应急响应,有利于保护居民的生命和财产安全。随着5G、人工智能技术、大数据技术等的发展,数字孪生将赋予城市更多智能、自动化的功能,推动城市治理向更高效、可持续和人本的方向发展。

## (五)推进数据要素市场建设

数字经济本质上是以数据资源为重要生产要素的经济。数据要素渗透国民经济各个领域和社会生活各个角落。必须大力挖掘数据价值。实施技术应用、市场流通、制度设计三路并举的数据要素价值释放的中国模式。

1.夯实技术支撑基础

夯实技术支撑基础是推动数据要素市场建设的前提条件。第一,产业信息基础设施的统筹布局至关重要。加速研制基于工业互联网标识解析体系的工业数据采集与集成设备产品。这不仅关乎技术的进步,也涉及数据的可靠性和安全性。第二,基础技术研究,特别是数据要素资源的标识确权、认证授权和安全交换等方面的研究,为数据流通与安全提供了保障。第三,推动跨软硬件、跨组织、跨地域、跨国别的数据互操作系统研究,同时，要鼓励隐私计算技术、云计算技术、区块链技术等关键技术的落地应用。这些先进技术的整合和应用不仅推动了数据要素市场的繁荣，也为政府、企业和个人提供了丰富、安全的数据服务和管理工具。

2.支持数据要素市场建设

探索数据确权，坚持产权分割、分类分级、安全发展的数据确权基本原则，在充分保护国家安全和个人信息安全的前提下，构建以促进产业发展为导向的包含更多数据产权内容的确权框架，兼顾不同类型数据的管理和使用需求，因类施策。建立全国数据统一登记确权体系，分层分类地对个人数据、企业数据和公共数据进行权属界定和流转，推动数据确权。制定数据定价标准，研究建立基于数据属性的数据资产定价模型，统一数据资产价值评价指标体系。构建多层级数据要素市场，将数据要素市场划分为一、二、三级市场：一级市场登记权属，二级市场交易流转，三级市场开展数据质押、数据信托等资本化交易活动。市场主体根据自身需要自由选择在场内或场外交易。

3.健全数据要素制度体系

健全数据要素制度体系是实现数据资源有效管理、利用和保护的核心环节。这需要构建一个包容且灵活的法规框架，明确数据所有权、使用权和传输权。在法规层面，针对数据的采集、存储、传输和应用等制定明确的规范，保护数据安全和隐私权，同时，确保数据的流通和创新应用。构建一个涵盖多领域的数据治理体系，因地制宜地调整和完善相关政策和措施。在数据交换和共享方面，推动建立开放又充分保障数据安全的数据交换和共享机制，激发数据要素活力。构建公正、透明、高效的数据市场，促进数据资源的有效配置和价值实现。同时，强化数据安全管理，建立完备的安全防护体系，对不同级别的数据实施相应级别的保护措施。在健全数据要素制度体系的过程中，需要平衡各方利益，以实现数据资源的充分利用和保护。

# 第二章　数字经济时代的企业发展

# 第一节　数字经济时代企业发展面临的挑战及机遇

## 一、数字经济时代企业发展面临的挑战

### （一）传统企业受到数字经济的影响

从企业内部来看，虽然传统企业在信息化改造上取得了一定的进步，如通过应用企业资源规划系统等提升了内部运营效率，但这种自上而下的决策和执行机制往往无法满足消费者对产品和服务个性化、多元化的需求。随着消费市场的快速变化，传统的标准化产品策略逐渐失去了吸引力，导致企业面临产能过剩、库存积压、现金流紧张等问题。此外，面对经济波动，传统企业采取的应对措施，如裁员、兼并重组、转向高利润业务或上市融资等，已不足以解决市场响应迟缓和内部交易成本上升的根本问题。这些内部挑战揭示了传统企业在数字化转型过程中的短板，即缺乏灵活性和创新能力来适应快速变化的市场需求。

从企业外部环境来看，全球化贸易、信息技术的快速发展以及电子商务的普及等显著降低了市场的运行成本和进入门槛，加剧了市场竞争。这使得新兴的数字经济企业，特别是互联网巨头，能够利用数据和技术优势，轻易打破传统行业的壁垒，进行横向跨界兼并整合，进一步挤压传统企业的生存空间。同时，数字经济企业通过设立行业标准、抢占市场份额等策略快速获得市场主导地位。这使未能及时进行数字化转型的传统企业面临

被淘汰的风险。此外,随着消费者偏好的转变和数字平台经济的兴起,传统企业的成本优势被削弱。传统企业迫切需要寻找新的增长点和竞争策略,以应对激烈的市场竞争。这种外部压力凸显了传统企业在经济全球化和数字化浪潮中的弱势。传统企业急需通过创新和变革适应数字经济的新规则。

## (二)复杂的信息环境影响企业战略制订和信息反馈

在数字经济浪潮下,市场的发展呈现出瞬息万变的特点,风险与机遇并存。那些深入了解市场变化并能够迅速做出经营决策的企业,更有可能规避潜在风险,把握市场中的机遇。但信息传递速度加快,传播范围不断扩大,这使信息环境更加复杂,对企业的信息辨别能力、市场响应速度都提出了挑战。

首先,与传统的一点对多点的信息传播模式不同,互联网时代的信息传播更加迅速,具有多点、多维度联结的特点。[1] 这使得一些负面信息的传播速度加快、影响范围扩大,给企业的形象建设与维护带来较大的压力。在这样的背景下,企业需要具备较强的负面信息应对能力,在面对负面信息时,能够及时、有效地做出反应。

其次,虽然数字经济中的开放互联网环境为人们提供了丰富的信息来源,但其中也混杂着一些虚假的信息。这些不准确的信息不仅使企业难以分析真实的经营环境,还在某些情况下可能导致企业基于错误信息做出不当的战略决策。

最后,尽管信息量大增,但信息获取的迟滞仍是一大隐患。企业的前瞻性战略规划和决策都基于全面、准确的信息分析。企业如果不能及时、全面地了解经济和社会信息,就可能会错失市场机遇,面临发展上的挑战和风险。

## (三)企业权利与义务改变

在数字经济中,企业角色变得更加多样化,从原来单纯的产品生产者

---

[1] 张华. 数字经济下企业发展的机遇与挑战 [J]. 商业经济研究, 2018 (24): 101-104.

和提供者向服务提供者、平台的搭建者及信息收集和保管者转变。这不仅是对企业运营能力的考验,也对企业承担责任和义务提出新要求。一方面,企业需要担负起监控产品质量的责任。网络平台需要对产品的合法性、健康、符合公序良俗进行监督和管理。这在平台经济中具有突出的表现。企业作为平台的搭建者和维护者,为交易双方提供交易的桥梁。平台企业尽管不是最终商品与服务的提供者,但是对商品及服务的质量、安全具有重要的监管责任。另一方面,企业需要肩负保管信息、确保信息存储和使用安全的责任。在数字经济中,信息具有较高的价值,是人们能够享受便利的基础。与此同时,庞杂的信息中具有海量的个人信息。个人信息的不当流出会给消费者带来风险,甚至造成损失。信息安全和隐私保护对企业提出新的要求。企业需要对信息进行妥善保管和维护,确保企业掌握的信息不被泄露、滥用和不当获取。

### (四)创新速度加快,产品生命周期缩短

企业需要通过外部流入和内部流出的知识、信息、创意等来有效推动创新。数字经济时代,数字技术的广泛应用使得企业创新变得更加普遍和易于实施,打破了传统的线性创新流程,加快了创新的速度。随着创新速度的加快,技术发展和行业发展更加迅速,使产品生命周期明显缩短。[1] 过去可能经年累月才能完成的产品开发和市场推广,现在可能在几个月甚至几周内就完成。这意味着企业的重点利润产品可能很快就会转变为低利润产品,企业仅仅依靠现有产品很难保持市场竞争力。企业只有不断地开发新产品,满足市场的需求,才能在激烈的竞争中保持领先地位。

创新的本质是知识的创造。知识创造理论指出,知识包括隐性知识和显性知识。虽然数字技术,如大数据技术和互联网技术,使得获取显性知识相对简单,但对许多中小企业来说,获取对创新至关重要的隐性知识非

---

[1] 方巍巍.数字经济背景下企业发展面临的机遇与挑战[J].湖北开放职业学院学报,2020,33(24):112-114.

常困难。隐性知识包括发现的能力、技术开发能力、模型构建能力等，通常不易在市场上获得，难以被模仿，需要通过长期的技术积累和人才培养才能掌握。如果没有足够的核心技术和人才，企业将面临在数字经济背景下抓住新机遇的能力不足，在市场竞争中处于不利地位，甚至面临被淘汰的风险。

### （五）数据安全挑战

在数字经济时代，企业发展面临的数据安全挑战尤为显著。这不仅影响企业的运营模式，也直接关系到企业的长远发展与竞争力。一方面，随着数据安全和隐私保护成为全球性的热点问题，企业需要应对越来越复杂的法律法规环境。企业不仅要在技术上确保数据的安全和合规，还需要对业务流程、产品设计等进行全面的优化，以符合法律法规的规定。对许多企业而言，这不仅是技术挑战，也是管理和战略挑战。企业需要投入大量的资源进行法律咨询、系统升级和员工培训。这些投入在短期内可能会对企业的利润和运营效率产生负面影响，但从长远来看，是企业赢得消费者信任和拓展市场的必要投资。另一方面，随着企业越来越依赖数字技术进行日常运营和数据分析，数据泄露和网络攻击的风险显著增大。这些安全威胁不仅来自外部的黑客攻击，也可能由内部的操作失误或恶意行为导致。一旦发生数据泄露，企业不仅会面临经济损失，还可能损害品牌声誉，影响客户信任，甚至面临诉讼和罚款。加强数据安全保护和网络防护成为企业面临的一大挑战。企业不仅要采用先进的技术手段进行网络防护，如采用加密技术、防火墙、入侵检测系统等，还需要建立健全数据安全管理体系，制订定期的安全审计、风险评估和应急响应计划；同时，增强员工的安全意识，对员工进行操作技能培训，防止数据泄露。在数字经济时代，数据安全和合规性不仅是技术问题，也是企业战略规划的一部分，对企业的长期发展和市场竞争力有不可忽视的影响。

## 二、数字经济时代企业发展的机遇

### (一) 企业发展动力增强, 市场机遇增加

与传统经济不同, 以高新技术应用为代表的数字经济实现快速增长, 呈现出繁荣景象。数字经济在投资和需求等方面为产业转型提供了动力, 使企业获得宝贵的发展机遇。一是政策支持为企业提供了创新和发展的肥沃土壤。政府对数字经济的支持呈现出日益加强的趋势。政府通过制定激励政策和创新引导计划, 鼓励企业开展技术研发和商业模式创新。这种政策环境不仅降低了企业尝试应用新技术和开展新业务的门槛, 也为企业提供了资金支持和市场准入的便利, 大大增强了企业的发展动力。政策的引导和支持帮助企业抓住数字经济的发展机遇、加速转型升级、提高竞争力。二是数字经济的发展使投资活跃, 增强了市场活力。随着数字基础设施的建设和数字技术的应用, 大量资本涌入云计算技术、大数据技术、人工智能技术等前沿技术领域, 推动了这些领域的快速发展。投资的增加不仅促进了技术创新和应用, 也为企业提供了丰富的资源和工具, 帮助企业开发新产品、拓展市场。在这样的环境下, 企业可以依托先进的技术和充足的资金, 增强发展潜力, 增加市场份额。三是电子商务、移动支付、在线娱乐等新兴消费模式的快速发展, 满足了人们对便捷、快速消费的需求。这些新型消费模式不仅丰富了人们的生活, 也为企业开辟了新的市场。企业可以通过数字平台接触到更广泛的客户群体, 进行数据分析, 深入了解消费者需求, 为消费者提供更加个性化、精准的产品和服务。需求侧的变化给企业带来了市场机遇, 促使企业在满足消费者需求的同时实现自身的利润增长和价值提升。[1]

---

[1] 李娜. 数字金融对中小企业数字化转型的影响研究 [J]. 老字号品牌营销, 2023 (20): 106-108.

## （二）产业链拓展，市场规模扩大

第一，云计算技术、人工智能技术、大数据技术和物联网技术等数字技术的发展不仅改变了生产和服务的方式，也重塑了产业链的结构和功能。应用这些技术，可以实现更高效率的数据共享和传输，拓展了产业链。产业链不再局限于串行的简单线性模式，而向并行、纵向共享和复杂网络模式转变。企业能够在全球范围内选择合作伙伴，进行知识交流和资源共享，实现了生产要素的优化配置和利用，降低了产业链构建成本和运营成本。这也促进了企业的转型升级和创新发展，使得企业能够更灵活地响应市场变化、探索新的业务模式和市场机会。

第二，互联网技术的普及和电子商务的快速发展，尤其是国内电商、跨境电商和直播带货等新商业模式的兴起，扩大了企业的市场规模和范围。数字经济下的这些商业模式打破了传统的地理、时间限制，使得企业能够轻松地触及全球消费者，实现"买全球、卖全球"的商业愿景。电子商务平台为企业提供了低成本、高效率的市场准入渠道，降低了企业的市场拓展成本，也为中小企业提供了与大企业竞争的平台。随着电子商务交易额的持续增长和跨境电商的快速发展，企业的市场潜力巨大。这促进了商品和服务的多样化，给企业带来了前所未有的发展机遇。数字经济时代的企业需要抓住这些机遇，利用数字技术优化自身的产业链结构，扩大市场规模，以获得竞争优势，实现可持续发展。

## （三）生产要素范围扩大，交易成本降低

随着数字技术的广泛应用，数据成为除机器设备、土地、劳动力、资本之外的一种新的重要生产要素。数据的流动性和共享性增强，这释放了数据的价值，给企业生产和交易带来了新的动力。[1] 数字技术的应用不仅

---

[1] 方巍巍.数字经济背景下企业发展面临的机遇与挑战[J].湖北开放职业学院学报，2020，33（24）：112-114.

扩大了生产要素的范围，也为企业的运营模式和商业模式创新提供了基础。数据资源的零边际成本影响了企业的交易成本，使交易成本呈现下降趋势，为企业提供了更为广阔的发展空间。企业交易成本可以分为组织成本和执行成本。组织成本是指企业为达成某项交易或监督交易执行情况而产生的一系列成本。执行成本是指企业为实现具体的产品交换而产生的设施设备投资成本、劳动力消耗成本、物流成本等。

在组织成本方面，数字经济时代的技术，如多媒体技术、互联网技术、云存储技术等，降低了企业信息搜寻和流动的成本，提升了企业间交互的效率，解决了交易过程中的信息不对称问题，大幅降低了企业为达成交易而产生的一系列软性成本，如时间成本、营销成本、谈判成本等。在传统经济中，随着产业链成员的增多和组织形式的复杂化，组织成本不断攀升。而在数字经济环境下，这些成本显著降低，企业能够更加灵活和高效地进行管理，提升竞争力。在执行成本方面，产权制度改革和数字化基础设施推广，使企业更加注重使用权而非所有权。租赁和共享等模式的兴起，使得企业能够以更低的成本获取所需的资源和服务、实现轻资产运营模式。这种运营模式不仅降低了设施设备投资成本，也降低了资产的专用性，提升了资源的重复利用率。此外，物联网和智能算法的应用提升了物流效率，降低了企业的物流成本，降低了企业的执行成本。在数字经济时代，企业在执行成本方面呈现边际成本递减的趋势，降低了交易成本。

（四）客户需求变化，价值分配转移

微笑曲线理论指出，在传统产业链中，价值主要集中在设计、研发和营销环节，而制造环节的价值最低。这种价值分布的不均衡是由产品标准化和同质化导致的供过于求引起的。在这样的背景下，大量制造业企业陷入价值链低端的困境。数字经济的兴起为改变这一状况提供了可能。企业引入新生产模式，进行技术创新，能够优化资源配置，增加服务价值，调整产业链中的价值分配。

首先，数字技术（如物联网技术、人工智能技术、云计算技术等）的应用，使得制造环节变得更加智能化、柔性化和协同化。这些技术的融合不仅提高了生产效率和产品质量，还降低了生产成本，增加了制造环节的附加值。智能化流水线和大数据驱动的产品质量规划等数字手段的运用，提高了生产的灵活性和响应速度，使得制造环节在产业链中的价值提升。[①] 这有助于缩小产业链各环节之间的价值差距，使得微笑曲线趋于平缓，体现了制造环节价值的重新评估和提升。

其次，大数据技术和高速信息传输技术使得从消费者端到生产端的信息流动变得更加精确和高效。这种从需求侧到供给侧的信息反馈机制促使企业从传统的大众化生产模式转向更加关注消费者个性化需求的生产模式。将消费者的异质性需求融入产品的研发和生产制造过程中，不仅能够减少市场上的同质化竞争，还能提升企业在产业链中的价值。企业根据消费者需求提供定制化服务，能优化消费者体验，从而在竞争中获得优势。

最后，在数字经济环境下，各类互联网平台的崛起帮助企业打破了市场地域限制，扩大了企业的市场空间，让原本制约个性化产品生产的成本和效率问题得以解决。根据长尾理论，当产品的储存和流通渠道足够宽，个性化、多品种、小批量产品占据的市场份额和主流产品的市场份额相当，企业可以为消费者提供个性化产品和服务，也可以实现范围经济和规模经济。

## 第二节　数字经济时代企业的数字化转型

企业数字化转型是指运用 5G、人工智能技术、大数据技术、云计算技

---

① 方巍巍.数字经济背景下企业发展面临的机遇与挑战[J].湖北开放职业学院学报，2020，33（24）：112-114.

术等新一代数字技术，改变企业为客户创造价值的业务方式，使企业业务实现新的增长。[①] 企业数字化转型实际上是在内部完成全面在线，在外部适应各种变化，从前端到后端，实现自动化和智能化，最终创造价值。

## 一、企业数字化转型的必要性

### （一）响应国家政策号召

我国政府高度重视企业数字化转型，将其视为推动国家经济高质量发展的重要战略。[②] 通过一系列的政策和支持措施，我国政府旨在激发企业的数字化转型活力，以使企业适应经济全球化和数字经济时代的要求。这些政策不仅体现了政府对企业数字化转型重要性的认识，也为企业提供了转型的方向和支持。

工业和信息化部、财政部于2016年发布了《智能制造发展规划（2016—2020年）》。2018年，工业和信息化部发布了《工业互联网发展行动计划（2018—2020年）》，明确了工业互联网发展的行动目标和重点任务。2019年，中共中央办公厅、国务院办公厅印发了《关于促进中小企业健康发展的指导意见》。该指导意见指出："推进发展'互联网＋中小企业'，鼓励大型企业及专业服务机构建设面向中小企业的云制造平台和云服务平台，发展适合中小企业智能制造需求的产品、解决方案和工具包，完善中小企业智能制造支撑服务体系。"2019年，国务院办公厅发布了《国务院办公厅关于加快发展流通促进商业消费的意见》。该意见指出："顺应商业变革和消费升级趋势，鼓励运用大数据、云计算、移动互联网等现代信息技术，促进商旅文体等跨界融合，形成更多流通新平台、新业态、新模式。引导电

---

① 胡典钢.工业物联网：平台架构、关键技术与应用实践[M].北京：机械工业出版社，2022：7.
② 罗宏，郭一铭，乔慧颖，等.企业数字化转型与杠杆操纵[J].当代财经，2023（5）：65-78.

商平台以数据赋能生产企业，促进个性化设计和柔性化生产，培育定制消费、智能消费、信息消费、时尚消费等商业新模式。"2020年，国资委发布了《关于加快推进国有企业数字化转型工作的通知》，明确了国有企业数字化转型的基础、方向、重点和举措，引导国有企业在数字经济时代准确识变、科学应变、主动求变，加快提升传统动能、培育发展新动能。2020年，工业和信息化部发布了《工业互联网创新发展行动计划（2021—2023年）》，旨在"深入实施工业互联网创新发展战略，推动工业化和信息化在更广范围、更深程度、更高水平上融合发展"。2021年3月，我国发布了《中华人民共和国国民经济和社会发展第十四个五年规划和2035年远景目标纲要》。该文件使"加快数字化发展 建设数字中国"单独成篇，指出："迎接数字时代，激活数据要素潜能，推进网络强国建设，加快建设数字经济、数字社会、数字政府，以数字化转型整体驱动生产方式、生活方式和治理方式变革。"这些政策的共同点在于强调数字技术在促进经济增长和提升社会福祉中的核心作用，鼓励企业通过数字化转型提升自身竞争力，促进就业，增强创新能力，推动产业结构优化升级。政府的政策不仅为企业提供了转型升级的资金和技术支持，也为企业的转型升级创造了良好的外部环境和市场机遇。企业的数字化转型实际上是对国家政策的积极响应。

### （二）企业自身发展的需要

在当今快速变化的商业环境中，企业面临的挑战和机遇前所未有。市场竞争不仅来自同行业内的竞争对手，更多来自那些具有强大互联网基因的新兴企业。这些企业具有灵活的运营模式、创新的商业策略和先进的技术，对传统行业造成了冲击。在这样的背景下，数字化转型不再是一种选择，而是企业生存和发展的必然要求。

第一，数字化转型能够帮助企业提升竞争力。通过引入和应用新的数字技术，如大数据分析技术、云计算技术、人工智能技术等，企业可以优化业务流程，提高运营效率，降低成本，提升产品和服务的质量。这样，企业能够快速地响应市场变化，满足客户需求，从而在激烈的市场竞争中占据有利地位。

第二，数字化转型能够为企业创造新的增长点。随着电子商务和移动互联网的发展，消费者的购买行为和消费习惯发生了显著变化，消费者对产品和服务的需求更加多样化和个性化。企业通过数字化转型，可以利用线上平台和数字营销工具，更有效地触达和服务于消费者，开发新的产品和服务，拓展市场空间。此外，数字技术还为企业提供了创新商业模式的可能，如基于订阅的服务、共享经济模式等。这些新商业模式能够给企业带来持续增长动力。

第三，数字化转型是提高企业适应能力和持续创新能力的重要手段。在数字经济时代，市场的变化速度越来越快，企业面临的市场不确定性和复杂性随之增强。通过数字化转型，企业可以构建灵活、高效的信息系统，实现对市场变化的实时监测和快速响应。同时，数字化还能够促进企业内部知识分享和创意激发，增强企业的创新能力，有利于企业持续推出新的产品和服务以适应不断变化的市场需求。

## 二、企业数字化转型的特征

### （一）数字化转型是长期战略

第一，数字化转型是一个长期持续的过程。这是因为数字化转型不仅涉及技术的更新和应用，也涉及企业文化、组织结构、业务流程等的根本改变。企业需要在战略层面进行深思熟虑的规划，将数字化转型融入企业的发展大局，确保数字化转型战略与企业的长期目标和愿景一致。[①] 企业需要持续投入资源，通过应用数字技术，逐步实现数字化转型目标，增强企业的数字化能力和市场竞争力。

---

① 罗宏，郭一铭，乔慧颖，等.企业数字化转型与杠杆操纵[J].当代财经，2023（5）：65-78.

第二，数字化转型是分阶段的。企业不能一开始就进行全局数字化转型。不同企业的规模、行业特性、资源状况和发展阶段不同，企业应根据自身的实际情况，制订符合当前发展水平的数字化转型计划。一开始，企业可能需要从基础的数字化做起，如建立官方网站、开发移动应用等，然后逐步应用更复杂的系统，如应用企业资源计划系统、客户关系管理系统，直至实现业务流程、管理模式、企业文化的全面数字化。这种分阶段的数字化转型推进方式，能够帮助企业有效管理转型风险，确保数字化转型的每一步都稳健进行。

第三，数字化转型是随着社会发展、业务变化不断调整的。随着技术的快速发展和市场需求的不断变化，企业必须及时调整数字化战略及其实施计划，以适应外部环境的变化。这意味着企业需要建立高效的监测和反馈机制，对数字化转型过程中遇到的问题和挑战进行实时监测和分析，及时做出数字化战略实施计划调整和优化。企业还应积极探索和应用新的数字技术，不断创新业务模式和服务方式，以保持竞争力和发展活力。

### （二）数字化转型是业务与技术双轮驱动的

企业数字化转型的驱动力来源于业务与技术两个方面。业务与技术的深度融合是数字化与信息化最重要的不同点。数字化转型不仅是技术部门的事情，也需要技术部门和业务部门配合。在信息化时代，企业的信息技术部门被定位为业务支撑部门，经常被动地满足业务部门的需求。在数字化时代，企业的信息技术部门需要走向前端，与业务部门共同交付商业价值，两者深度合作。数字化人才队伍需要具备业务与技术融合能力。企业也可以建立业务团队与技术团队高度融合的综合型团队。

### （三）数字化转型长期规划与局部建设协同进行

企业进行数字化转型，应从战略层面针对业务全局做出总体规划，在规划实际落地时，应从业务局部入手，逐步进行数字化建设，逐渐扩大业务范围。如果按照总体规划，全面进行数字化建设，战线拉得太长，就会对组织管理提出更高的要求，在数字化基础不稳固、数字化人才不足的情况下，成功率会很低。如果只从局部出发，其他方面的不完善会影响局部数字化转型效果。所以，企业在进行数字化转型时，需要把握数字化转型总体规划和局部数字化建设的匹配度，在业务模式、企业文化、人才等方面做好相应规划。

### 三、企业数字化转型的阶段

企业数字化转型是在数字化转换和数字化升级的基础上，进一步触及企业核心业务，以发展新的商业模式为目标的高层次转型。企业数字化转型的三个阶段如图2-1所示。

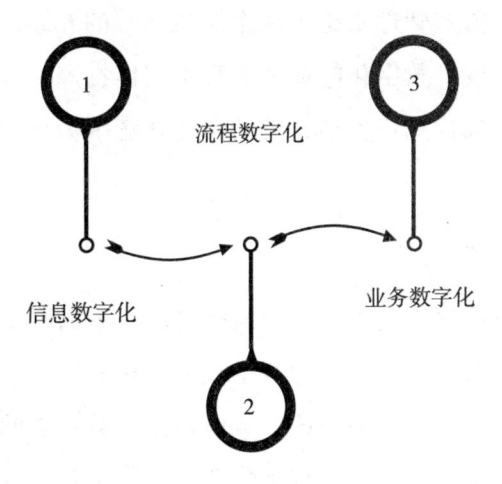

图 2-1　企业数字化转型的阶段

### （一）信息数字化

信息数字化是企业数字化转型的初级阶段。信息数字化是从模拟形态到数字形态的转换过程，如从模拟电视到数字电视、从胶卷相机到数码相机、从物理打字机到办公软件。这一阶段的核心是将信息转化为二进制的数字形式（0和1），以便于更高效地进行信息的读写、存储和传输。信息数字化不仅大大提高了信息处理的效率和准确性，还为后续的流程数字化和业务数字化打下了坚实的基础。信息数字化给人们带来了前所未有的便利。

### （二）流程数字化

流程数字化是企业数字化转型的中级阶段，主要运用数字技术对企业内部的业务流程进行改造与优化。这一阶段不是简单地采用新的数字工具，而是重新设计和改进工作流程，使之更为高效、灵活且响应迅速。例如，企业可采用企业资源计划系统、客户关系管理系统和供应链管理系统。这些系统的引入与应用使得企业能够更精确地管理资源、提升工作效率和资源利用效率。例如，企业资源计划系统可以帮助企业更有效地管理生产、销售等流程，客户关系管理系统关注企业与客户的互动，能帮助企业提高客户满意度和忠诚度。数字化的业务流程不仅能提高企业的运营效率，还为企业创造了巨大的信息化价值，推动企业在竞争激烈的市场环境中取得更大的成功。

### （三）业务数字化

业务数字化是企业数字化转型的高级阶段，不局限于信息或流程的数字化，而打造全新的、富有活力的数字化业务模式。在这一阶段，企业应利用数字技术，创新核心业务模式，从而在新的数字空间中探索新的业务机会，增强核心竞争力。与信息数字化和流程数字化不同，业务数字化不是仅仅提高工作效率或优化现有业务流程，而是对整个企业的战略定位、商业模式、客户互动方式等进行彻底的改革。企业要在数字化的基础上，应用大数据技术、人工智能技术、物联网技术等先进技术，满足客户的个性化需求，打破传统的商业界限，甚至创造新的市场空间。

## 四、企业数字化转型的意义

在数字化时代背景下开展商务活动，企业面临与以往截然不同的经营环境。企业处于新的经营环境中，受到数字技术的影响，企业的行为特征、产品属性等都发生了巨大的变化。进行数字化转型对企业具有重要意义，如图2-2所示。

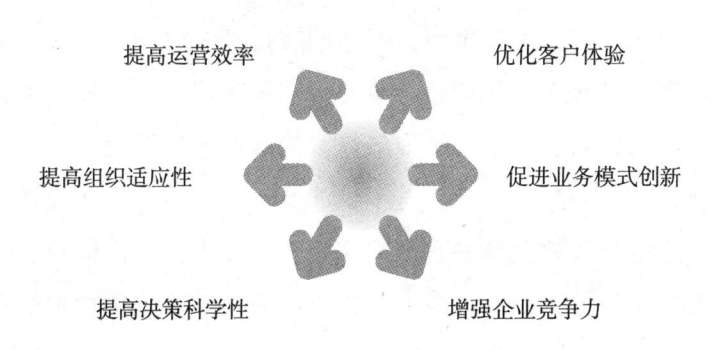

图 2-2　企业数字化转型的意义

（一）提高运营效率

首先，企业应用自动化工具，可使大量的重复性工作得到自动化处理，减少人工介入和因此产生的错误，使工作流程更加流畅，减少耗时。例如，数字化仓库管理系统可以实时监测库存，自动化补货，减少库存不足或过剩造成的损失。其次，数据的数字化处理和分析使企业能够迅速了解业务情况、快速做出决策。传统的数据分析可能需要几天甚至几周的时间，而数字化的数据分析可能只需要几分钟到几小时。再次，利用企业资源计划系统，企业可以集中管理各个部门的资源和工作流程，实现资源的高效利用和部门间的高效协作，提高运营效率。最后，数字化也能简化企业与供应商、客户的沟通流程，实现信息的即时传递和反馈，加快业务响应速度。

（二）优化客户体验

随着数字技术的持续进步，消费者期望得到更为个性化、及时且高效的服务。在这方面，数字化转型使企业能够深入挖掘和分析客户数据、为每位客户提供量身定制的产品和服务。例如，通过分析客户在线行为和购买历史，企业可以预测他们的购买意向，提前为客户推荐合适的商品或服务。此外，数字化也简化了企业与客户的互动过程。智能聊天机器人、自助服务终端和其他自动化工具都允许客户在任何时间获得所需的服务，能提高客户满意度。线上客户支持平台（如社交媒体、即时通信软件等）为客户提供了便捷的问题解决渠道，能使问题得到及时解决。移动端的发展为企业优化客户体验提供了机会。消费者越来越依赖手机和其他移动设备完成购物、信息查询。企业纷纷推出自家的移动应用或网站，确保客户在移动端能获得无缝的购物体验。这不仅涉及友好的用户界面设计，还涉及移动支付、定位服务软件等一系列数字化工具，丰富用户体验。随着大数据技术和人工智能技术的日趋成熟，未来的客户体验将更加智能化、个性化。例如，利用人工智能技术，企业能够在客户与产品互动时实时提供反馈，给客户带来丰富的互动体验。

### （三）促进业务模式创新

随着大数据技术和人工智能等的快速发展，企业不局限于传统的商业模式，而拥有了创新业务模式的可能。第一，数字化为企业提供了前所未有的数据访问能力，使企业能够基于真实的、细粒度的客户行为数据来为客户提供定制化服务和产品，创造商业价值。例如，订阅经济的崛起正是基于对用户数据的深入分析，满足消费者对按需付费的偏好。第二，数字技术让企业能够快速地进行市场测试，使新的商业模式能够在短时间内得到验证和调整。第三，数字化转型还促进了跨行业的合作与整合，给企业带来了新的商业机会。例如，传统的汽车制造商与技术公司合作开发自动驾驶技术，金融机构与电商平台共同探索金融科技应用，这些都是数字化驱动下的业务模式创新。最重要的是，企业数字化转型推动了平台化思维的发展。众多企业开始构建开放的生态系统，集结各方资源，为客户提供一站式的解决方案，从而创造出更大的商业价值。如今，阿里巴巴集团这样的企业已经从单一的产品或服务提供者转变为拥有丰富生态系统的平台企业。

## (四)增强企业竞争力

数字化转型让企业在信息爆炸的时代具有更强的竞争力。首先,数字化使企业可以更有效地收集和分析大量的业务数据。通过实时数据分析,企业能够迅速了解市场变化、客户需求及潜在的商机,从而快速调整运营策略,提供符合市场需求的产品或服务,这样不仅能够更好地满足客户需求,也能够获得更大的盈利空间。其次,数字化为企业提供了更大的市场和更广泛的客户基础。利用电子商务平台、社交媒体平台和其他在线平台,企业能够触及更多的客户,进入之前难以进入的市场,获得更多的商业机会。同时,利用数字化手段,企业能够更好地进行品牌推广和营销,提高品牌知名度,吸引更多的客户。最后,在开放的、多元化的数字化环境中,企业能够较容易地与其他企业或创新者合作,共同开发新产品、新服务或新的商业模式,这种合作给企业带来了新的竞争优势。此外,数据分析还能用于人才管理和团队建设。通过分析员工的工作效率和技能,企业能精确地进行人才配置和培训,提高竞争力。

## (五)提高决策科学性

传统的决策往往依赖经验和直觉。而在数字化环境中,数据成为决策的核心支持因素。大数据技术使企业能够收集、存储和分析大量数据,为企业决策提供依据。通过数据分析,企业能够了解市场趋势、消费者行为和潜在的业务机会。此外,先进的数据分析工具能使企业自动识别模式、预测未来的市场变化,从而精准地进行决策调整。这种基于数据的决策方法降低了决策的主观性和不确定性,提高了决策的有效性。实时的数据流使企业能够快速响应市场变化、快速做出决策。

## (六)提高组织适应性

数字化转型不仅优化了企业的内部运营,还增强了企业适应外部变化的能力。在当前快速变化的市场环境中,企业面临各种不确定性因素,如经济波动和技术革新等。数字化工具，如远程工作平台、在线会议软件和项目管理工具，让企业能在面对这些不确定性因素时保持稳定的运营。例如，远程工作平台让员工无须到办公室也能高效地完成任务，不仅能降低突发事件导致的运营风险，还能增强企业招聘不同地域和文化背景的人才的灵活性。在线会议软件能让跨地域或跨部门的团队有效地沟通和协作。这样的数字化工具不仅能提高企业的工作效率，也使企业更具适应性和韧性，使企业能快速应对各种外部挑战、迅速抓住商业机会。

## 五、企业数字化转型的总体规划

### （一）企业数字化转型的原则

企业数字化转型是一个复杂且长期的过程，涉及多个层面的变革。为确保数字化转型高效且具有持久性，企业应遵循一些原则。具体来说，企业数字化转型应遵循的原则如下：

1. 价值导向

企业数字化转型不仅仅是为了应用最新的技术，也是为了持续创造价值。企业遵循价值导向原则，需要在做每一个决策时，都以决策对企业价值的贡献为参考。企业价值既包括短期的价值，如提高效率、降低成本，也包括中远期的发展价值，如品牌形象塑造、市场扩展或商业模式创新。企业要确保每一项数字化项目都与长期价值创造目标紧密联系，从而增强企业数字化转型动力和活力。企业在追求技术创新和运营效率提升的同时，不偏离核心使命和长远目标。

2. 数据驱动

在当今数字化时代，数据已经成为新的生产要素，成为企业发展的关键驱动力。企业深化数据资源的开发与利用，不仅可以为客户提供以数据为核心的新产品与服务，还可以更好地整合和调动企业内外的资源。信息流如果得到有效的管理，就可以带动技术流、资金流、人才流和物流在更大范围内迅速聚合并根据需求进行流动。例如，通过精准的数据分析，企业可以实时调整资源分配，确保供应链的高效运转。同时，数据的利用也可以助力企业提高全要素的生产率、达到提高运营效率的目的。更重要的是，数据驱动可以激发企业的创新潜能，提高企业创新水平，使企业在激烈的市场竞争中始终保持领先地位。总之，企业坚持数据驱动，有利于数字化转型，有利于在数字化浪潮中领跑。

3. 创新引领

企业应坚持创新，不仅要关注现有业务和技术，还要在战略层面持续推进技术及产品研发。企业创新不应局限于技术层面，也应涵盖产品、商业模式和服务等多个方面。这样，企业才能获得全方位的竞争优势。通过技术集中攻关和资源优化配置，企业可以在关键领域实现技术突破，从而推动创新成果和能力的输出。

在数字化转型中，企业也要注重产品的安全性，在产品设计阶段就要充分考虑安全因素，确保完整产业链的安全可靠。在当前复杂的网络环境下，安全问题不仅会影响企业，还可能影响整个产业链。企业坚持创新引领，不仅要推动技术和产品的发展，也需要确保技术和产品的安全性、可靠性，以提高竞争力。

4. 开放、合作

在当今经济全球化和数字化的背景下，闭门造车已经不再可行。企业需要树立开放和包容的发展理念，加强资源的开放、共享。这样，企业能获得更多的外部资源和先进技术，还可以补齐发展过程中的短板。例如，通过与外部合作伙伴共享资源，企业可以更快地学习全球先进的技术与经验，加速自身的技术进步和业务创新。此外，通过基于平台的能力社会化输出，企业不仅可以将优势能力分享给更多的合作伙伴，还可以构建一个互利共赢的合作生态系统，使所有参与者都从中受益。这样的开放合作模式不仅可以帮助企业更好、更稳地加快数字化建设，还能给企业带来强大的竞争力和持久的生命力。

5. 深化改革

在当前生产力日益发展的时代，企业需要推进新一代信息技术的应用与组织管理机制的变革。这样，企业不仅可以破除传统业务发展的瓶颈，还能为业务的数字化改革提供有力的支撑。此外，为了在数字化转型方面取得实效，企业应加速推进业务数字化的改革试点工作，然后逐步使改革扩展到整个企业。这样，企业可以为新技术、新产品、新模式和新业务的发展营造良好的环境，使数字化转型取得长足进步。

6. 理论与实践相结合

在进行数字化转型过程中，企业单纯依赖理论或实践，难以取得真正成功。理论为企业提供了指导思想和方向，帮助企业明确转型的目标和路径，使数字化转型的每一步都在正确的轨迹上。实践是检验理论正确性的直接方式。通过在实践中不断地尝试和调整数字化转型策略，企业能够找到合适的转型策略。理论与实践紧密结合，企业的数字化转型才能真正取得实效，达到预期的目标。理论与实践结合也有助于企业在转型过程中减少尝试和错误，提高企业转型的效率，使企业在竞争激烈的市场中立于不败之地。

7. 自主可控，内外结合

企业遵循自主可控原则，能确保核心技术和业务信息不会被泄露，为竞争提供坚强的后盾。在经济全球化的时代，企业很难完全独立进行数字化转型，需要借助外部资源。这时，企业需要遵循内外结合原则。通过与外部公司合作，企业可以更快地获取新技术、新思路，也可以更快地适应市场变化。然而，合作并不意味着放弃自主控制。任何外部合作都应建立在企业的自主控制基础上。因为企业了解自身的需求和战略方向，外部公司的提议和方案无论多么高明,都不可能完全符合企业的真实需求。此外,外部公司首先考虑的是自身的利益,而不是合作企业的长远发展。如果完全听从外部公司的建议,企业可能会陷入短视,为了短期利益而放弃长远的战略目标。企业在数字化转型过程中,必须坚持自主可控、内外结合的原则,确保转型的方向和节奏都掌握在自己手中,注重长远发展,保持竞争优势。

8.全局规划,分步实施

当今的商业环境快速变化。在此背景下,企业必须具备前瞻性的全局视角,确保长远目标能够实现;也需要具备灵活性,以适应不断变化的市场和技术环境。企业在开始数字化转型之前,需要进行全局规划,对业务、技术和企业文化进行全面分析和评估,明确当前的状况,确定未来的发展方向和目标。这种全局规划使企业不会在转型过程中迷失方向或被短期的挑战和困难困扰。分步实施是使全局规划落地。尽管全局的目标和方向已经明确,但企业需要根据实际情况进行规划调整和优化。企业可在分步实施的每一步都进行规划评估和调整,确保每一个步骤都朝着最终的目标前进。此外,分步实施还能使企业更好地管理风险和资源。通过将整个数字化转型过程分解为多个小步骤,企业可以聚焦当前最重要的任务,也可以根据实际情况来调整转型策略,确保转型平稳进行。

9.适时调整、持续优化数字化转型方案

企业数字化转型不是一个一次性的过程,而是一个持续的、动态的过程。在这个过程中,企业需要根据内外部环境的变化以及转型效果的实际反馈,不断地调整和优化转型方案。首先,市场、技术和消费者需求都不断变化。一个原本看似完美的企业数字化转型方案,可能因为外部环境的变化而变得不再适应当前环境。例如,新技术的出现可能使原本的转型方案过时,竞争对手的策略调整可能使企业的市场定位面临挑战。企业必须及时识别这些变化,并根据这些变化来调整数字化转型方案。其次,数

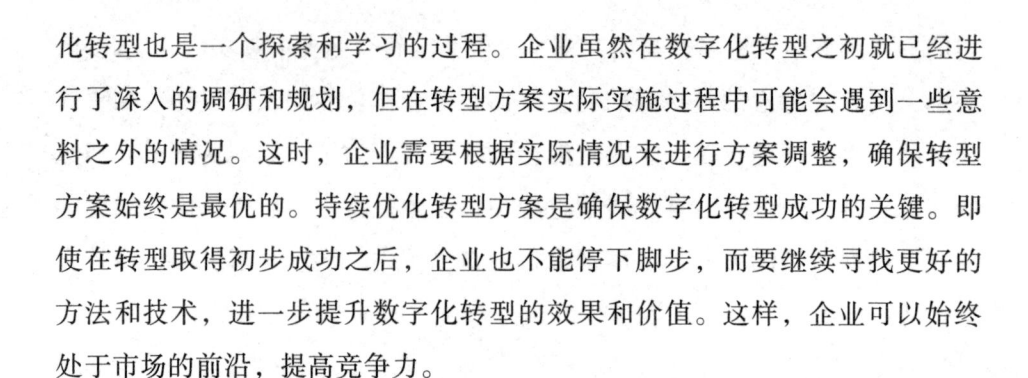

化转型也是一个探索和学习的过程。企业虽然在数字化转型之初就已经进行了深入的调研和规划，但在转型方案实际实施过程中可能会遇到一些意料之外的情况。这时，企业需要根据实际情况来进行方案调整，确保转型方案始终是最优的。持续优化转型方案是确保数字化转型成功的关键。即使在转型取得初步成功之后，企业也不能停下脚步，而要继续寻找更好的方法和技术，进一步提升数字化转型的效果和价值。这样，企业可以始终处于市场的前沿，提高竞争力。

### （二）企业数字化转型的目标

#### 1.管理精细化

不确定的环境对企业发展的可持续性提出了更高的要求。企业应积极推进数字化转型战略，通过"数字技术＋管理创新"双轮驱动，积极探索能够为企业开辟新收入来源的新业务，保证高效运营。企业可构建智慧大脑，通过大数据驱动的持续学习、纠错，实现企业智慧管理能力的持续提升，从而随着内外环境变化和目标调整而动态调整业务、组织和资源配置，实现持续成长。企业可通过共享服务模式满足相关组织和人员的共同需求，如财务共享、人力共享、采购共享等。企业还可以基于数据驱动实时生成业务报告、绩效考评结果、薪酬报表等，提高业务运转效率，精准控制风险，实现智能化管理，使管理变得更轻松。

#### 2.产品差异化

在以往标准化生产的工业时代，企业抢占市场依靠的是扩大生产规模和拓宽销售渠道。随着客户需求的多样化和个性化，消费市场考验企业的不再是企业规模，而是企业为客户提供更符合他们需求的产品。产品差异化意味着企业需要了解客户的独特需求，通过技术创新和业务模式创新，为客户提供量身定制的产品，从而提升客户的体验。这种以客户为中心的策略不仅能够帮助企业在激烈的市场竞争中脱颖而出、创造品牌价值，还能提高客户的忠诚度和满意度，促进企业持续发展。在数字经济时代，企业可利用网络平台选择更广泛的供应商，获取更详细的消费者消息，推出更丰富的产品线，开辟线上、线下一体化的购物渠道，以精准地满足消费者需求。企业通过对消费者数据的深入分析，实现对消费者的细致分类，进而为消费者提供个性化的产品和服务。在不同时间、不同场景，对于不同消费者群体的特定需求，企业要快速响应，为消费者提供匹配的产品和服务。这样，企业不仅能提升服务的精准度，也能优化消费者体验，从而在激烈的市场竞争中赢得优势。

3.服务精准化

服务精准化涉及企业对服务的全方位优化和个性化定制，以满足客户的多样化需求。企业通过深入分析客户行为和需求，可以为客户提供定制服务和全程解决方案，从而提升客户满意度和忠诚度。这种服务模式使企业能够更好地适应当代社会"一切皆服务"的背景。企业可通过满足客户个性化需求来增强市场竞争力，同时降低运营成本，提高业务创新能力。服务精准化不仅是企业提供产品和服务方式的变革，也是企业文化的变革。企业在数字化转型的过程中，应将客户需求放在核心位置，以数据驱动为基础，不断探索新服务模式，实现企业与客户的深度联结和共赢。

4.决策科学化

企业需要科学决策。通过科学决策，企业能够有效减少人为的偏见和误判，提高决策的速度和质量。这样，企业能够及时响应市场变化，把握发展机遇，优化资源配置，降低运营风险，持续健康发展。在数字经济时代，决策科学化成为企业提高核心竞争力、实现长期战略目标的重要途径。科学化的决策过程依赖对大量数据的分析和理解。企业数字化转型加快了企业数据应用体系建设。数据驱动的企业通过实时数据分析，能够迅速做出科学决策，精准执行决策。企业应强化数据采集、分析、管理、应用能力，实现数据在信息系统、软硬件、自动化设备和人之间实时、自由、有序流动,并通过数据—信息—知识—智慧的跃迁实现数据资源为企业全面赋能,在产品研发、市场营销、经营管理等方面做出科学决策。

5.客户体验个性化

在大数据技术和人工智能技术日益成熟的今天,企业竞争已经从传统的以产品为中心模式转变为以客户为中心模式,客户体验个性化成为企业获得市场竞争优势的关键。客户体验个性化不仅能显著提升客户的参与度和转化率,还能提高客户对品牌的忠诚度,给企业带来收入,提高企业利润率。更为重要的是,客户体验个性化能够使企业在数字化的浪潮中获得差异化优势,为企业的长期生存和发展奠定坚实基础。企业通过数字化转型,构建全渠道、多触点的营销体系,实现对客户行为的精准分析和营销策略的个性化,有效提升客户体验的个性化水平。企业利用大数据技术、人工智能技术等前沿数字技术,能够实时了解客户需求变化,快速满足这些需求。这些技术的应用使得客户在产品的全生命周期中都能获得个性化的体验。这样,企业能够创新产品交付模式和服务模式,增强客户的参与感,提高客户的满意度。客户体验个性化策略不仅能够显著提升客户忠诚度和品牌价值,也使企业在激烈的市场竞争中赢得优势,推动企业持续发展。

**(三)企业数字化转型的主要思路**

数字化转型不是简单地将某一项新技术投入使用,而是一次涉及企业战略、人才、商业模式以及组织方式的全面变革,深刻影响企业的发展。企业应谨慎启动数字化转型,把握数字化转型过程的关键点,切实推进数字化转型的深入发展。[①] 企业数字化转型应从以下五方面入手,如图2-3所示。

---

① 张晓燕,张方明.数实融合:数字经济赋能传统产业转型升级[M].北京:中国经济出版社,2022:43.

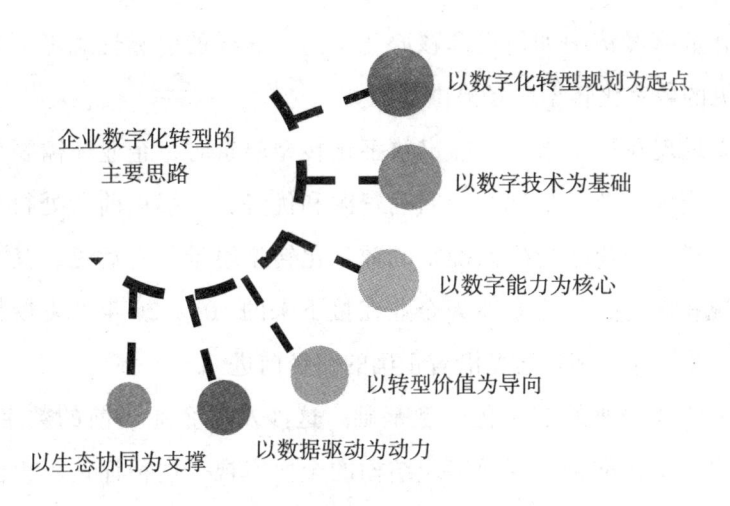

企业数字化转型的主要思路：
- 以数字化转型规划为起点
- 以数字技术为基础
- 以数字能力为核心
- 以转型价值为导向
- 以数据驱动为动力
- 以生态协同为支撑

图 2-3　企业数字化转型的主要思路

1. 以数字化转型规划为起点

数字化转型作为一个系统性工程，必须有顶层设计指明方向。利用数字化思维与科学方法进行数字化转型整体规划，做好顶层设计，是企业进行数字化转型的关键路径。企业应该以客户体验与业务战略为重点，立足当下，着眼未来，进行数字化转型统筹规划。

（1）明确数字化转型的愿景。企业愿景是企业创始人、管理者对未来企业发展的愿望，直接决定企业的发展方向。企业在进行数字化转型时，为了明确数字化转型的未来设想、任务和方式方法，顺利开展数字化转型战略中的各项工作，需要以数字化转型战略的分析结果为基础，明确企业数字化转型的愿景。企业明确数字化转型的愿景可以从以下两方面入手：

①站在未来角度看现在。随着第四次工业革命的到来，企业的生产和管理模式发生巨大的变化，工业经济面临巨大的挑战，数字经济迅速崛起。预计在接下来的 5～20 年，这场革命将给企业的运营模式和生存环境带来翻天覆地的变化。为了生存和发展，企业必须提前做好准备。企业管理者需要站在未来的角度，思考在未来 10～20 年中，希望企业成为什么样的

企业，在数字经济中如何提高核心竞争力。这样的前瞻性思考可为企业确定有远见的数字化转型愿景提供基础。

②立足现在看未来。在确定数字化转型愿景时，企业还需要考虑当前的情况。企业需要评估现状，明确资源和优势，了解当前所处行业的发展趋势。这样，企业才能确保确定的数字化转型愿景既有远见，又与当前的现实情况相匹配，使愿景能为企业在接下来的10～20年的发展提供科学的指导，并确保数字化转型沿着正确的路径前进。

（2）评估企业的数字化转型基础。这涉及对企业当前的数字化水平、技术水平、文化准备程度及组织结构的全面审视。这种评估不仅能揭示企业技术、人才、业务流程和文化等方面的水平和短板，还能帮助企业明确转型过程中需要重点解决的问题。通过评估，企业可能发现数据管理体系存在缺陷，或者员工缺乏必要的数字技能。此外，评估还能揭示企业的创新能力和对市场变化的适应性，这对后续的数字化转型策略制订至关重要。企业明晰不足之处和改进方向，能够制订出有针对性和实效性的数字化转型策略，确保转型过程能够有针对性地解决关键问题，提高转型成功的可能性。

（3）明确数字化转型战略定位。企业数字化转型战略定位对数字化转型工作开展有直接影响。企业有准确的数字化转型战略定位，才能顺利推进数字化转型。企业应基于自身的市场地位、资源、行业特性和外部环境等实际情况来决定采用进攻型战略、保守型战略还是撤退型战略。进攻型战略适用于资源充足、市场竞争力强、愿意承担较大风险以追求利润高速增长的企业。企业如果采用进攻型战略，就要积极投入，快速行动，利用数字化转型开拓新市场、创造新业务模式。保守型战略适合更注重稳定发展、风险承受能力相对较低的企业，强调的是在确保现有业务稳定的基础上，逐步实施数字化改革。撤退型战略通常适用于面临激烈市场竞争、业绩不佳或业务模式需要根本性变革的企业，可能涉及放弃某些业务领域、重组企业结构或彻底改变业务模式，以实现根本的数字化变革。在战略定位的过程中，企业需要进行深入分析和评估，确保所选战略与企业的长期目标和实际能力相匹配。

（4）构建数字化转型目标体系。企业的数字化转型是一种整体性、系统性变革。企业构建数字化转型目标体系时，要把握好短期目标、中期目标和长期目标之间的关系，做到三者兼顾，确保转型的连贯性和系统性。短期目标聚焦技术的升级和基础设施建设，如云计算迁移、数据平台建设等，为企业后续的转型活动奠定技术和架构的基础。中期目标注重业务，涵盖业务流程的再造、新业务模式的探索以及员工数字技能的提升。长期目标包括建设数字化企业文化、构建新的商业生态系统等，旨在通过根本性变革，确立企业在数字化竞争中的领先地位。

企业在构建数字化转型目标体系时，应确保各阶段目标衔接，使短期成就能够为中期目标铺路，使中期成果能够为实现长期战略目标打基础。企业在制定每一阶段目标时，都要考虑此阶段目标对后续阶段的影响和贡献。此外，企业还需要对目标体系进行持续监测和调整，以应对外部环境的变化和内部运行过程中遇到的挑战。通过这样的综合性和动态性的目标管理，企业能够确保数字化转型方向正确、步伐稳健，最终实现在数字化时代的持续成长和创新。

（5）评估数字化转型方案的效益与风险，制订完善的数字化转型策略。企业应全面考虑各种可能的变量和结果，从而做出合适的决策。效益评估应涵盖数字化转型带来的直接经济效益，如成本节约、收入增加，以及间接效益，如品牌价值提升、客户满意度提升等。企业进行风险评估，需要分析转型过程中可能遇到的技术挑战、市场不确定性因素、组织文化阻力等，评估它们对转型成功的潜在威胁。在效益和风险评估的基础上，企业要根据各方案的综合评分将各方案排定顺序，优先实施效益高、风险低的方案。这样，企业能将资源和精力集中在最有价值的数字化转型活动上，

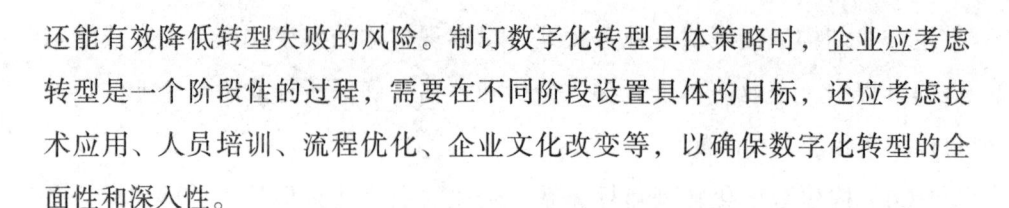

还能有效降低转型失败的风险。制订数字化转型具体策略时，企业应考虑转型是一个阶段性的过程，需要在不同阶段设置具体的目标，还应考虑技术应用、人员培训、流程优化、企业文化改变等，以确保数字化转型的全面性和深入性。

（6）完善数字化转型评价机制。首先，企业要设计评估数字化转型效果的关键指标。关键指标应覆盖转型的各个方面，如技术应用、业务流程优化、员工数字技能的提升以及最终的商业成果等。数字化转型评价不仅包括量化评价，也应该包括质性评价，以揭示转型过程中的非数值化成果和挑战。其次，企业需要建立一个数字化转型效果评估的组织机构，确保评估工作得到专业、有力的支持。这个组织机构应该由数字化转型的主要负责人、相关部门的负责人和外部的专家组成，确保评估的公正性和权威性。再次，企业要采用多种评估方式，除了采用定期的内部审查和报告方式，还可以采用第三方审计、员工反馈调查、顾客满意度调查等方式，以全面了解转型效果。最后，企业还需要确定合理的评估周期，确保能够及时、准确地了解转型的实际效果，为后续的转型工作提供有力的支持。例如，企业可以选择每季度、每半年或每年进行一次评估，根据评估的结果调整转型的策略和方向。

2. 以数字技术为基础

企业数字化转型的成功往往依靠先进的数字技术的引入和应用。数字技术包括大数据技术、人工智能技术、云计算技术、物联网技术等，能够赋予企业前所未有的运营能力、决策能力和创新能力。企业应该增加资金投入，积极研发或引入适合自身的数字技术。

3. 以数字能力为核心

数字能力是企业的核心生存能力，是企业的宝贵资产。它可以协助企业有效提高资产的使用率、提升业务水平和竞争力。企业数字化转型必须以基础数据为支撑，充分利用新一代数字技术，实现全方位的改造。企业数字能力的提升包括以下几个方面：

（1）利用传感器或相关软件进行数据采集，然后进行数据存储。

（2）以边缘计算技术、云计算技术等为支撑，提高数据治理能力，开展数据治理，将企业大数据与感知硬件、核心技术、云平台等结合，实施数据驱动的发展模式。以企业云平台建设为基础，在业务共享服务调用中将技术组件与算法进行封装，得到技术服务组件，提高快速处理业务的技术能力。

（3）充分利用人工智能技术、大数据技术以及系统集成技术等，在以恰当的形式呈现数据的同时，将数据应用到各类业务场景中，为企业的数字化、智能化发展赋能，实现企业管理升级，提高决策能力和决策水平，不断对业务流程进行优化，实现业务模式的创新，最终实现数据资源的整合，促使运营的各环节数字链条互联互通，形成全面程的数据闭环。

4. 以转型价值为导向

企业的数字化转型以创造商业价值和社会价值为核心目标。企业进行数字化转型的主要动力可能来自应对外部竞争或发展业务，最终聚焦创造价值。明确的价值导向不仅赋予企业数字化转型深刻的意义，还能促使企业各层级的员工认同转型。在价值导向下，企业可以利用外部资源与内部经验，实现数字化转型战略规划在业务场景中的具体落地，有效推动数字化转型升级。企业数字化转型的价值包括以下几方面：

（1）企业进行数字化转型，能够开发新的产品和服务，创造商业价值。企业将数字技术应用于产品全生命周期价值的创造中，如将数字技术应用于产品（服务）需求分析、产品（服务）定义、产品生产、产品（服务）交付中，为客户乃至整个供应链创造前所未有的价值。例如，利用大数据技术和人工智能技术，企业可以精准地预测市场需求，定制化生产产品，从而提升客户满意度和市场竞争力。企业数字化转型也使得产品和服务能够快速迭代、更新，适应市场的快速变化。这样的转型不仅能增强企业的创新能力，也为产业发展开辟了新路径，能推动整个行业进步。

（2）企业进行数字化转型，能够提升运营效率。通过采用数字化手段，企业可以实现资源的优化配置，提高生产效率和资源利用率，减少浪费，降低成本。例如，企业采用智能化的仓库管理系统，可以减少库存积压；采用智能制造系统，能够优化生产流程，减少停机时间。此外，数字化还能提高企业的决策效率和准确性。企业通过数据分析，能够快速做出科学的决策，从而提升运营效率。

（3）企业进行数字化转型，能够提升业务履约能力。企业数字化转型不仅能优化产业链资源配置，提高供应链的透明度和效率，还能加强企业与客户的沟通，使企业能够快速响应客户多样化的需求。此外，数字化转型还能促进企业探索新的市场和新商业模式。例如，企业通过在线平台开辟新的销售渠道，或通过数据驱动的服务为客户提供个性化的体验。数字化转型不仅能增强企业的市场适应性和竞争力，也能给企业带来新的收入增长点。通过这样的转型，企业能够在激烈的市场竞争中保持领先地位，实现可持续发展。

5. 以数据驱动为动力

企业利用人工智能技术、物联网技术、大数据技术等数字技术，可以广泛收集和整理数据，进而在生产、营销等多个领域实现数据驱动的转型，优化客户体验，提高制造效率，创造商业价值和社会价值。

（1）数字服务。数字服务的核心在于数据。企业在服务的过程中收集、整理与分析数据，了解客户的喜好与个性化需求，精准地触达目标客户，提高营销活动的投入产出比。在市场策略优化过程中，企业以全方位的销售数据分析和可视化呈现来驱动销售业绩的增长。企业通过应用数字技术将服务链延长，将服务价值由一次变为多次，实现营收的提高。

（2）数字生产。企业运用先进的数字技术和工具，可使生产过程更加智能、灵活和高效。通过实时数据采集、分析和反馈，数字生产能够精确预测设备的维护需求，优化工艺流程，减少浪费，提高产量。例如，运用物联网技术，企业可以实时监控生产线上的设备状态、原材料消耗和产品质量，及时发现问题并解决问题。利用大数据技术和人工智能技术，企业可以对生产过程进行智能化分析和预测，从而实现精益生产和库存优化。这不仅能降低生产成本，也能缩短产品上市时间，提高市场响应速度。3D打印技术和虚拟仿真技术可以给产品设计和原型制造带来革命性的变化，缩短产品上市时间。

（3）数字管理。通过收集和分析内部运营数据，企业管理者可以获得财务、员工绩效、市场动态等多方面的信息，做出精准的决策。此外，数据分析还可以揭示业务流程中的瓶颈和效率低下的环节，指导企业进行业务流程优化。通过数字管理，企业不仅能够提升管理效率，还能增强适应市场变化的能力，长期保持较高的竞争力。

6. 以生态协同为支撑

推动企业发展与生态协同，是数字时代竞争发展的重要趋势。以平台为产业运营的核心，促进了传统产业集群转变为以超级企业为核心的产业集群。企业打造更加开放、广泛、协同的合作生态，聚集创新力量，以技术创新和产品完善为支撑，利用生态协同的方式加强运营方案场景化设计，赋能产业变革与创新。未来，"平台＋生态"的商业模式将会成为产业变革的潮流。不同规模的企业采用的生态协同方式有所不同。

（1）产业链龙头企业构建产业平台，对相关数据、算法等资源进行整合，通过对应平台联结客户、供应商、员工和合作伙伴，实现价值链资源的汇聚与优化配置，进行业务和管理的创新，提升数据驱动的生态运营能力。

（2）中小型企业充分利用产业链龙头企业释放的平台能力，上云上平台，实现转型升级。中小型企业通过数据上云，让链主企业清晰地了解小微企业的数据和信用情况，利用链主企业的稳定性实现与银行等金融机构的合作，获得便捷的贷款服务。

## (四) 企业数字化转型的重点任务

### 1. 明确企业发展战略

企业发展战略在数字化转型中不容忽视，为企业提供了明确的发展方向和目标，使企业能够在不断变化的市场环境中保持正确的发展路径。作为企业内部管理的阶段性最高目标，企业发展战略是对企业未来发展的全面规划，反映了企业对未来发展趋势的预判和应对策略，是企业持续成长和适应外部变化的基石。企业发展战略的制订和实施考验企业决策层的战略布局能力、顶层规划能力、领导力以及执行力。在企业数字化转型的过程中，清晰、合理的企业发展战略能够帮助企业聚焦重点、优化资源配置、加速业务创新和技术应用，使企业在激烈的市场竞争中脱颖而出。此外，良好的企业发展战略还能增强企业内部的凝聚力和向心力，调动员工的积极性，激发员工的创造力，为企业数字化转型的顺利实施提供有力的人力支持。企业发展战略不仅是企业数字化转型成功的关键，也是企业应对未来挑战、把握发展机遇的重要保障。

在当前阶段，企业发展战略的制订需要紧紧围绕国家的"十四五"规划提出的"建设数字中国"和"双碳"目标（碳排放达峰、碳中和目标）等重大决策展开。在制订企业发展战略的过程中，首要任务是综合考虑企业内部状况、外部竞争环境及技术发展的趋势，明确企业的长期发展目标和发展方向。企业决策层要深入分析企业的核心竞争力、市场定位、资源配置及内外部的机遇与挑战。基于这些分析，企业可以制订与自身实力和市场需求相匹配的数字化策略，从而在数字化转型的浪潮中把握主动权。在此基础上，企业需要围绕核心业务展开数字化层级迭代建设。这不仅涉及信息技术基础设施的完善（如网络、软硬件的更新，数据标准和数据质量的提升），还涉及通过技术创新优化业务流程、提升服务质量。企业发展战略实施步骤和阶段目标要能够支持企业实现长远目标，使数字化转型能够逐步实现，促进企业业务的持续增长和运营效率的显著提升。

制订企业发展战略之后，企业还需要对相关组织机构进行调整，以支持发展战略的实施。这涉及优化组织架构、明确部门职能和加强跨部门的协调与合作，确保各部门能够高效地协同工作、共同推进数字化转型。同时，企业要强化风险管控，构建企业管理与内控体系。为此，企业需要识别和评估转型过程中可能面临的风险，如技术风险、市场风险、运营风险等，制订应对策略和预案。这样，企业不仅能够保障数字化转型顺利进行，还能够在转型过程中稳定发展，长期保持竞争优势。

2.提升企业数字化能力

企业数字化能力是数字化生存和发展能力，不仅涉及对新技术（如人工智能技术、大数据技术、云计算技术、物联网技术等）的应用，还涉及用这些技术赋能业务，加速创新和转型。在数字化时代，企业面临的竞争日益激烈。企业只有不断提升竞争力，才能在市场中脱颖而出。数字化能力的提升使企业能够更有效地利用数据和技术，不仅能提高企业运营效率，降低成本，还能增强客户体验，使企业获得新的市场机会。此外，通过持续的数字化创新，企业可以不断创造新价值，实现可持续发展，从而在激烈的市场竞争中保持领先地位。提升数字化能力，不仅是企业适应数字化浪潮的必然选择，也是企业长期发展、获得未来竞争优势的关键。

企业数字化能力的提升，可以通过以下途径实现：

一是构建全面的数字化能力体系及企业数字化转型架构，统筹整个企业数字化转型过程中的能力要求，促进数字化能力体系与转型架构融合，进行数字化创新。

二是提升创新性战略规划能力。企业不仅要紧跟信息技术的发展，了解前沿技术的应用趋势，还要将这些技术融入企业的战略规划中。另外，企业要加强市场研究，了解行业发展趋势，也要建立开放的创新机制，进行跨界合作和知识共享，以便于快速吸收和应用新技术，在数字化道路上不断前行。

三是提升应用新技术的能力。企业不仅要掌握最新的数字技术，还要将这些技术应用于业务中，促进业务模式的创新和转型。企业要在人才培养、技术研发和业务创新上进行持续的投入，建立快速响应市场变化和技术进步的机制，从而在市场竞争中始终保持竞争优势。

### 3. 构建数据治理体系

随着企业业务的发展和数据量的爆炸式增长，有效管理海量、多源异构的数据，确保数据的质量、安全和合规性，成为企业面临的一大挑战。一个完善的数据治理体系能够提供全面的数据管理策略，在数据集成、清洗、融合、资产化的过程中，确保数据的准确性、可用性和价值最大化。这不仅有助于企业减少数据孤岛，提高数据的利用效率，还能够支持企业的业务创新和决策，提升企业的市场竞争力。此外，良好的数据治理体系还能够保障企业数据的安全和合规性，降低企业运营风险。在数字化时代，数据已成为企业宝贵的资产之一。企业构建有效的数据治理体系，不仅是实现数据资产价值最大化的基础，也是数字化转型成功的关键。企业应将数据治理体系建设作为数字化转型的重点任务之一，从而在数字化转型的道路上稳健前行。

企业构建数据治理体系，可以从以下几方面着手：

第一，进行企业数据资源的总体规划，盘点企业内外部的所有数据资产，建立详尽的企业数据资源目录。这不仅有助于企业全面了解自身的数据资产情况，还有助于企业了解数据的价值和利用潜力，为后续的数据应用和管理提供明确的指导。通过建立数据资源目录，企业可以整理和标注数据，确保数据资产的可访问性，进而促进数据的有效利用和分享。

第二，统筹制定企业内部的数据标准，如制定元数据、主数据、参考数据、业务数据和指标数据等数据的标准。这些数据标准是数字化建设的基石，关系到数据治理的效率和效果。通过明确数据的定义、格式、质量要求和使用规范，企业可以确保数据在采集、存储、处理、应用过程中的一致性和准确性。

第三，基于统一的数据标准开展企业数据治理工作。企业需要构建完整的数据治理框架。数据治理框架包括数据质量管理、数据安全和隐私保护、数据共享和利用等方面。企业应利用技术手段，如数据质量监控工具、数据加密和脱敏技术等，提升数据治理的自动化和智能化水平。

第四，建立企业数据治理组织，制定数据治理制度、规范。企业需要建立专门的数据治理组织，明确数据治理的组织机构和权责划分，确保数据治理工作有序进行。企业还要根据实际情况，制定符合企业特点的数据治理制度、规范，如制定数据质量标准、数据安全管理制度等，为数字化转型提供可靠的制度保障。

4.制订系统性解决方案

企业数字化转型是一种系统性的变革和创新。企业要采用系统性的解决方案来驱动数字化改造。这种系统性解决方案的目的在于确保企业各个要素和部门能够实现协同，促进企业运营效率的提升和价值最大化。企业如果仅仅在单一领域或单一业务环节中进行数字化尝试，就难以发挥数字化转型的整体作用，还可能因为各业务环节缺乏协调性而对企业整体利益造成损害。例如，局部的数字化升级可能导致不同系统的不兼容，增加内部沟通成本，或者破坏已有的业务流程，影响企业运营效率。制订一个覆盖企业全域的系统性解决方案，不仅是企业实现数字化转型成功的关键，也是企业在竞争激烈的市场环境中持续发展和保持竞争力的必要条件。

企业制订系统性解决方案，可以从以下几方面着手：

在战略方面，数字化转型是国家战略。企业需要从战略高度深刻理解数字化转型。

在企业文化方面，企业应将健康的数字文化放在重要位置。

在数据方面，企业需要从数据采集、治理、挖掘、分析和智能应用等方面全面部署数字化转型，实现数据的联通与共享。

在技术方面，企业可充分发挥云计算技术、大数据技术、物联网技术、人工智能技术、区块链技术等数字技术的先导作用，实现技术的组合效应。

在业务流程方面，企业应推进端到端流程的优化或重构，实现对业务流程的管控和动态优化。

在组织方面，企业可构建与业务流程协调的组织体系，推动人员优化配置。

在服务方面，企业要打通信息孤岛，实现信息系统之间、企业各部门之间及企业与生态链之间的数字服务。

# 第三章　数字经济引领企业组织结构变革

# 第一节　企业组织结构概述

## 一、组织的概念和特征

组织是由人、财、物诸多因素共同构成的、具有一定社会职能的复杂系统。人与人之间的相互作用,特别是人们的交往、相互影响和信息沟通,是一个组织的根本特征。具体而言,组织具有以下特征:

### (一)组织具有实体性

组织作为社会实体,通过明确的目标、成员、活动场所、象征性标识和规则等要素,具备了可辨识的实体特征。这些要素共同构成组织,使得外部世界能够识别组织的性质和功能。实体性是组织能够在社会中稳定存在并发挥作用的基础,能确保组织活动的连续性,使组织能够作为一个整体来实现既定的目标。

### (二)组织具有目的性

组织的目的性是组织行为和决策的驱动力,反映了组织存在的根本原因。组织的目的通常内生于组织的核心使命和战略目标中。组织的目的是动态的,随着内外部环境的变化而调整。组织通过管理实践和活动来追求和实现目标。目的指明组织所有活动的方向和重点,确保组织资源的有效配置和利用,同时使组织成员能够协同一致地朝共同的目标前进。

### （三）组织具有协作性

组织的协作性是指成员为了实现共同目标而进行有效合作和协调。组织通过分工和协调机制，将个体成员的能力和努力整合成组织的集体效能。组织内部的沟通要顺畅，各成员和各部门之间需要相互配合、相互支持，确保组织活动的高效和组织目标的顺利实现。通过各成员和各部门协作，组织能够提高适应环境变化的能力、解决复杂问题的能力和创新发展能力。

### （四）组织具有结构性

组织的结构性体现在组织内部各要素之间形成的稳定、有序的关系上，这些关系决定了组织的职权分配、成员职责和工作流程。结构性能使组织内部的活动高效、有序地进行。

### （五）组织具有系统性

任何组织都是系统性的组织，依靠组织目标来影响组织的每个成员。组织成员的角色是靠他们自身的目标认同来塑造的，目标认同产生于他们在组织中的位置。[1]组织是系统，并且是开放的系统。组织有明确或模糊但可渗透的界限，通过界限与外部环境不断地进行能量和信息的交换，可以维持内部各构成要素之间的平衡并维持组织与环境的动态平衡，从而不断地发展。

## 二、组织结构的概念和特征

系统论认为，结构是系统内各组成要素之间的相互联系、相互作用的方式，也就是各要素在时间或空间上排列组合的具体形式。[2]组织结构就是

---

[1] 西蒙.管理行为：管理组织决策过程的研究 [M].杨砾，韩春立，徐立，译.北京：北京经济学院出版社，1988：27.
[2] 蒋志青.企业组织结构设计与管理：基于流程的组织结构设计 [M].北京：电子工业出版社，2004：52-53.

组织内部各要素相互作用的联系方式或形式，或是组织内部各要素相互联系的框架，一般可用组织结构图来简单表示。

组织结构通常具有以下特点：

### （一）复杂性

组织结构的复杂性主要体现在组织内部元素多样性和相互作用的复杂程度上。在大型组织中，不同部门、团队和个体之间存在相互作用和依赖关系，这些关系构成了组织的内部网络。例如，生产部门需要与采购部门协调以获取原材料，销售部门需要与市场部门合作推广产品。此外，组织内部的成员角色、职责和层级结构也增强了组织结构的复杂性。组织的每个部门或团队内部可能有各自的子结构，有复杂的层级体系。

### （二）规范性

组织结构的规范性指的是组织内部行为和流程的标准化程度。组织结构的规范性使组织能够以统一和有序的方式运作，确保不同个体、团队的行为具有一致性和可预测性。通过明确的规章制度、标准操作程序和行为准则，组织能够指导成员行为，减少混乱和误解，提高工作效率。组织结构的规范性还有助于新成员快速融入组织，确保他们能够理解组织的运作方式和期望。此外，组织结构的规范性有助于维持组织文化，使组织成员树立共同的价值观、遵循统一的行为标准，促进团队合作，增强组织凝聚力。

### （三）集分权性

组织结构的集分权性指的是组织内权力分布的状态。在集权型组织结构中，决策权主要集中在高层管理者手中。在分权型组织结构中，决策权被下放给中低层管理者甚至基层员工。集分权性决定了组织的灵活性和响应速度。集权可能有助于快速决策和统一指挥，但可能限制下层员工的创新和积极性。分权能增强员工的主动性，激发员工的创造力，但可能导致决策过程缓慢、一致性差。组织需要根据自身的特点和环境选择合适的集分权程度，以提升组织运作效率和效果。

## 三、企业组织结构的概念

企业组织结构是指企业全体员工为实现企业的目标，在工作中进行分工协作，在职务范围、责任、权力方面形成的结构体系。具体而言，这一概念的内涵如下：

第一，企业组织结构是实现企业目标的手段。企业组织结构的首要目的是实现企业目标。企业组织结构需要随企业目标的变化而灵活调整。随着市场环境的变化、技术的进步和企业战略的变化，企业应对组织结构进行创新和调整，以保持竞争力和高效运作。

第二，企业组织结构本质上是分工与协作的关系。通过合理的分工，企业可以使员工专注于其擅长和负责的领域，提高员工工作质量和效率。通过各部门协作，企业可以促进不同部门沟通和配合，实现企业目标。

第三，企业组织结构是员工在职务范围、责任、权力方面形成的结构体系。组织结构又可称为权责结构。企业组织结构主要包括职能结构（达到企业目标所需的各项业务工作及其比例、关系）、层次结构（各管理层次的构成，又称组织的纵向结构）、部门结构（各管理部门的构成，又称组织的横向结构）、职权结构（组织各层次、各部门在权力和责任方面的分工及相互关系）。

## 四、传统的企业组织结构

### （一）直线型组织结构

在直线型组织结构中，每个下属只有一个直接上级，所有的指令和决策都从上至下直接传达，反馈和报告从下至上直接回传。直线型组织结构通常适用于规模较小、业务相对单一的企业，因为在这样的环境下，组织的决策层能够监控所有业务活动，确保指令的准确执行和企业目标的实现。

直线型组织结构的优点如下：

第一，有明确的权责关系。直线型组织结构具有明确的上下级关系，每位员工都清楚自己的直接上级是谁，这确保了指令和决策的明确性。

第二，决策迅速。在直线型组织结构中，决策通常由少数的高层管理人员或单一领导者做出，因此决策较快。迅速决策可以使企业在面对紧急情况时快速响应、抓住商业机会。

第三，管理过程简化。由于组织层级分明，所以管理过程相对简单，不需要复杂的协调和沟通机制。这有助于减少管理成本，提高工作效率。

直线型组织结构的缺点如下：

第一，灵活性差。直线型组织结构具有固定和层级化的特点，通常在适应市场变化和组织内部创新方面表现出不足。组织难以迅速调整内部结构和工作流程以应对外部环境的变化。

第二，跨部门沟通困难。由于每个部门或个人主要与直接上级沟通，所以跨部门的沟通和协作可能会受阻，导致信息孤岛出现，影响组织的整体协同效率。

第三，决策风险过度集中。在直线型组织结构中，决策权高度集中于顶层管理者。这可能导致决策缺乏多样性和创新性，同时增大了决策失误的风险。若顶层管理者的决策失误，则可能对整个组织产生负面影响。

（二）职能型组织结构

职能型组织结构是一种将组织内的人员和资源按照不同的业务功能进行划分的结构形式。各个职能部门按照专业分工负责完成各自领域的任务。组织内直线主管、职能主管并存，均有权向下级单位下达命令和指示，下级直线人员接受上级直线主管与上级各职能主管的双重领导。职能型组织结构如图3-1所示。

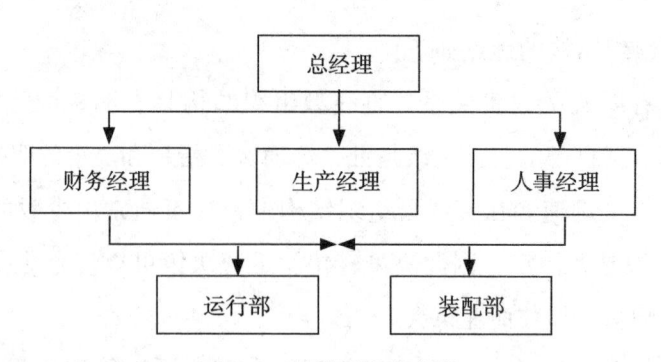

```
                    ┌──────────┐
                    │  总经理   │
                    └────┬─────┘
          ┌──────────────┼──────────────┐
          ▼              ▼              ▼
     ┌────────┐     ┌────────┐     ┌────────┐
     │财务经理│     │生产经理│     │人事经理│
     └────┬───┘     └────┬───┘     └───┬────┘
          │              │             │
          └──────┐   ┌───┴───┐   ┌─────┘
                 ▼   ▼       ▼   ▼
              ┌────────┐  ┌────────┐
              │ 运行部 │  │ 装配部 │
              └────────┘  └────────┘
```

图 3-1　职能型组织结构

职能型组织结构通常在较为成熟、规模较大的企业中见到。职能型组织结构的主要优点如下：

第一，专业化分工。职能型组织结构突出了专业化分工的原则。每个职能部门专注于特定的任务，如生产、营销、财务管理、人力资源管理等。这种专业化的分工可以提高工作效率和质量，因为每个部门都能集中资源来提升其职能领域的工作效率。

第二，明确的责任划分。在职能型组织结构中，每个部门的职责范围被清晰界定，这便于管理者评估各部门的绩效。这种清晰的责任划分也有助于明确各部门的职责和协作关系，减少工作重复或遗漏。

第三，减轻上层主管负担。专业职能部门可以减轻上层主管的负担，使主管能够集中精力处理更为重要的任务或战略性任务。

职能型组织结构也存在一定的局限性，具体如下：

一是双重领导体系可能导致下级员工在执行任务时遇到指令冲突，这可能引起管理上的混乱。

二是职能型组织中部门间可能存在协作不足和沟通不畅的问题，这会影响整个组织的运作效率。

三是在快速变化的环境中，职能型组织的适应性可能较差，尤其在跨职能协调和快速决策方面。

四是由于强调专业化，职能型组织可能不利于培养具有全面视角和多方面知识的上层管理者，这限制了管理人才的发展。

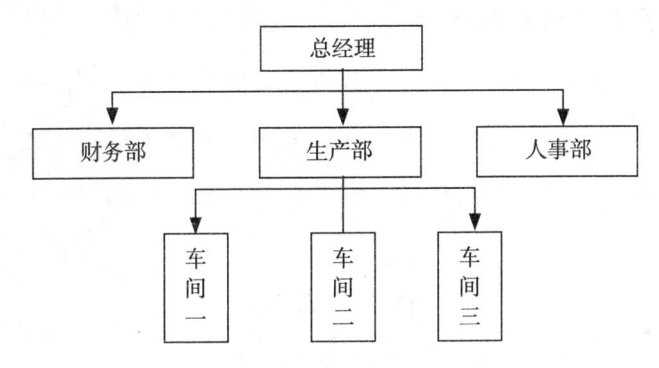

### （三）直线职能型组织结构

在直线职能型组织结构中，管理机构和人员分为直线型和职能型两类。直线型管理机构负责实现组织目标，对下属有指挥权。职能型管理机构作为参谋和助手，主要负责提供建议和信息，对下级机构进行业务指导，但通常不直接对下级直线人员下达命令。直线职能型组织结构如图3-2所示。

**图3-2 直线职能型组织结构**

直线职能型组织结构的优点如下：

第一，组织稳定性强。直线职能型组织通过清晰的指挥链和责任划分，确保了组织的稳定性和高效运作。

第二，管理效率高。直线部门负责人有明确的职责和权力，能够迅速做出决策并执行决策，同时，有职能部门的专业支持，能提高管理效率。

第三，领导集中，责任明确。每个部门有直线领导统一指挥。这保证了领导的集中性和职责的明确性，有利于维护组织秩序、提高工作效率。

直线职能型组织结构的缺点如下：

第一，限制下级主动性。下级部门主要接受指令，较少有自主决策的空间。这可能会限制下级部门创新、发挥主观能动性。

第二，存在沟通和协调问题。直线部门与职能部门可能存在沟通不畅和协调不足的问题，尤其在需要跨部门合作的情况下。

第三，适应性差。外部环境快速变化，直线职能型组织可能反应迟缓，难以迅速适应外部变化。

直线职能型组织结构适合中小型组织。这些组织通常规模较小，决策过程和执行决策过程相对简单。对于大型组织或需要快速响应外部环境变化的组织来说，直线职能型组织结构可能不够灵活、高效。

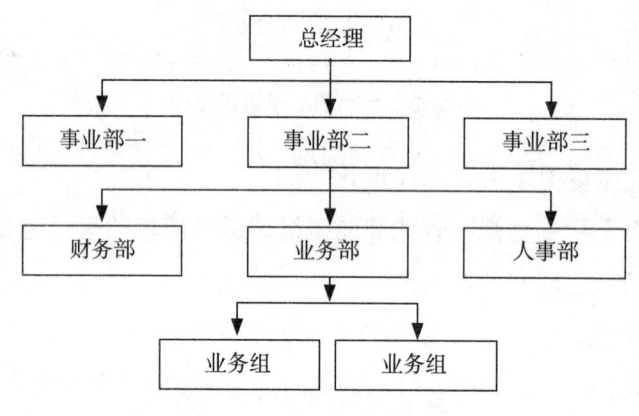

### （四）事业部制组织结构

事业部制组织结构是一种将企业内部不同的业务或产品线分割成独立运营的单元的组织结构。每个事业部通常都具有较大的自主权，能够在总公司的战略指导下独立进行决策、财务核算、利润评估等。事业部制组织结构如图 3-3 所示。

图 3-3 事业部制组织结构

事业部制组织结构的优点如下：

第一，快速响应市场。事业部能够直接面对市场，快速做出反应，提高企业的市场敏感度和适应性。

第二，促进专业化管理。事业部制组织结构允许专业化管理深入较低的组织层级，有助于提高管理效率和运营效率。

事业部制组织结构的缺点如下：

第一，不同事业部之间可能存在资源重复配置问题，如研发、销售等职能的重叠，导致资源浪费。

第二，过度的内部竞争可能会损害整个公司的利益，导致协同效应丧失。

第三，虽然事业部有较大的自主权，但过度分散的决策可能与公司整体战略不一致，导致战略目标分散。

第四，随着事业部数量的增加，管理的复杂性提高，对高层管理者的要求更高。

事业部制组织结构适用于多产品线、市场分化明显的大型企业，尤其适合那些需要快速响应市场变化、各业务单元有明显差异化需求的公司。

### （五）矩阵组织结构

矩阵组织结构是一种将职能管理和项目管理结合起来的复合组织结构。它通过在传统的职能部门结构上叠加项目团队或产品团队，形成一个二维的管理系统。员工既隶属于职能部门，也隶属于一个或多个跨职能的项目团队。

矩阵组织结构的优点如下：

第一，促进信息流通和部门沟通。矩阵组织结构通过横向和纵向的联结，促进不同层级和不同部门的信息流通和沟通。

第二，增强多项目管理能力。矩阵组织结构适合同时进行多个项目的管理，能够有效协调不同项目的资源和优先级。

第三，矩阵组织结构通过资源共享，减少资源闲置和重复投资，提高资源利用效率。

第四，增强组织的灵活性和创新能力。跨职能团队能够结合不同领域的专长，进行创新，解决问题。

矩阵组织结构的缺点如下：

第一，责任不明确。员工面对两个上司可能导致责任和权限不清晰，产生责任冲突和混淆。

第二，决策复杂、耗时。决策者需要协调不同领导和团队的意见。决策可能变得复杂、缓慢。

第三，管理成本增加。维持矩阵组织结构需要较多的管理层次和协调机制，这可能增加管理成本。

第四，存在内部竞争和冲突。不同经理的目标及其优先级可能冲突，这可能导致内部竞争、工作效率降低。

矩阵组织结构适合项目导向型、需要灵活运用不同职能部门资源的企业，特别适用于那些面临复杂、多变任务和需要快速创新的行业企业，如咨询、科技、工程和研发密集型行业企业。

## 第二节 数字经济时代对企业组织结构的新要求

在数字经济时代，企业组织结构的变革是企业适应新经济形势、实现持续发展和竞争力提升的关键。数字经济时代对企业组织结构提出以下几方面的新要求。

### 一、扁平化

在工业经济时代，企业普遍采用金字塔式层级结构。这种结构在当时能有效地管理物质和资金流动，确保企业运作的有序性和高效率。然而，在数字经济时代，传统的金字塔式组织结构层级过多，导致信息传递缓慢，决策效率低下，这不仅降低了企业快速响应市场变化的能力，还降低了企业对客户需求的敏感度。企业组织结构的扁平化改造成为一项迫切的任务。

企业内部组织结构的扁平化主要表现在以下两方面：

### （一）管理层次减少

在数字经济时代，随着互联网和内联网技术的发展，企业内部信息资源的集成化程度大幅提升，员工可以直接访问和共享关键信息。这种信息的直接传递降低了员工对中层管理人员的依赖度。企业可以削减中间管理层级，使高层管理者直接与基层员工沟通，从而缩短信息传递的链条，加快决策的速度，提升组织的灵活性和响应市场变化的能力。减少管理层次还有助于企业降低运营成本、提高管理效率、增强决策的透明性和公平性，能够增强企业的内部凝聚力和外部竞争力。在这种管理模式下，员工获得更大的自主权。这能激发员工的创造力，调动员工的积极性，为企业创新和发展注入新的活力。

### （二）管理幅度扩大

管理幅度指的是单个管理者直接管理的员工的数量。在数字经济环境下，高效的信息系统使得信息的获取、处理和分享变得更加迅速和准确。数字技术支持大规模的信息处理和分析，使得管理者能够扩大管理的范围。一个管理者可以有效管理更多的下属。管理幅度的扩大有利于打破传统的上下级界限，促进管理层与员工之间的直接交流和合作，创设更加平等、开放的工作环境。此外，管理幅度的扩大还有助于快速传达和实施决策，提高组织的运作效率，增强企业适应市场变化的能力。不过，管理幅度的扩大要求管理者具备更高的管理能力和更广阔的视野，能够处理更多的信息，有效地协调更多员工的工作。同时，员工需要具备更强的自我管理能力和更强的工作自主性，能够在较少的直接监督下完成工作任务。

## 二、柔性化

在数字经济时代，企业面对的外部环境更加复杂和多变，消费者需求个性化、多样化，市场竞争日益激烈，技术迭代快，这些因素共同推动企业组织结构柔性化。柔性化的组织结构能够使企业快速响应外部环境的变化、充分利用内外部资源，增强企业对环境动态变化的适应能力。

柔性化组织结构通常包含两部分：一是核心结构，它保障企业战略任务的完成，具有相对稳定性；二是灵活结构，它是根据市场和环境的变化灵活组建、调整的组织结构，主要处理新出现的任务和挑战。柔性化的组织结构流行使用团队结构。团队结构能够快速应对环境变化，实现快速组合、解散或重组，从而提高组织的适应性和反应速度。团队成员的角色和责任可能不是固定的，而是根据工作需要和情境的变化而动态调整的。

柔性化组织的运行规则和管理程序不是严格规定的，而是根据特定时期的工作需要而灵活约定的。这使得柔性化组织能够迅速适应市场和技术的变化，对突发事件做出快速、有效的反应。从权力结构上看，柔性化组织实现了集权与分权的结合。对于关系到企业全局的重大决策，权力集中至高层管理者手中，以保证企业发展方向与战略的一致性和稳定性。对于日常运营和具体问题的决策，权力下放给具体的团队或个人。团队或个人在授权范围内具有足够的自主性。

## 三、分立化

企业组织结构的分立化使企业内部一些功能性组织转变为独立运营、自负盈亏的小企业单位。通过分立化，原本属于同一企业的各个组织单元转变为具有独立法人地位的子公司，与母公司之间的关系转变为基于股权的市场化合作关系。

从管理方面看，分立化有助于企业实现精细化、专业化管理。各个分立的子公司可以专注于自己的核心业务，利用市场机制优化资源配置，提高运营效率，也能有效地进行风险控制。母公司可以通过股权关系而非传统的行政命令链对子公司进行控制和协调。这种组织结构灵活、高效，有利于提升整个企业集团的市场反应速度和创新能力。从战略方面看，分立化使企业能够更好地聚焦核心竞争力，通过独立子公司探索新的商业模式和市场机会，实现多元化发展。每个子公司可以根据自己的业务特性和市场环境制订适合自己的战略和运营计划。子公司的灵活性和适应性对子公司在数字经济时代保持竞争力至关重要。

根据交易费用经济学的交易费用理论，可以解释企业组织结构分立化的合理性。当用层级制手段组织生产的交易费用小于用市场手段组织生产的交易费用时，层级制手段就会扩大，这表现为企业的合并；当用市场手段组织生产的交易费用小于用层级制手段组织生产的交易费用时，市场手段就会扩大，这表现为企业的分立。

企业组织结构分立化具体分为以下两种：

一是横向分立。横向分立是企业根据不同产品种类进行组织结构分离，旨在根据不同的市场和技术要求，创建更专注、更灵活的运营单元。每个分立的单位负责不同的产品线，拥有自主管理和决策权，可以更快速地响应特定市场的变化，优化资源配置，强化品牌特色，提高市场竞争力。例如，一个多元化的企业可能针对电子产品业务和医疗设备业务创建两个独立公司，每个公司专注于其核心业务和市场，实现专业化经营。这不仅能促进各业务单元的创新和效率提升，也有助于明确财务表现，吸引投资，实现价值最大化。

二是纵向分立。纵向分立关注同一产品线的不同生产阶段，如原材料采购、产品制造、销售等，针对不同阶段的业务创建独立运营的子公司。这有利于各子公司专注于核心能力。各子公司通过优化各自的供应链、生产流程和销售策略，提高运营效率和效益。纵向分立有助于企业更有效地控制成本、提高效益、加快市场响应速度，也可能减少公司内部的交叉补贴，使每个生产阶段的业绩更加透明和可衡量。例如，一个制造业企业可能针对原材料供应、产品制造和分销环节创建独立子公司。每个子公司专注于优化运作，提升运营效率和竞争力。

## 四、归核化

归核化是指精简结构，把企业的非核心功能逐步分离出去，将资源向关键职能部门配置，构建以关键职能部门为核心的企业组织结构。企业组织结构的归核化不仅能够简化企业内部结构，提高组织协调能力和决策效率，还能降低管理成本，增强企业对外部环境变化的敏感性和适应性。在归核化组织结构中，不仅要减少管理人员和职能部门，还可以通过外购、外包的方式或战略联盟等形式将一些非核心的管理职能精简。企业专注核心职能，如研发产品、提供服务、营销等，从而更好地利用自身优势，推动创新，提升产品和服务的价值，实现从高产量向高价值转型。

## 五、网络化

网络化组织结构是由多个独立的个人、企业和部门为了共同的任务而结成的联合体。个人、企业、部门都可以成为网络中的一个节点，节点与节点互相独立，又互相联系，可以根据任务和项目自由组合。具体来说，网络化组织结构有以下特征：

第一，网络化组织结构强调的是各组织单元的开放性和协作性。在这种组织结构中，不同组织通过合作，形成一种超越传统企业界限的协作关系网络。这种结构不局限于企业内部，而扩展到企业外部，包括供应商、客户、合作伙伴等，形成一个复杂的组织生态系统，能够在全球范围内整合资源，提高资源使用效率和创新能力。

第二，网络化组织结构具有较强的灵活性和动态性。在这种组织结构中，各个节点根据市场和任务的需求进行快速重组和调整，使企业能够迅速适应市场变化、抓住新的商业机会，也便于企业在面对外部威胁时进行运营策略调整、保持竞争力。

第三，网络化组织结构能够实现权力的分散和决策的去中心化。在网络化组织结构中，决策权不集中于少数高层管理者手中，而分散到网络中的各个节点，每个节点根据自己的专业知识和信息优势做出决策。这种决策方式有助于提高决策的质量和速度，增强企业的响应灵活性和市场适应能力。

### 六、无界限化

在数字经济时代，企业组织结构的无界限化主要体现在以下两个方面：

第一，从组织内部看，企业组织结构无界限化是指传统的部门界限被逐渐打破，企业倾向于采用更为灵活的内部结构，以促进不同部门的协作和信息共享。在这种组织结构下，团队成员可以跨部门协作，快速响应市场变化和客户需求。企业内部部门无界限化的组织结构有助于提高企业的创新能力和运营效率，因为这种组织结构有利于知识交流与整合，能减少信息孤岛，加快决策过程。

第二，从企业与外部环境的关系来看，企业组织结构无界限化表现为企业与客户、供应商之间障碍消除。在数字经济背景下，企业利用互联网和数字技术，能够直接与外部利益相关者互动，例如，通过在线平台提供产品和服务，收集客户反馈信息，或与供应商实现更加密切的协作。企业能更好地了解市场需求，快速适应环境变化，在全球范围内寻找和利用资源。

## 第三节 数字经济时代企业组织结构的新模式

### 一、基于流程的横向型企业组织结构

#### （一）组织结构创新与企业业务流程再造的关系

流程指的是完成特定任务或目标所需的一系列活动、步骤或事件的有序组合。在组织中，流程是将输入（如原材料、信息、顾客需求）转换为输出（如产品、服务、顾客满意度）的机制。

业务流程是组织内部的、旨在达成特定业务目标的一系列活动或任务

的集合。业务流程是企业运作的基本单元，涵盖前端的客户服务、后端的产品交付等多个方面。有效的业务流程能够确保组织活动的协调性和连贯性，提升工作效率和客户满意度。

业务流程再造是指企业对关键业务流程进行根本性的重新思考和彻底的重新设计，目的是在成本、服务、速度和质量等方面实现显著改进。业务流程再造强调从根本上改变工作方法，而不是对现有流程的简单改良或微调。

组织结构创新与企业业务流程再造的关系如下：

首先，业务流程的设计和优化是组织结构创新的基础。在企业内部，各项业务流程的设置和运作方式直接影响组织结构的形态。业务流程再造涉及企业运营的各个环节，如生产、销售、服务等，目的是通过重新设计企业的关键业务流程来提高工作效率、降低成本。企业进行业务流程再造时，必然会进行岗位职责、绩效评价和技能要求的调整，这些变化促使企业对组织结构进行相应的调整以适应新的业务流程要求。例如，业务流程再造可能会使某些职能部门被合并或裁撤，新的部门或职能单位建立，以确保业务流程的顺畅和高效。

其次，业务流程运作的优化促进新型组织形态的出现。随着市场和技术的快速变化，传统的职能部门划分往往难以高效应对跨部门、跨职能的业务流程。因此，企业越来越倾向于建立项目组、流程小组等更为灵活的组织单元来管理和实施跨职能的关键业务流程。这些新型组织单元通常具有更高的工作效率和更快响应速度，能够更好地适应市场变化和客户需求，促进企业从传统职能组织向项目化、流程化、网络化组织转变。

最后，随着业务流程再造的深入，企业需要对组织结构进行根本性的变革，以支持、促进业务流程的高效运作。随着业务流程的再造，企业要按照业务流程的需要，以关键业务流程为核心，重新构建组织结构，例如，将金字塔式的组织体系改造为扁平的组织体系,将刚性组织变为柔性组织,实现由职能管理向流程管理的转变,等等。

### (二)基于流程的横向型组织结构的构建

在数字经济时代,为能够快速地适应环境变化,企业的组织结构正在经历一场根本性的变革,从以往以职能为核心的垂直组织结构转向基于流程的横向型组织结构,目的是实现组织结构的扁平化。

1.横向型组织结构的概念与特点

横向型组织结构是一种现代化的企业组织方式,根据企业的核心流程来配置和组织员工,以流程为中心进行团队的构建和管理,旨在直接为客户创造价值,通过加强不同职能团队的沟通与协作,提升整个组织的运作效率和效果。

横向型组织结构的主要特征包括以下几点:

第一,不同于传统的垂直组织结构或职能导向组织结构,横向型组织结构围绕关键工作流程设计,突破了传统部门之间的界限。

第二,横向型组织结构通过减少管理层级,实现组织的扁平化,使得上层管理者直接与基层员工沟通,简化了管理流程,并增强了组织的灵活性。

第三,在横向型组织结构中,管理任务和决策权被下放到更接近业务流程的层次,员工被赋予更大的自主权,可以根据实际情况快速做出决策。

第四,为了实现有效的流程导向工作,横向型组织结构鼓励跨部门、跨职能协作。自我管理团队应运而生。自我管理团队是横向型组织结构的基本单元团队,成员来自不同的部门或专业领域,共同工作,共享资源,以完成整个任务或项目。

2.基于流程的横向型组织结构构建原则

企业在构建基于流程的横向型组织结构时,需要遵循一些关键原则,以确保组织的高效运作和目标的实现。

（1）考虑团队权力的适度性。团队权力的适当分配是确保组织灵活性和适应性的关键。正确的权力下放可以提高决策速度，提高组织的响应能力。不当的权力下放可能导致管理失控和资源浪费。在基于流程的横向型组织结构中，权力下放应该是适度的。企业要根据不同层级和团队的能力、任务的性质以及决策的影响范围来适当分配决策权和执行权。具体来说，企业高层管理者应保留对策略性、方向性问题的决策权，以确保组织的整体目标和战略方向一致。具体业务流程中的决策权应下放至具有直接责任和最佳信息的团队或个人手中，使得决策更加迅速和贴近实际。

（2）流程管理与职能管理结合。横向型组织虽然强调以流程为中心，但并不完全摒弃职能管理。流程管理与职能管理应该相结合，共同支持组织目标的实现。在基于流程的横向型组织结构构建中，企业应强调流程管理的主导地位，避免业务流程在各个职能部门之间被割裂。流程负责人或团队应对整个流程有完整的认识和控制权。职能部门在其专业领域内为流程实施提供支持，这样可以确保流程的连贯性和整体性，同时提高组织的工作效率。

（3）面向客户。企业遵循面向客户原则，要始终将客户放在首位，确保所有业务流程和决策都以提高客户满意度和客户价值为目标。在构建基于流程的横向型组织结构时，企业需要建立跨职能的流程团队，专注于整个价值交付链，确保从产品开发到销售、服务的每一个环节都能够有效响应客户需求。此外，组织内部的信息流通机制要支持快速的客户反馈信息收集和处理，确保组织能够迅速调整运营策略和业务流程以适应市场和客户需求的变化。

（4）动态性。企业构建基于流程的横向型组织结构时，还要遵循动态性原则。企业要具备较强的资源调配能力和流程管理能力，以确保能够在必要时迅速重组团队、调整流程。企业的这种灵活性和适应性不仅体现在人力资源管理上，也体现在技术、信息系统和组织文化上。例如，企业需要建立有效的技能库和人才管理系统，确保可以根据不同业务流程的需要快速对团队成员进行重新配置。同时，企业应鼓励创新和团队协作，以支持组织结构的动态调整和业务流程的持续优化。

3.基于流程的横向型组织结构的具体构建

企业构建基于流程的横向型组织结构时，需要考虑以下几点：

（1）以流程为主干进行组织设计。企业要明确核心业务流程及其子流程，并围绕这些流程构建高效的团队。每个团队负责特定业务流程或子流程的实施，具备必要的自我管理权限和决策权限，以提升响应速度和工作效率。

（2）围绕流程团队的需求来设计职能部门，为企业核心业务提供人力资源、财务、技术等方面的支持。职能部门的工作要从传统的指令和控制转变为服务和支持，灵活响应流程团队的需求，促进业务流程的顺利运作。

（3）不同流程团队之间以及团队与职能管理部门之间需要建立有效的沟通机制和协作平台，确保信息流通、资源共享和目标一致。跨团队合作机制可以增强不同团队的协同作用，优化业务流程。职能部门与流程团队建立良好的合作关系，确保职能支持及时、有效，支持团队高效运作。

（4）对于横向型组织结构中的团队及其成员，实施有效的绩效管理和激励机制。绩效评价应基于流程及团队目标，同时平衡团队绩效和个人贡献，确保公正与激励并重。团队激励不仅要考虑结果，还应考虑团队协作、创新和工作持续改进等因素。企业将绩效管理、激励直接与流程目标和团队成果相联结，可以调动团队和个人的积极性，促进组织目标的实现。

基于以上四点，笔者构建的基于流程的横向型组织结构如图3-4所示。

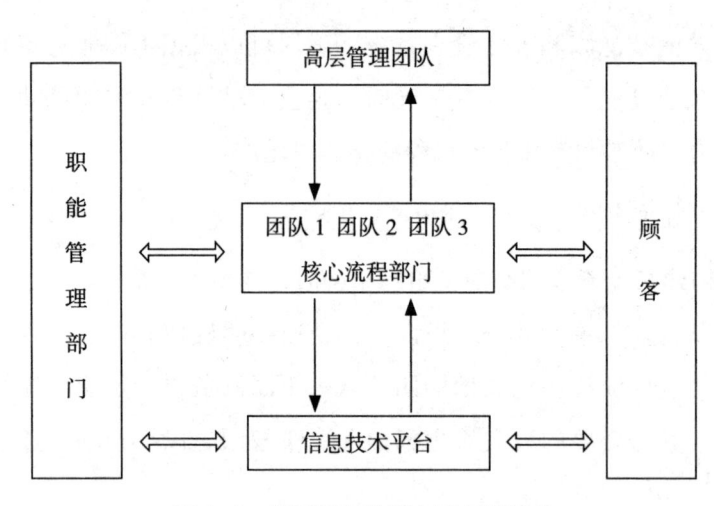

```
                    ┌──────────────┐
                    │  高层管理团队  │
                    └──────┬───────┘
                           ↕
┌─────┐         ┌──────────────────────┐         ┌─────┐
│ 职  │         │  团队1 团队2 团队3    │         │     │
│ 能  │         │                      │         │ 顾  │
│ 管  │  ⇔     │     核心流程部门      │    ⇔    │     │
│ 理  │         │                      │         │ 客  │
│ 部  │         └──────────────────────┘         │     │
│ 门  │                    ↕                     │     │
│     │         ┌──────────────────────┐         │     │
│     │  ⇔     │      信息技术平台      │    ⇔   │     │
└─────┘         └──────────────────────┘         └─────┘
```

图 3-4　基于流程的横向型组织结构

## 二、网络型企业组织结构

### （一）企业内部网络组织结构

企业内部网络组织结构是一种现代化的组织架构，其核心目的是加强企业的信息流通、提高企业的灵活性和响应市场变化的速度。这种组织结构特别适合知识经济背景下的企业，能够使企业有效应对市场需求的快速变化和顾客需求的日益个性化。

企业内部网络组织结构通过减少管理层级，促进信息在企业内部快速流动。在这种组织结构中，高层管理人员与基层员工之间的信息传递变得更加直接、迅速，这减少了层级过多导致的信息延误或扭曲。这种快速的信息流动不仅能提高决策的效率和质量，还能增强企业的敏捷性，使企业能够更快地响应市场变化和顾客需求。

企业内部网络组织结构打破了部门间的界限，能促进知识和信息在企业内部水平方向上传播。虽然不同部门的专业分工依然存在，但部门界限变得模糊，这促进了跨部门的协作和知识共享。这种跨部门协作模式有利于整合企业内部的资源，建立对顾客需求更加灵敏的响应机制。团队成员可以来自不同的部门，根据项目需求和顾客特征有机组合，为顾客提供一站式、定制化的解决方案。

企业内部网络组织结构如图 3-5 所示。

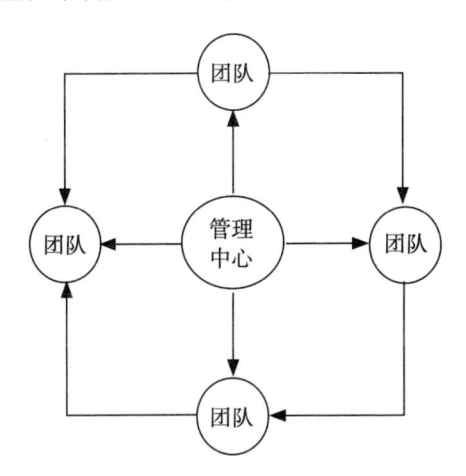

图 3-5　企业内部网络组织结构

## （二）企业间网络组织结构

企业间网络组织主要有两类：

一是有核心企业的网络组织，即领导型企业网络组织。领导型企业网络组织以一个市场领导者或技术先驱为中心，该核心企业拥有关键技术或资源，并在网络中占据主导地位。在这种网络组织中，核心企业通常负责制定共同的目标和标准，同时协调、管理网络内其他企业的贡献和活动。

二是无核心企业的网络组织，即平行型企业网络组织。平行型企业网络组织中，企业通常在技术或市场地位上没有明显的强势或弱势之分，相互协作，共享资源和技术，以实现共同的目标。这种组织形式强调平等合作和资源共享。每个企业都在网络组织中发挥特定的优势，通过密切合作提高整个网络组织的运作效率和创新能力。

# 第四章 数字经济重塑企业文化

# 第一节 企业文化概述

## 一、企业文化的概念

企业文化是指在一定的社会文化环境影响下，经过企业领导者的长期倡导和全体员工的共同认可、实践与创新形成的具有本企业特色的整体价值观、道德规范、行为准则、经营哲学、企业制度、管理风格以及历史传统的综合。

对企业文化的进一步理解可以从以下几个方面进行。

### （一）企业文化的形式方面

企业文化在形式上属于思想范畴，是企业内部共享的一套价值理念和信念系统，与社会道德属于同一范畴。正如社会道德在法律无法触及的领域内发挥作用一样，企业文化在制度和规章失效或不足以指导行为时成为指导员工行为的内在力量。企业文化是员工共同遵守的非书面规范，是一种无形的约束力量，补充并强化了外在的规章制度，使企业即使在外部规则不完善或不适用的情况下也能维持秩序和较高的运营效率。

### （二）企业文化的内容方面

企业文化的内容体现在企业的各项活动中，是企业行为的价值体现，反映了企业在实际运营过程中的价值取向和行为标准。企业价值理念在决策、制度安排、战略选择等方面得到体现，进而指导员工的行为和企业的发展方向。例如，强调创新的企业文化会鼓励员工尝试新方法和新想法，强调团队合作的企业文化会促进员工间的协作和信息共享。

### （三）企业文化的属性方面

企业文化不仅是企业信奉和倡导的价值理念，也是能够付诸实践的理念。只有当企业文化真正融入日常运营，影响和指导员工的行为时，企业文化才具有实际意义。没有实践的企业文化无法形成组织黏合力，也不能发挥应有的作用。因此，企业必须确保企业文化能够在组织内部得到广泛认同、能够指导员工工作实践。

企业文化是企业特有的价值理念，是企业的灵魂，决定了企业的特性和风格。每个企业的文化都是独一无二的，体现了企业的历史、业务、目标和员工的共同价值观。企业文化塑造了企业对内、对外的形象和品牌，是企业非物质资产的重要组成部分。

### （四）企业文化的作用方面

企业文化具有规范企业行为的功能，通过塑造一套共享的价值观和行为准则来指导员工的行为，影响企业的决策和运营方式。良好的企业文化能够增强员工的责任感，提高员工的忠诚度和创造力，提高团队协作效率，同时吸引和留住人才。通过明确企业的使命、愿景和核心价值观，企业文化还能帮助企业在市场上准确定位，增强企业竞争力。

## 二、企业文化的特征

### （一）客观性

企业文化的客观性指的是企业文化是一种价值理念和行为规范，企业文化的存在和影响力并不依赖个人意愿或主观认知，企业文化是在企业发展过程中自然形成的。每个企业都拥有独特的文化体系。企业文化体系反映了企业的价值观、行为准则和工作方式，影响员工的日常行为和决策。尽管企业文化具有客观性，但这并不意味着企业无法塑造企业文化。通过深入了解和把握企业文化的核心要素，企业可以有意识地塑造和调整企文化，以营造更有利于企业发展的文化环境。企业可以通过强化积极的价值观、鼓励理想的行为模式和创设有利于文化传播的环境，使企业文化成为推动企业持续发展、增强竞争力的内在动力。

### （二）稳定性

企业文化一旦形成，就具有较强的稳定性，不会因为短期内的外部环境变化或内部调整而轻易改变。这是因为企业文化通常是在长时间内通过企业成员共同的经历、行为和认同逐渐形成的。即使在企业内外环境发生变化时，员工的价值观、行为习惯和思维方式也不会立即改变，尤其是深层的价值观和核心理念需要较长时间才能发生改变。企业文化虽然具有稳定性，但需要适应时代的发展和企业成长的需要，需要适度调整和更新。在企业面临转型或外部环境发生根本变化时，企业文化需要更新。这样，企业文化才能继续对企业发展发挥积极作用。

### （三）独特性

企业文化根植于企业的历史、使命、发展过程、员工行为、管理风格及内外部环境等。每个企业都具有独特的文化。企业文化的独特性不仅赋予企业独特的身份，还给企业带来不可复制的竞争优势。企业在进行文化建设时，应深入挖掘企业的历史文化底蕴和核心价值观，塑造与企业发展战略紧密结合的企业文化。企业不能简单模仿其他企业的文化，而应根据自身的特点和环境构建符合自身特色的文化体系，利用企业文化增强员工的认同感和归属感，从而实现长远发展。

### （四）系统性

企业文化是由多个相互关联、相互作用的元素构成的一个有机整体，包括企业的价值观、行为规范、管理制度、工作风格等。企业文化具有系统性。企业在进行企业文化建设时，不能孤立地看待任何一个文化元素，而应从整体上理解和调整企业文化，确保企业文化各个方面协调。另外，企业文化作为一个系统，与社会文化环境相互作用，受外部文化的影响和制约，也对外部社会文化产生影响。

### （五）开放性

企业文化不是一个封闭的系统，而是一个能够与外部世界进行交流和互动的动态体系。在经济全球化和市场竞争激烈的背景下，企业文化的开放性成为企业适应环境、持续成长的关键。开放性的企业文化鼓励企业不断地学习和借鉴国内外同行的成功经验，鼓励企业内部员工提出创新意见和建议。这使得企业能够更好地融入社会、与社会各界建立良好的互动关系、增强社会责任感和社会影响力。

### （六）非强制性

企业文化的非强制性强调的是通过文化的力量实现对员工行为的引导和激励，而不是依靠严格的规章制度对员工进行硬性约束，体现了企业对员工的尊重和信任。企业认为，员工能够基于对企业文化的认同和内化，自觉地调整自己的行为和态度，实现自我管理和自我提升。这种企业文化有助于增强员工的内在动机，提高员工的工作积极性和创造性。在这种文化环境下，员工更愿意为实现企业目标而努力，更能在工作中获得满足感和成就感。

## 三、企业文化的功能

优秀的企业文化具有以下功能，如图4-1所示。

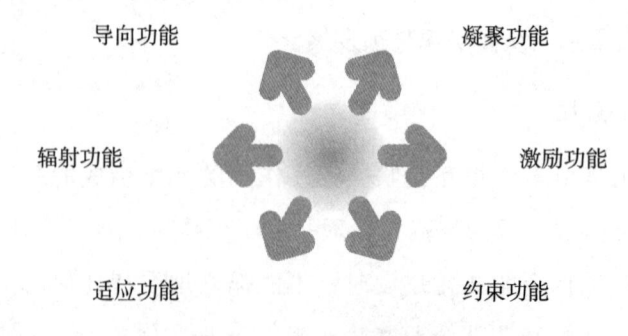

图4-1 企业文化的功能

## （一）导向功能

通过明确传达企业的愿景、使命和核心价值观，企业文化为企业成员提供了行为和决策的指南。企业文化能帮助员工理解企业的长期目标和日常行为标准，使员工的行为与企业的总体战略保持一致。当员工面临决策时，企业文化提供的价值观和原则会引导员工做出符合企业利益和文化的选择。在企业文化导向下，员工不仅能够明白自己的工作如何与企业的长远目标相联系，还能在遇到不确定性因素和挑战时，依据企业文化的指引做出反应，这有利于提高企业的战略执行力和市场适应性。此外，企业文化还能促进企业内部的信息共享和沟通，减少误解和冲突，提升企业运营效率。

## （二）凝聚功能

企业文化通过共享的价值观、信念和目标来加强员工的相互联系，增强员工的归属感，有利于营造团结协作的组织氛围。凝聚功能使企业文化成为联结不同背景和不同专业的员工的重要纽带，促进员工为共同目标齐心协力工作。在企业文化影响下，员工能够感受到作为团队一员的价值和满足感。这能调动员工的积极性，提高员工的忠诚度，降低员工流动率，增强企业的内部稳定性。企业文化还有助于形成积极的工作氛围，促进知识分享和创新，因为员工更愿意在支持和信任的环境中开放地交流想法和经验。此外，企业文化强大的凝聚力还能使企业在面对外部挑战和危机时展现出很强的韧性。在企业文化影响下，员工能够团结一致，共同应对困难，维护企业的利益。

## （三）激励功能

企业形象和企业精神是企业文化的两个重要组成部分。当企业文化建设取得成效时，企业便会在社会上具有良好的口碑，树立良好的形象。这会使员工产生强烈的自豪感，激励员工为了维护企业的形象和信誉而努力。

企业精神能促使企业员工以积极向上的工作态度完成各项工作、迎接各种挑战，体现了员工应有的精神面貌。

### （四）约束功能

企业文化为员工行为设定了规范和标准，对员工起到了无形的约束作用。在企业文化的引导下，员工更可能遵守组织规定，避免不道德行为或违规行为。这种文化约束有助于维护企业形象，降低法律风险，保障企业稳定运行。企业文化中的道德规范和行为标准有助于塑造正面的企业形象，增强外部利益相关者的信任和合作意愿。

### （五）适应功能

企业文化能促进企业快速适应外部环境的变化。在市场竞争和技术日新月异的今天，企业需要快速响应外部环境变化以保持竞争力。拥有强大企业文化支撑的企业能够更有效地传递信息，快速做出决策并进行变革，从而在不断变化的环境中保持灵活性和竞争力。企业文化还有助于员工理解和接受变革，降低变革带来的不确定性，减轻企业压力。

### （六）辐射功能

优秀的企业文化可以通过多种渠道，如电视、网络媒体、报刊等媒体，影响力较大的公益活动和公关活动等，对社会产生辐射力，使社会公众看到企业产生的积极影响，使企业获得良好的口碑、树立良好的形象，促进企业顺利发展。

## 第二节　数字经济时代对企业文化的新要求

在数字经济时代，企业面临前所未有的变革和挑战。企业不仅要在业务模式、组织结构上进行创新，也要在企业文化上进行创新。企业文化需要与时俱进，融入新时代的特征，以适应快速变化的市场和技术环境。具体来说，数字经济时代对企业文化的新要求体现在以下几方面：

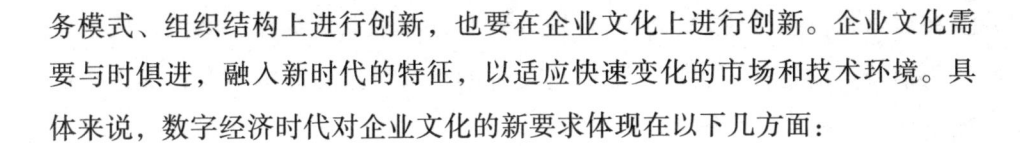

## 一、以人为本的文化

第一，在数字经济时代，员工的创造性和灵活性成为企业宝贵的资产。员工的努力和创新是企业保持竞争力的关键。以人为本的企业文化就是要确保员工在快速变化的环境中能够充分发挥潜力。在这种企业文化中，员工被视为企业最重要的资源，他们的个人成长和职业发展受到高度重视。企业为员工提供持续学习和发展的机会，鼓励员工探索新思路和新方法。这不仅有助于员工技能的提升，也能促进企业创新和进步。同时，以人为本的企业文化强调对员工的尊重和价值认可，通过营造开放和包容的工作环境，调动员工的积极性，激发员工的创造力，使他们愿意为企业的目标和成功投入热情、做出努力。

第二，在数字经济时代，企业与客户之间的互动更为频繁，客户的需求增长、期望提高。以人为本的企业文化强调把客户需求放在核心位置，致力为客户提供超越期望的服务和体验。这种企业文化倡导员工站在客户的角度思考问题，深入了解客户的需求和偏好，从而设计、提供更符合客户期望的产品和服务。通过这种以客户为中心的文化导向，企业能够建立和维护客户关系，提升客户满意度和忠诚度。这不仅有助于企业在激烈的市场竞争中保持优势，还能使企业通过口碑传播和客户推荐获得更多业务机会。此外，以人为本的企业文化还意味着企业在决策、运营过程中考虑客户的反馈和建议。这有利于促进企业不断进步和创新，最终实现企业的可持续发展和成功。

第三，在数字经济时代，企业的行为和决策受到社会、媒体和公众的广泛关注。以人为本的企业文化强调企业对社会的责任和贡献，鼓励企业在追求经济利益的同时考虑企业对环境、社会和人类福祉的影响，促使企业在运营、供应链管理、产品开发等所有方面采取负责任的做法，使企业赢得消费者的信任，也使企业获得良好的社会形象和品牌声誉，促进企业的可持续发展。

## 二、学习型文化

学习型文化在数字经济时代尤为关键，因为它直接关系到企业的适应性、创新能力和持续成长潜力。具体来说，学习型文化有以下四方面含义：

一是强调终身学习。在知识更新速度日益加快的时代背景下，个体和组织应不断学习新的知识和技术，以保持竞争力。终身学习不仅是个人职业发展的需要，也是企业持续创新和提升核心竞争力的基石。在学习型文化驱动下，企业鼓励员工持续追求新知识，通过组织定期培训、在线学习、知识共享会议等，促进员工的专业成长和个人发展，从而确保企业能够快速响应市场变化和技术变化，保持领先地位。

二是强调全员学习。企业中的每一个成员，无论职位高低，都需要学习和成长。这种全员参与的学习型文化有助于跨部门、跨层级的知识交流和协作，打破信息孤岛，促进知识的整合和创新。通过全员学习，企业可以更有效地促进内部协作，提升团队效能，同时加强员工对企业文化的认同。

三是强调全过程学习。学习活动应当渗透企业运营的每个环节。这种持续的、全程的学习具有实时性和实用性，使得学习成果能够直接转化为业务成果，还有利于提高工作效率。企业员工在实践中学习，在学习中实践，确保知识的即时更新和应用，也为企业的持续创新、发展提供动力和支持。

四是强调个人学习与组织培训结合。企业可鼓励员工根据自身兴趣和职业发展需要主动学习新知识，也可为员工提供培训，基于企业战略和团队需要，系统性地提升员工的能力和素质。这种双轨并行的学习能够激发员工的学习热情，促进员工知识水平和技能的全面提升，为企业创造更大的价值。

## 三、速度文化

在数字经济时代，企业的竞争因素除产品质量、价格、品牌、服务等传统因素外，增加了一个新的因素——速度。速度对企业的影响主要体现在以下三个方面：

一是技术创新的加速对企业提出了更高的速度要求。随着科技进步加速和全球化竞争日益激烈，企业面临前所未有的创新压力。技术周期不断缩短。在这种环境下，企业应加快创新步伐，不断探索和开发新技术、新产品，以保持市场地位和竞争优势。加速创新不仅意味着快速研发，还包括快速将研发成果商业化，确保企业能够在变幻莫测的市场中立足。

二是产品生命周期的缩短要求企业加快市场响应速度。在数字经济时代，产品更新换代的速度比以往任何时候都快。这要求企业能够迅速适应市场变化，缩短产品从开发到上市的时间。产品快速更新不仅可以满足消费者对新鲜事物的追求，还可以使企业在竞争中抢占先机。

三是市场需求和消费者偏好变化的加速要求企业具备快速适应能力。消费者的需求日益多样化，偏好也在不断变化。企业需要快速了解这些变化，以便精准地满足消费者需求。在信息流通发达的今天，顾客的反馈信息可以迅速传遍市场。企业必须具备快速响应市场的能力，及时调整战略和操作，以维持较高的顾客满意度和忠诚度。

快速行动成为企业获得竞争优势的基本要求，速度管理成为企业管理的一项重要内容。随着速度成为企业的核心竞争因素，企业急需培育一种速度文化。这种速度文化应该以顾客需要及其变化为出发点，以改变传统的企业业务流程和组织结构为基础，以信息技术为手段，鼓励员工学习、创新和协作，发挥员工的自主性和创造性，着力增强员工的时间意识和速度意识，从而增强企业在全球市场上的竞争力。无论是企业业务流程再造，还是组织扁平化、柔性化，都体现了企业对速度与效率的追求。

## 四、创新文化

在数字经济时代，创新是企业发展的核心动力。企业的创新文化在当今时代尤为重要，这主要体现在以下三个方面：

第一，创新文化是企业提升竞争力的关键。在数字经济时代，技术迭代和行业变革速度加快，企业面临的市场环境和技术环境变化无常。企业仅靠过去的成功经验难以保证持续成功。企业需要不断地创新，以适应环境的变化。强大的创新文化能够鼓励员工、管理者不断探索新思路、新方法，推动企业在不断变化的市场中找到新的增长点和竞争优势。

第二，创新文化有助于吸引和留住人才。优秀的人才是企业创新的源泉。他们希望在充满活力、鼓励创新的环境中工作。创新文化能够体现企业的开放性和前瞻性，吸引具有创新精神和能力的人才加入企业，也能激发现有员工的创造潜能，促进他们的个人成长和职业发展。在这样的文化氛围中，员工更愿意分享自己的想法和创意，更加积极地参与企业的创新，形成一个持续创新的组织。

第三，创新文化是提升企业对外形象和品牌价值的重要因素。在数字经济时代，企业不仅要在产品和服务上展现创新，还需要在企业文化上体现创新精神。创新文化能够向市场、客户和合作伙伴传递企业的创新理念，增强企业的品牌吸引力和市场竞争力。企业的创新形象能够吸引更多的客户和合作伙伴，为企业赢得更广阔的市场空间和更多的发展机会。

## 五、团队文化

数字经济时代是一个高度分工又高度协作的时代。团队建设和团队文化对企业来说越来越重要。团队是指由一些具有共同信念的人为了共同目的而组织起来的共同体。团队成员通过沟通与交流保持目标、方法、手段的一致。团队能够充分发挥各成员的主观能动性，运用集体智慧创造出惊人的业绩。团队文化是企业文化的一种现象,是合作文化的一个特例,是数字经济时代企业文化发展的必然要求之一。

## 六、数据文化

数据文化强调将数据应用到日常工作中,实现工作的量化,推动以数据为基础的决策及创新。这种文化认为,数据不仅是一种工具,也是一种资产,是推动企业发展的关键因素。数据文化的存在可以改变企业的工作方式,提升企业的运营效率,帮助企业更好地应对市场的变化、实现可持续发展。在企业中,数据文化主要体现在以下几个方面。

### (一) 数据思维

数据思维是数据文化的基础。企业的每个成员都应该用数据来思考和解决问题。[1] 这种思维方式意味着在面对决策时,员工习惯依赖数据和事实,而不仅凭直觉或经验。在数字经济时代,数据思维能帮助企业建立更加科学的决策机制,确保决策的有效性。通过培养员工的数据思维,企业能够更准确地知悉市场动态,了解客户需求,评估业务流程的效率和效果,从而在复杂多变的市场环境中做出正确的判断和响应。此外,数据思维还能促进企业内部创新文化的形成。数据文化鼓励员工运用数据发现问题、挖掘机会、优化流程,能推动企业持续进步和创新。

### (二) 数据利用

在数字经济时代,企业不仅要积极收集和存储数据,还应积极利用数据。企业在日常运营中产生和积累了大量数据,将这些数据转化为有价值的信息和知识,进而用有价值的信息指导实际工作,是数据利用的核心。在数字经济时代,数据利用不仅仅是信息技术部门的任务,也是企业其他

---

[1] 邵理煜,黄登玺,潘学芳,等.商业银行大数据治理研究与实践[M].北京:机械工业出版社,2020:20.

部门员工的职责。企业应鼓励员工在工作中主动寻找数据支持，利用数据进行市场分析、预测和优化策略。通过有效的数据利用，企业能够提升产品和服务的质量，优化客户体验，提高市场响应速度和资源配置效率，从而在激烈的市场竞争中取得优势。

### （三）数据管理

数据管理是确保数据文化得以发挥作用和发展的基础。企业需要建立一套完善的数据管理体系，确保数据的准确性、完整性和可靠性。数据管理包括对数据的收集、存储、处理、分析和共享等各个环节的规范和控制。良好的数据管理不仅可以提高数据的使用价值，还能保障数据安全，防止数据泄露和滥用。数据管理还要确保数据的合法合规使用，遵守相关法律法规和行业标准。通过高效的数据管理，企业能够保证数据文化的健康发展，为数据驱动决策和创新提供坚实的基础。

## 第三节　数字经济时代新型企业文化建设

### 一、新型企业文化建设的目标

新型企业文化建设应紧紧围绕公司的数字化发展目标，促进精神文化、制度文化、行为文化和物质文化的系统性建设，深化员工对数字化转型理念的认同，将数字化转型成果融入文化建设，确保数字化转型被员工接受并被视为整个企业的发展机会，为企业的数字化转型和持续发展提供文化支持。

## 二、新型企业文化建设的原则

在数字经济时代,新型企业文化建设应遵循以下原则(图 4-2)。

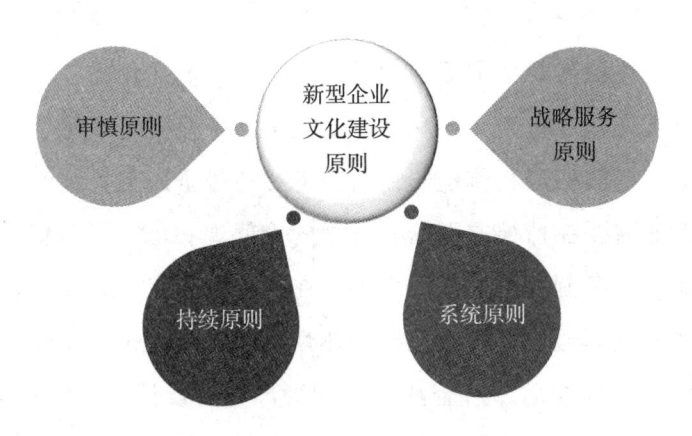

图 4-2 新型企业文化建设的原则

### (一)审慎原则

企业在建设新型文化时,需要考虑企业文化建设对企业各方面的影响,确保文化建设与企业的长期战略目标一致,并考虑到员工的接受能力。企业在引入新技术和新工作方式时,应深入分析新技术和新工作方式对企业文化的潜在影响,避免忽视员工的感受和需求,确保企业数字化转型不仅在技术上可行,也在文化上可被接受。此外,企业应有序推进文化建设,避免急功近利,充分评估各项措施,确保每一步行动都是经过深思熟虑的,从而确保文化建设成功和企业持续发展。

### (二)持续原则

在数字经济时代,技术和市场的快速变化要求企业文化能适应市场变化。企业应定期审视和更新企业文化,以使企业文化跟上时代发展步伐。为此,企业不仅要适时引入新技术和新工作方式,也要对企业核心价值观和行为准则进行定期评估和必要调整。通过持续的文化更新,企业能够保持企业文化的活力，激发员工的创造力，同时，增强企业的凝聚力和竞争力，从而在不断变化的环境中保持领先。

### （三）系统原则

企业文化建设需要系统规划和管理，涵盖企业文化的各个方面，如精神文化、制度文化、行为文化和物质文化等。企业文化不是通过简单的标语、手册等就能够构建和传达的，而是需要通过全面且持续的努力来构建和维护。企业需要在精神方面培养员工的价值观和信念，在制度方面确保员工得到企业规章制度的规范和引导，在行为方面通过具体实践体现企业文化，在物质方面通过环境和设施等体现企业文化特色。此外，企业还要在构建企业文化体系后，对企业文化的管理进行设计，如强化组织保障、建立推广机制、进行动态管理，确保企业文化得到宣扬、在实际工作中得到体现，使企业文化成为企业发展的内在驱动力。

### （四）战略服务原则

在数字经济时代，企业需要确保企业文化建设与数字化转型战略紧密联系。这意味着企业文化不仅要反映企业的愿景和使命，还应该支持和促进企业的战略目标实现。企业文化建设应当围绕企业的数字化发展展开，确保文化元素与企业的长远目标和即时目标相关。企业进行文化建设时，应当考虑企业的经营策略、内部管理制度以及团队发展状况，也要适应社会现实的变化，以实现健康、持久发展。企业文化能够成为推动企业数字化转型的强大动力，使企业获得独特的竞争优势，促进企业可持续发展。

## 三、新型企业文化建设的具体策略

### （一）了解企业文化现状

了解企业文化现状是建设新型企业文化的第一步，关键在于全面、深入地了解现有企业文化的各个方面以及企业文化对员工行为和企业运营的影响。下面介绍了解企业文化现状常用的两种方法。

1.问卷调查法

问卷调查法通过设计涵盖企业文化各个维度的问题，可以收集到企业不同层级员工的广泛反馈信息。这种方法能够提供量化的数据，有助于分析企业文化的现状、员工的满意度、企业文化与业务目标的一致性等。问卷可以设计为匿名的，这可鼓励员工提供真实、直接的反馈信息，得到准确的文化现状描述。通过统计分析问卷结果，企业可以了解企业文化的优势和弱点，了解不同团队和个人对企业文化的感知差异，为企业文化建设提供依据。

2.个别访谈法

个别访谈法是一种定性的调查方法。调查者通过面对面谈话或线上谈话的方式，与员工进行交流，探讨员工对企业文化的看法和建议。相比采用问卷调查法，调查者采用个别访谈法，能获得更为丰富的信息，了解员工行为背后的动机、价值观和期望。调查者可以对不同级别的员工进行访谈，以获得全面的信息。此外，调查者在访谈中还可以适时探究特定事件或现象背后的文化因素，揭示文化表象的深层逻辑和模式。通过个别访谈，调查者不仅能够获得关于现有企业文化状况的信息，还能够增强员工参与企业文化建设的信心和意愿，为企业文化建设奠定基础。

### （二）树立明确的企业核心价值观

1.确定企业核心价值观

基于对企业使命、愿景以及长期战略目标的深入理解，结合问卷调查、个别访谈的结果，确定企业核心价值观，确保企业核心价值观既符合企业的实际情况，又能够引起员工的共鸣和认同。企业核心价值观应简洁明了，易于理解和记忆，同时具有足够的吸引力和号召力，能够激励员工在日常

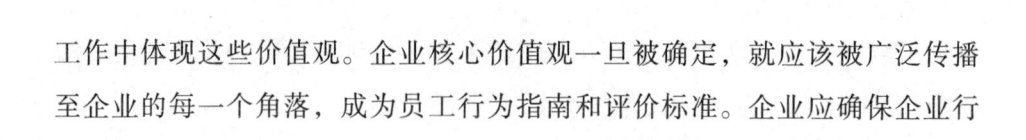

工作中体现这些价值观。企业核心价值观一旦被确定，就应该被广泛传播至企业的每一个角落，成为员工行为指南和评价标准。企业应确保企业行为与企业核心价值观一致，从而推动企业文化发展和企业战略成功实施。

2. 宣传企业核心价值观

企业应向员工和外界宣传企业核心价值观。

（1）设计并发布企业核心价值观宣传册子。通过精心设计的宣传册子，企业可以详细阐述企业核心价值观的内涵及企业核心价值观在企业日常运营和决策中的体现。这种宣传册子不仅可以作为新员工入职培训的重要材料，帮助他们快速了解企业文化，也可以作为对外宣传材料，向客户、合作伙伴和社会大众展示企业的文化特色和价值追求。通过将企业核心价值观融入故事和案例，在视觉和内容上吸引读者，企业能够有效地传达企业核心价值观，促进内部员工和外部人员对企业文化的认同。

（2）在企业内部网站和公共区域张贴宣传海报。通过将企业核心价值观内容以海报的形式展现在员工日常活动的环境中，企业可以持续强化员工对企业核心价值观的认识和记忆。这些海报可以设计成富有创意和吸引力的作品，使用企业标识、色彩和符号，使企业核心价值观的传达生动、直观。在员工经常出入的地方（如走廊、会议室、员工休息区等）张贴这些海报，可以帮助员工在日常工作中不断回顾和思考企业核心价值观，从而促进员工对企业文化的内化。

（3）在员工培训和其他活动中宣传企业核心价值观。企业将企业核心价值观的宣传纳入员工培训课程，可以帮助员工理解企业核心价值观与员工工作和行为的具体联系，鼓励员工在实际工作中将企业核心价值观作为行动指南。企业还可以组织以企业核心价值观为主题的团队建设活动或竞赛，让员工在轻松、互动的氛围中加深对企业核心价值观的认识。这些活动不仅能增强企业凝聚力，也能使企业核心价值观在企业行动中得到实际体现。

## （三）营造积极向上的企业文化氛围

1. 建立激励机制

（1）构建薪酬体系。公平的薪酬可以确保员工感到他们的工作被公正评价、合理奖励，能增强他们的工作动力和归属感。员工期望其付出能获得相应的回报，如物质报酬、企业对员工工作价值的认可。企业需要构建并适时调整、优化薪酬体系，同时要考虑到员工的能力、经验和对企业贡献的程度，确保员工薪酬公平性，使员工感受到企业对员工努力和成就的认可、奖励。

（2）建立项目奖励制度。通过对完成关键项目或取得重大成就的个人或团队给予物质奖励或精神上的奖励，企业可以强化员工的成就感和荣誉感，鼓励更多员工积极参与企业创新和发展。项目奖励制度应该公开、透明，评选标准明确，确保每位员工都能看到自己努力的可能回报，调动员工的积极性，激发员工的创造力。此外，这种制度还能促进团队合作，鼓励员工为实现项目目标而共同努力，增强团队协同效应。

（3）为员工提供培训、发展机会。在快速变化的数字经济环境中，员工需要不断学习知识和技能，以适应新的工作要求。企业可组织系统的培训，帮助员工进行职业发展规划，从而帮助员工实现个人职业目标，同时，提高员工对企业的忠诚度，增强员工的归属感。例如，企业可以对员工进行技能培训、职业规划指导，为员工提供晋升机会，支持员工的职业发展。当员工看到企业投资于他们的成长和成功时，他们会更加努力地工作，为企业的长期发展做出更大的贡献。

2. 建立沟通和反馈机制

（1）定期举行员工代表会议。员工代表会议为员工提供了正式沟通的机会，让他们能够表达意见、分享经验、提出建议。通过这样的沟通机制，企业能够从基层员工那里收集到宝贵的一手信息，这些信息对企业的决策和文化建设至关重要。员工代表会议可以让员工感受到他们的声音被倾听和重视，能够增强他们对企业文化的认同感。这样的会议还有助于发现和解决企业内部的潜在问题，优化工作流程，提升员工满意度和工作效率。为确保会议的良好效果，企业应确保会议定期举行、员工广泛参与和真实反馈，在会后根据员工的建议对具体工作进行调整。

（2）设置反馈渠道，让员工可以直接向领导反映问题、提出建议。反馈渠道可以是匿名信箱、在线反馈系统或定期的一对一会谈等。企业应确保员工能够在不担心负面后果的情况下自由地表达意见和建议。直接的反馈渠道有助于领导层快速了解和解决员工关注的问题，提高决策的透明度和响应速度。此外，当员工看到他们的反馈意见被认真对待并被采纳时，他们的参与感会增强、满意度会显著提升，这能够促进企业文化的发展。

### （四）完善企业文化建设的组织保障

1. 建立企业文化建设领导小组

企业文化建设领导小组通常由企业高层领导组成，负责制订企业文化建设的总体战略和规划，并监督战略、规划实施。企业文化建设领导小组能确保企业文化建设获得必要的资源支持，体现了企业对文化建设重要性的认识。该领导小组需要定期审视企业文化建设的进展，评估文化活动的成效，并根据企业发展的需要调整企业文化建设策略。通过企业文化建设领导小组的引导和推动，企业文化建设能够与企业的战略目标保持一致，确保企业文化的内容和发展方向符合企业的长远发展目标和需求。

2. 成立企业文化建设职能部门

企业文化建设职能部门负责具体完成企业文化建设的各项任务，如规划文化活动、制订文化传播策略、监测文化建设效果等。企业文化建设职能部门还要负责企业文化的日常维护和更新，确保企业文化与时俱进、反映企业的最新发展情况和战略需求。此外，该部门还需要与其他部门协作，确保企业文化的理念在各个业务领域和职能部门中得到有效贯彻。通过企业文化建设职能部门的专业管理，企业可以推进企业文化建设，实现企业文化建设与业务发展的有机结合。

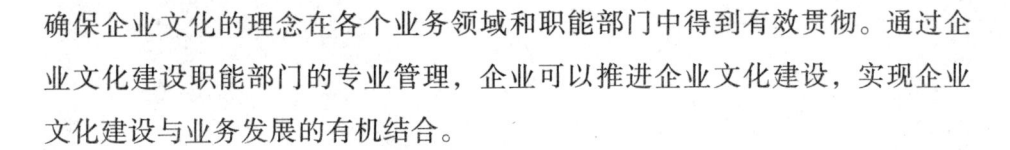

3.培养企业文化基层传播者

企业文化基层传播者通常是对企业文化有深入理解和高度认同的员工，在日常工作和生活中通过自己的行为和言语影响周围的同事，帮助同事理解和接受企业文化。企业培养企业文化基层传播者，可以促进企业文化的传播，确保企业文化能够深入企业的每个角落。通过企业文化基层传播者的努力，企业文化建设可以更加贴近员工的实际需要和感受，这有利于提高企业文化建设的有效性。

# 第五章 数字经济引领企业财务管理变革

# 第一节　企业财务管理变革概述

## 一、财务管理的概念

财务管理又称企业理财活动,是以企业特定的财务管理目标为导向,组织财务活动、处理财务关系的管理活动,是企业管理的重要组成部分。[①] 对这一概念的理解主要包括以下三个方面:

第一,组织财务活动。了解企业有哪些财务活动,要区别一般的财务活动和特殊的财务活动。一般的财务活动是筹资、投资、资产运营和分配,特殊的财务活动是指收购、跨国经营等。财务管理主要解决的是一般财务活动问题。

第二,处理财务关系。合格的财务管理人员要真正理解和运用好财务管理,处理好各种各样的财务关系。

第三,财务管理不同于人事管理及单纯的物资管理,财务管理工作具有综合性。

## 二、企业财务管理的职能

企业财务管理的基本职能是组织职能。这是由财务管理的对象和内容决定的。随着社会的发展,组织企业的财务活动变得复杂,企业仅依靠传

---

[①] 肖东生．中小企业财务管理[M].长沙:湖南科学技术出版社,2008:2.

统的财务管理组织职能,不能满足发展需要。一些新的财务管理职能陆续从财务管理的组织职能中派生出来。财务管理职能主要包括财务预测、财务决策、财务计划、组织职能、财务控制、财务分析、财务评价与财务考核。

## (一)财务预测

财务预测是指企业基于现有的财务数据和市场环境,对未来的财务状况和资金需求进行预测,涉及对企业收入、成本、支出等关键财务指标的分析、预测,旨在为企业的长远发展提供数据支持,为企业提供决策依据。通过有效的财务预测,企业可以及时发现潜在的财务问题,评估各种财务策略的可行性,从而做出合理的规划和安排。例如,企业可以通过财务预测确定未来一段时间内的资金需求,提前进行资金筹集和配置,以避免资金短缺对生产经营活动的影响。财务预测还可以帮助企业把握市场机会。企业通过对市场发展趋势的预测,制订相应的市场策略,从而在竞争中占据有利地位。

## (二)财务决策

财务决策涉及企业在财务活动中面临的各种选择问题,包括投资决策、融资决策、利润分配决策等。企业应在充分分析和评估财务数据的基础上,做出最有利于企业发展的财务决策。例如,在进行投资决策时,企业需要评估项目的财务可行性,分析项目的预期收益和风险,从而决定是否投资以及如何投资。在进行融资决策时,企业需要考虑不同融资方式的成本和条件,选择最优的融资结构和渠道。财务决策直接关系到企业的财务健康和可持续发展。企业财务管理者应具有财务方面的专业知识和决策能力,能够在复杂多变的市场环境中做出科学的财务决策。

## (三)财务计划

财务计划是指企业对未来一段时间内财务活动的规划和安排,包括资金的筹集、使用、管理等方面的详细规划，支持企业实现业务目标。通过制订财务计划，企业可以预设不同的财务目标，如收入增长率目标、成本控制目标、资本结构优化目标等，并根据这些目标制订相应的行动计划，做出预算。财务计划不仅有助于企业对资源进行有效配置，有利于企业合理使用资金，还能够帮助企业预测未来可能面临的财务风险，使企业能够提前采取措施进行风险规避。在动态变化的市场环境中，财务计划的灵活性和适应性尤为重要。企业应能够根据内外部环境的变化及时调整财务计划，确保企业发展的持续性和稳定性。

### （四）组织职能

从根本上说，财务管理就是组织好企业的财务活动。组织职能是财务管理职能的核心内容。企业做出财务预测、决策并制订财务计划之后，具体组织实施财务计划特别重要。财务管理的组织职能主要是按照财务计划的要求，充分利用企业现有的各种资源，开展财务活动。简单地说，财务管理的组织职能就是财务计划的实施。组织好财务活动，必须以构建适当的财务管理组织架构为前提。

### （五）财务控制

财务控制是指企业通过一系列内部控制机制和程序，对财务活动进行监督和管理，以确保财务计划的有效实施和企业财务目标的实现。财务控制包括预算控制、成本控制、内部审计等。通过财务控制，企业能够对财务活动进行实时监控，及时发现财务问题，并采取相应的措施解决问题。[1]财务控制的目的是保障企业资产安全、提高财务管理效率和有效性。财务控制是防范财务风险、保持企业财务健康的重要手段。企业进行财务控制，需要建立健全内控体系，明确各级财务责任，采用适当的财务策略和程序，

---

[1] 任润竭，薛淑萍.统一大市场背景下企业管理会计发展探析[J].兰州财经大学学报，2023，39（5）：118-124.

以及有效的财务监督和评价机制,从而实现对企业财务活动的全面控制和管理。

(六)财务分析、财务评价与财务考核

财务分析是企业财务管理中事后控制的重要组成部分,主要目的是通过对财务活动的实际结果与预先制订的财务计划或历史数据进行比较分析,识别出财务活动结果与财务计划或历史数据存在的差异,分析差异产生的原因。财务分析依靠比较分析和比率分析等基本手段。利用这些分析手段,企业可以发现财务活动中的有利因素或不利因素,进一步探究如何改进财务活动。例如,通过对比当前的财务指标与历史数据,企业可以评估财务表现的变化趋势;通过比率分析,如盈利能力比率分析、偿债能力比率分析等,企业能够深入了解财务状况。财务分析不仅能为企业提供优化财务管理的依据,也能为制订未来的财务计划提供重要参考。

财务评价是建立在财务分析基础上的活动,目的是评估企业财务绩效。财务评价通过比较企业的实际财务表现与财务计划、历史业绩或同行业的平均水平等,判断企业的财务绩效高低。[1]财务评价不仅关注财务数据的绝对值,也注重分析财务表现背后的质量和可持续性。例如,企业可能会基于财务比率分析结果,评价自身盈利能力、资产利用效率和财务稳健性等,进而判断自身在行业中的竞争地位。财务评价的结果能为企业制订战略规划、优化资源配置提供重要依据。

财务考核侧重于实现企业内部的责任与利益统一,通过对企业部门或个人的财务责任履行情况进行考核,强化部门或个人的财务责任感,并促使各责任部门更好地履行财务责任。财务考核旨在通过明确的评价标准和考核机制,激励部门和员工达成或超越既定的财务目标。财务考核不仅包括对成本控制、收入增长等直接财务指标的考核,也涉及对预算执行、资金管理等的评

---

[1] 黄杉.我国中小企业财务管理模式研究[J].财经界,2016(2):186.

价。通过财务考核,企业能够确保各项财务活动与企业整体战略目标保持一致,同时,通过奖惩机制调动部门和员工的积极性,促进财务管理水平的提升。

## 三、企业财务管理的四次变革

### (一)会计电算化

会计电算化可以看作财务管理领域的第一次变革,发生在20世纪80年代至90年代初。会计电算化是指利用电子计算机,将电子技术和信息技术应用到会计实务中。[①] 具体而言,会计电算化是用电子计算机代替人工记账、算账、报账,替代部分由人脑完成的对会计信息的分析和判断。

1. 会计电算化的特点

(1)会计电算化以电子计算机取代人的非创造性脑力劳动,具有手工会计望尘莫及的数据处理速度和准确性,这是由计算机固有的特点决定的。在程序的控制下,计算机可以不知疲倦地以极高的速度对数据进行对人来说枯燥乏味的各种处理,如数据分类、汇总、计算、传递等。只要程序和原始数据正确,数据处理结果就准确。

(2)会计电算化在信息存储方面用磁盘或光盘等存储代替了传统的纸质记录。这一转变减小了信息存储占据的物理空间,使数据的存储、检索、传递异常快捷。[②] 对人来说,磁盘、光盘等载体中的信息不如纸载信息直观,必须以计算机为媒介才能展现(输出到屏幕或打印机)。保管磁盘、光盘等的信息,要采取一些特殊的措施,如防磁、防非法窜改等。还要对传统的审计技术、方法进行更新,以适应磁盘、光盘的信息存储形式。

(3)会计电算化基于工具的变革,与手工会计相比,人的工作侧重点

---

① 王凯新.会计电算化目前的问题及对策 [J]. 科技信息,2010(29):806,814.
② 张秋香.我国会计电算化发展过程中存在的问题及对策 [J]. 山西建筑,2002(9):128-129.

及工作程序均有较大变化。[①] 在手工条件下，人的主要精力放在填写记账凭证以后的分类、汇总、登账、核对、结账、计算、报表等周而复始的琐碎事务上；重复抄录数据和大量的简单加减计算浪费了大量的人力，也是产生数据错误的根源。实际上，会计核算在记账凭证生成之后的处理流程基本上是固定的，记账凭证可看作原始的财务数据记录。各账簿中的数据只不过是根据核算要求从记账凭证中整理、汇集而成的。在电算化的条件下，会计核算从对记账凭证的处理直至会计报表生成的整个过程均由计算机完成。会计人员的主要工作一方面是加强对原始单据和记账凭证的整理、审核，保证其能够正确地输入计算机（在与其他电算系统共同运行的情况下，在完成一项经济业务的同时即能生成合格的凭证，通过磁盘或联网能直接传递，省了人工）；另一方面是对会计信息进行分析、研究，充分发挥会计人员的管理职能，利用计算机处理的结果，对生产进行有效的辅助调控、计划和决策，提高经济效益。

（4）会计电算化通过统一会计循环程序，实现了核算方法的规范和一致。与手工会计不同，会计电算化避免了各单位根据自身需求采用不同流程，减少了数据录入的工作量，降低了不同单位会计核算的不一致性。会计循环程序涉及从经济业务到会计凭证，再到账簿和会计报表生成的整个流程。在手工条件下，会计循环程序存在多种形式，不同单位根据实际需求选择最适合的形式。在电算化条件下，会计人员通常采用记账凭证核算形式的循环程序，这是一种基本的细致的核算方式。会计人员采用这种核算方式，直接根据记账凭证进行登记，能详细反映经济业务的具体情况，如账户间的对应关系和经济业务的整体流程。虽然这种核算方式工作量相对较大，但由于电算化会计核算的高速度和高准确性，工作效率得以显著提升，同时，会计人员能确保核算的数据的完整性和系统性。

---

[①] 李秀梅，杨丰.谈会计电算化的发展及其存在的问题[J].内蒙古统计，2006（6）：36-37.

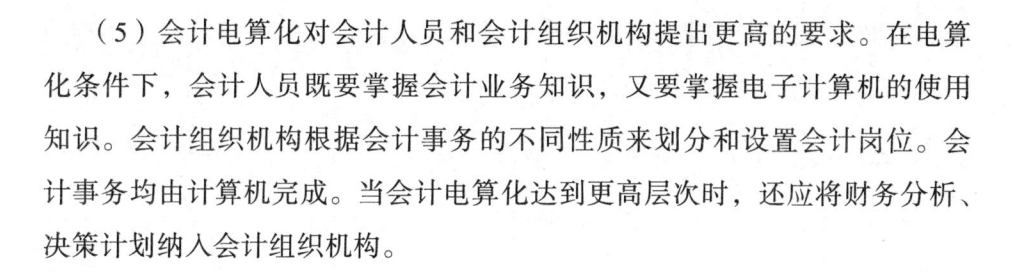

（5）会计电算化对会计人员和会计组织机构提出更高的要求。在电算化条件下，会计人员既要掌握会计业务知识，又要掌握电子计算机的使用知识。会计组织机构根据会计事务的不同性质来划分和设置会计岗位。会计事务均由计算机完成。当会计电算化达到更高层次时，还应将财务分析、决策计划纳入会计组织机构。

2.会计电算化的意义

（1）提高工作效率和会计信息质量。会计电算化通过计算机自动完成原始数据的录入、会计报表的打印输出，以及日常管理所需的数据查询，不仅减轻了会计人员的工作负担，也提高了数据处理的准确性。以前需要几小时甚至几天才能完成的复杂计算和报表制作，现在可能只需几分钟就能完成。会计电算化还消除了人为错误的可能性，提高了会计信息的质量。高质量的会计信息是企业有效决策和风险管理的关键。会计电算化在提高企业绩效方面起到了不可忽视的作用。

（2）规范会计工作程序，提高企业管理水平。会计电算化通过软件实现了数据录入到数据处理和输出全过程的自动化。会计核算严格遵循会计准则和操作规范。会计电算化规范了会计工作流程。与传统手工操作相比，会计电算化减少了不规范和不统一的问题，提高了数据的可靠性和一致性，加强了企业内部控制，还优化了企业的决策过程，提高了企业的管理水平。

（3）推动会计技术、方法、理论创新和观念更新，促进会计不断发展。会计电算化的普及对传统会计方法、会计理论产生重大影响，引起会计制度、会计工作管理体制的变革，促进会计的发展。[1]

（4）促进会计人员业务素质的提高。会计电算化对广大会计人员的要求越来越高。会计人员要使用计算机。大部分会计人员要熟悉电算化会计

---

[1] 姜凯敏，宋明.浅谈企业实行会计电算化的风险与发展[J].企业技术开发,2015,34(8):25-26.

信息系统。总之，会计人员必须加强学习，不断提高业务素质，才能适应电算化条件下会计工作的需要。

### （二）ERP 系统促进业务、财务一体化

财务管理的第二次变革即企业资源计划（enterprise resource planning, ERP）系统促进的业务、财务一体化，标志着企业管理从传统的分散式管理向集成式管理转变。财务管理的变革不仅改变了财务数据的处理方式，也深刻地影响了企业的管理理念、组织结构和运营模式。ERP 系统的核心价值在于它能够通过统一的信息平台，集成企业内所有关键的业务流程，如供应链管理、生产操作、销售及财务管理等，实现数据的实时共享和即时更新。这种一体化的管理模式能提高数据处理的效率和准确性，为企业提供实时、准确且全面的财务信息，提高企业的财务报告质量，提高资金流动管理、成本控制及利润分析等关键财务管理活动的效率和水平。

利用 ERP 系统，财务管理部门不再是孤立的、仅仅与会计和报表编制相关的后台部门，而转变为企业战略决策和日常运营管理的核心部门。企业财务部门的角色从传统的记录和报告者转变为战略规划者和决策支持者。ERP 系统促进了业务、财务一体化，也加强了企业的内部控制。通过工作流程的标准化和自动化，企业能够减少操作错误，降低财务风险，提高管理的透明度和合规性。内部控制的加强不仅有助于保护企业资产，防止欺诈行为，还能够提升企业的运营效率和盈利能力。此外，业务、财务一体化的实现对企业文化和组织结构也产生了深远的影响。ERP 系统的应用需要企业不同部门密切合作，促进了信息的流动和知识的共享，打破了传统的部门壁垒，促进了企业内部的协同和一体化，为企业的持续发展和创新提供了有力的支持。

### （三）财务共享服务中心的建立促进财务管理"新四化"

财务管理的第三次变革即财务共享服务中心的建立。这一变革深刻影

响了企业的财务操作模式,实现了财务基础业务的"新四化"——专业化、标准化、流程化和信息化,极大地提升了财务管理的效率和效能,为企业的战略决策提供了更加强大的支持。

第一,财务共享服务中心通过集中处理企业内部的财务基础业务,如账务处理、财务报告生成、成本分析等,实现了业务处理的专业化。在财务共享模式下,财务人员能够专注于其专业领域,利用专业知识和技能高效完成财务任务,提升工作质量和专业水平。

第二,通过统一的财务制度、流程和操作指南,财务共享服务中心能确保不同业务单元财务操作的一致性。财务管理标准化不仅能减少内部沟通成本,提高财务管理的透明度,还有助于加强内部控制,降低财务风险。

第三,通过对财务基础业务流程的重新设计和优化,财务共享服务中心消除了不必要的操作步骤,简化了财务流程,从而大幅提高了财务操作的效率。此外,财务管理流程化还有助于实现财务活动的自动化,减轻财务人员的工作负担,使他们有更多的时间从事价值更高的财务分析和决策支持工作。

第四,利用高度集成的财务信息系统,财务共享服务中心实现了数据的实时共享和处理,保证了财务信息的准确性和时效性。财务管理信息化不仅能提高财务报告的质量,也能为企业的战略决策提供可靠的数据支持。

### (四)财务数字化

1. 数字经济时代财务数据的特点

(1)财务数据整合难度大。企业在运营过程中产生的数据量巨大,数据来源多样,如企业内部系统(ERP系统、客户关系管理系统等)数据以及外部数据(社交媒体数据、市场调研数据等)。这些数据往往是异构的,即格式不统一、质量参差不齐,既包含对决策有重要价值的有效数据,也混杂着大量的无效或低价值数据。在这种情况下,搜集、处理这些数据,提取对财务分析和决策有价值的信息,成为一项挑战。数据整合难度较大。有效的财务数据整合需要强大的技术支持,如需要有数据仓库、数据湖等以及数据治理策略,以确保数据的准确性、完整性和时效性。

(2)财务数据处理要求高。数字经济时代,企业的财务数据具有类型多、数量大、价值密度低等特点,这增加了财务数据处理难度,对财务数据处理的精确性和及时性提出了更高的要求。现阶段,面对财务数据的瞬息万变,企业要想做好财务数据管理工作,就必须对财务数据处理提出更高的要求。[①]

2.企业财务数字化的层次

财务共享服务中心的建立改变了大部分财务基础工作,但有一项财务工作自始至终没有改变,那就是财务人员要处理大量的表格、对外提供大量的数据。财务人员要出具至少五套数据标准:一是按照公认的会计准则来出具法定会计报表;二是按照收付实现制的原则来出具资金报表;三是出具税务规则体系下的纳税申报表;四是出具对外报送的统计类报表;五是出具企业内部的绩效考核报表、经营分析报告。这五套数据标准都不一样,因此财务人员会耗费大量的精力。财务共享服务中心在数据处理和报告方面的这些不足,促进了财务数字化发展。

财务数字化通过引入先进的数字技术,如大数据分析技术、人工智能技术、云计算技术等,优化财务管理流程,提升数据处理的自动化、智能化水平。具体来说,财务数字化有以下三个层次,如图5-1所示。

---

[①] 汪雨熹.大数据时代全面预算管理改革研究[J].中国管理信息化,2017,20(24):36-37.

第五章　数字经济引领企业财务管理变革

财务会计数字化　A
　　　　　　　　　　　　　　B　管理会计数字化
决策支持数字化　C

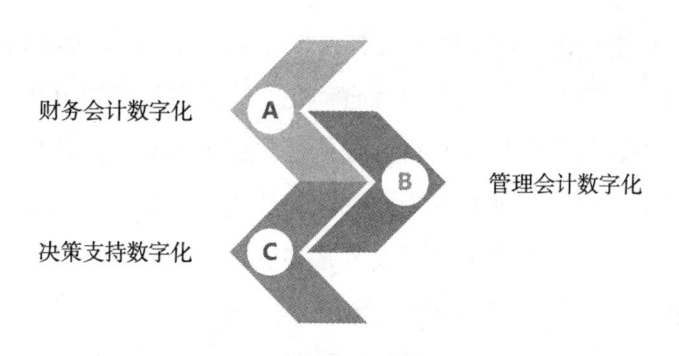

**图 5-1　财务数字化的层次**

（1）财务会计数字化。财务会计数字化是企业财务数字化的基础层次，主要涉及传统财务会计流程的自动化和电子化，包括财务报表的自动生成、账目的电子记录、财务交易的实时处理等。通过引入 ERP 系统、会计软件等工具，财务会计数字化能够有效减少手工录入的错误，提高数据处理的速度和准确性。此外，财务会计数字化还能实现财务数据的即时更新和共享，为企业提供实时的财务状况信息，提高了企业的财务透明度，也为企业的财务监督和管理提供了坚实的基础。随着财务会计数字化，企业能够更有效地控制和管理财务成本，优化资金流动，从而提高财务健康度和市场竞争力。

（2）管理会计数字化。管理会计数字化是指企业内部的成本控制、预算管理、资金管理、税务管理、绩效评估等管理会计活动的数字化转型。通过利用数据分析工具、预测模型和可视化技术，管理会计数字化能帮助企业深入分析成本结构、优化资源配置、制订科学的预算计划并通过绩效评估监控业务完成情况。企业利用大数据分析技术和人工智能技术，能够从海量的财务数据中提取有价值的信息，识别潜在的成本节约和效率提升机会。管理会计数字化不仅能提高财务管理的效率，还能促进企业战略目标与财务管理的紧密结合，通过精细化管理推动企业业务持续优化和创新，增强企业的核心竞争力。

（3）决策支持数字化。决策支持数字化是财务数字化的高级阶段，通过整合和分析企业内外部的财务数据和非财务数据，为企业提供决策支持。决策支持数字化不仅仅是财务流程自动化，更是利用高级分析工具和决策模型，对数据进行深入挖掘和智能分析，预测市场趋势，评估投资项目的风险与收益，制订企业战略规划。决策支持数字化能够为企业提供全面的决策分析报告，帮助企业管理层在复杂多变的市场环境中做出更加精准和高效的决策。通过提升决策的科学性和前瞻性，企业能够把握市场机会，有效应对风险挑战，从而在激烈的市场竞争中获得优势。

3.数字经济时代企业财务数字化的意义

（1）企业财务数字化有利于提高财务数据质量。

①企业财务数字化有利于提高财务数据准确性。财务数据的准确性对企业管理决策至关重要。准确的财务数据不仅能够反映企业的真实财务状况，还能为企业制订战略规划、进行风险管理和业务优化提供可靠的支持。企业财务数字化通过引入自动化工具和智能化系统，减少了手工处理的环节，减少了操作失误导致的数据错误，提高了财务数据的准确性。此外，财务数字化使数据处理流程标准化和规范化，这也有利于提高数据准确性。通过提高财务数据的准确性，企业财务数字化有助于提高企业的财务报告质量，增强投资者的信心，也为企业合规管理和内部控制提供坚实的基础。

②企业财务数字化有利于提高财务数据的时效性。在快速变化的市场环境中，时效性强的财务数据不仅有助于企业实现即时的业务洞察，还能够支持企业快速决策，增强企业的市场响应能力，使企业获得竞争优势。通过实施财务数字化，企业能够利用自动化工具和先进的信息技术系统，实现财务数据的实时收集、处理和分析，从而缩短财务数据处理周期，确保财务数据的即时性和有效性。

在财务数字化过程中，自动化的数据收集和处理机制减少了传统手工操作，避免了人为的延误，使得财务数据能够在产生后立即被录入系统、被处理和分析。例如，利用ERP系统，企业可以实现财务数据与业务数据

第五章 数字经济引领企业财务管理变革

的实时同步更新。当业务发生变动时，相关财务数据立刻反映业务变化。此外，云计算技术的应用使得财务数据的存储和访问更为灵活、高效。企业可以通过云平台实时访问和更新财务数据。无论是企业内部管理层还是外部合作伙伴，都能够利用云平台即时获取所需的财务信息。云平台支持远程协作和决策。这种即时的数据共享和通信，能够提升财务数据的时效性，增强企业的动态管理能力。

③企业财务数字化有利于提高财务数据的一致性。在复杂的经营环境中，企业的财务数据常常分散在不同的系统、部门和业务中，这会影响财务数据的一致性。财务数据的一致性是指数据在各个层面和各业务环节的一致和相容，包括数据定义的一致、数据格式的一致、数据计算的一致、数据理解的一致等。财务数据的一致性对企业的决策、管理和运营具有重要的意义。企业财务数字化能够有效提升财务数据的一致性。

第一，企业财务数字化可以通过统一的数据架构和标准来实现财务数据的一致性。在数字化转型中，企业需要构建统一的数据架构，制定统一的数据标准，使整个企业的数据定义、分类、编码、格式、单位、算法等都一致。企业数据架构、标准可以作为数据处理的基础和规范，确保数据在整个生命周期中的一致性。企业可以利用企业数据模型、数据字典、数据质量规则等来定义和规范数据，使企业内部各个系统、各部门在处理数据时都遵循同样的标准和规则。

第二，企业财务数字化可以通过数据集成和共享来实现财务数据的一致性。在数字化转型中，企业需要建立数据集成、共享的机制和平台，使数据可以在企业内部各个系统、各部门之间流动，避免数据孤岛和冗余。企业可以利用数据仓库、数据中心、数据服务等来整合和共享数据，使数据可以在需要的地方得到有效应用。

第三，企业财务数字化可以通过数据治理和质量管理来实现财务数据的一致性。在数字化转型中，企业需要建立数据治理和质量管理的组织，制订数据治理和质量管理流程，对数据进行全面管理和控制，确保数据的一致性和高质量。例如，企业可以通过数据治理委员会、数据质量团队、数据审计工具等来管理和监控数据，一旦发现数据不一致或错误，就可以及时对数据进行调整和修正。

第四，企业财务数字化可以通过数据可视化和数据分析来提升财务数据的一致性。在数字化转型中，企业需要应用数据可视化和数据分析的工具、方法，使数据的一致性得到直观了解和评估。例如，企业可以利用数据仪表板、数据报告、数据挖掘技术等，展示和分析数据，使数据的一致性问题被及时发现和解决。

④企业财务数字化有利于提高财务数据的完整性。数据完整性是指数据的完备性和连续性，即数据应该包括所有必要的部分，没有遗漏和断裂。在数字经济时代，企业的财务数据常常来源于多个系统、部门和业务，这些数据的完整性对企业的决策和管理有直接的影响。企业财务数字化能够通过以下方式提升财务数据的完整性。

第一，财务数字化能够通过整合的数据架构和平台保证财务数据的完整性。在传统的财务管理中，数据常常分散在多个系统和数据库中，这导致数据的查询和汇总较困难。通过财务数字化，企业可以利用数据仓库、大数据平台等，将各种分散的数据整合到一起，从而提升数据的完整性。

第二，财务数字化能够通过持续的数据监控和审计来保证财务数据的完整性。在传统的财务管理中，数据缺失问题常常需要人工检查和发现，这无法保证数据的完整性。通过财务数字化，企业引入数据监控、审计的工具和服务，如数据质量管理系统、数据审计软件等，以实现对数据的持续监控和审计，及时发现和解决数据问题。

第三，财务数字化能够通过改进的数据治理来保证财务数据的完整性。在传统的财务管理中，数据的治理常常缺乏系统性和规范，这影响了数据的完整性。通过财务数字化，企业建立专门的数据治理组织，如数据治理委员会、数据管理办公室等,制订数据治理流程,以实现对数据的有效治理。

(2)企业财务数字化有利于优化财务风险管理。

①财务数字化通过引入先进的数据分析技术和工具,能显著增强企业对财务风险的识别能力。在数字化环境下,企业能够实时收集和分析大量财务数据和市场信息,利用大数据分析技术、人工智能技术等,对数据进行深入挖掘和分析,从而识别出潜在的财务风险点。这些技术不仅可以帮助企业从复杂的数据中发现风险模式和趋势,还能够对不同类型的风险进行量化评估,为企业提供精准的风险预警,使企业能够在风险发生前采取预防措施,避免潜在的损失。

②财务数字化能大大提升企业的财务管理风险响应速度。在传统的风险管理中,由于数据收集和处理的延时性,企业往往难以做到快速响应市场变化和财务风险。财务数字化通过实现数据的实时更新和快速分析,能使企业在面对财务风险时迅速做出反应。无论面对市场风险、信用风险,还是面对流动性风险,数字化工具都能够支持企业快速制订和调整应对策略,如自动触发风险限额控制、快速调整资金配置等,从而有效减小风险带来的负面影响。

③财务数字化能改进企业的风险监控和预防机制。通过构建全面的财务数据监控系统和风险管理框架,企业能够对整个财务流程进行实时监控和分析,及时发现异常情况,并通过预设的流程采取措施进行干预。此外,财务数字化还支持企业构建更为科学和系统的风险评估模型,通过持续的数据分析,不断提高风险评估的准确性和预防措施的有效性。财务数字化还能促进风险管理文化建设,通过数据驱动的决策过程,提高企业对风险管理重要性的认识,增强企业员工的风险意识。

(3)企业财务数字化有利于提升决策质量和速度。企业财务数字化通过实现数据的实时收集和分析,为企业管理层提供及时、准确的财务报告和市场分析数据，支持管理层做出精准的策略调整和决策，如资金分配、投资选择、成本控制等方面的决策。数字技术，如大数据分析技术、人工智能技术等，可以对海量数据进行深度分析，预测市场发展趋势，识别潜在的风险和机会，提高企业决策的质量和速度。快速而精准的决策使企业能够迅速响应市场变化、有效利用市场机会、在激烈的市场竞争中脱颖而出。

（4）企业财务数字化有利于提高财务透明度和合规性。在数字经济时代，企业面临日益严格的财务合规要求和市场对财务透明度的高度期待。企业财务数字化通过引入先进的信息系统和技术，能加强财务数据的记录、存储和报告，提高财务透明度，使企业能够及时、准确地向监管机构报告财务状况。此外，数字技术，如区块链技术，在提高数据安全性和不可篡改性方面的应用，能提高企业的财务合规性。提高财务透明度和合规性不仅有助于降低企业运营风险，还能够提升企业的社会信誉，吸引更多的投资，为企业的长期发展奠定坚实的基础。

（5）企业财务数字化有利于提高企业核心竞争力。在"新技术、新产业、新业态、新模式"的经济背景下，信息技术高速发展，企业竞争激烈。企业核心竞争力的增强需要财务管理作保障。人工智能的快速发展催生一种新型的财务管理模式：通过人与机器的合作，提高财务管理效率。企业通过财务数字化，能够充分发挥财务管理在企业管理中的核心作用，实现由扩大生产向数据整合的转变，提高核心竞争力。

## 第二节 企业数字化财务管理体系的构建

### 一、构建企业财务数据价值链

#### （一）财务数据价值链的内涵

财务数据价值链是指财务部门面向业务需求，有针对性地提取、组织并利用数据，从而盘活数据资产、开发数据功能、发挥数据价值，通过直观的视觉表现形式清晰传达数据分析结论，实现数据向信息、知识、智慧逐步升华，最终赋能企业经营决策的一系列过程。[1]

#### （二）财务数据价值链的要素

数据、业务和技术是财务数据价值链的三大核心要素，支撑着财务数据价值链发挥作用的全过程。

数据是财务数据价值链运行的原材料。在企业财务管理中，数据不仅包括传统的财务指标，如收入、成本、利润等，还涵盖了与企业运营密切相关的其他各类数据，如市场数据、客户行为数据等。企业通过对这些数据的收集和分析，能深入了解财务状况和业务运作的情况。随着数字技术的发展，企业能够通过更加高效和系统化的方式收集大量数据，扩大数据的覆盖面，提高数据质量，也为后续的数据分析和应用打下坚实的基础。在财务数据价值链中，数据的重要性不言而喻。数据直接关系到整个财务数据价值链的运作和价值。

---

[1] 陈虎，孙彦丛，郭奕，等. 财务数据价值链：数据、算法、分析、可视化 [M]. 北京：人民邮电出版社，2022：72.

业务是财务数据价值链服务的对象，也是数据价值实现的最终归宿。在企业的财务管理中，所有的数据管理活动都是围绕业务需求展开的，目的是通过对财务数据的深入分析，为业务决策提供支持，推动企业的持续发展。数据从业务中来，通过加工处理后，最终需要回到业务中去，这个过程体现了财务数据价值链的核心目的：更好地服务于业务，提高企业的经营效率和市场竞争力。只有将数据价值转化为业务价值，企业才能在复杂多变的市场环境中获得成功。

技术是财务数据价值链的实现工具，涵盖了从需求分析到数据价值释放整个过程中使用的各种技术手段和方法。随着信息技术的快速发展，大数据分析技术、人工智能技术、云计算技术等先进技术被广泛应用于企业财务管理中，不仅提高了数据处理的效率，也使财务数据分析的深度和广度得到了显著提升。运用统计学原理、计量方法、数据清洗技术、机器学习技术、数据可视化技术等，企业能够准确、快速地从海量数据中提取有价值的信息，为决策提供强有力的支持。先进技术的应用不仅提升了财务数据价值链的运作效率，也推动了财务管理模式的创新。

### （三）财务数据价值链的运作步骤

财务数据价值链涉及的一系列数据处理和使用过程，可以分为六个基本步骤：业务数据分析、数据采集、数据清洗、数据探索、数据算法应用和数据可视化。六大基本步骤环环相扣，共同解锁数据价值。

#### 1. 业务数据分析

业务数据分析是整个数据处理过程的基石。在此阶段，企业决策者通过对当前业务状况的深入了解，确定企业数据分析的目标和需求。在企业实际运营中，业务数据分析需求多种多样，可以大致分为四类：分析类需求、描述类需求、预警类需求和预测类需求。

分析类需求侧重于了解数据背后的原因和机制，例如，销售部门可能需要分析销售额下降的具体原因。通过深入分析业务数据，企业能够识别问题，进而采取有针对性的措施。描述类需求侧重于对当前情况或历史情况的描述和总结，通过收集和呈现相关的指标数据，如员工的工作效率、业绩贡献率等，帮助企业监督员工的工作情况，评价员工的工作成果。描述类数据为企业提供直观的现状信息或历史表现概览信息，为进一步的数据分析和决策提供基础。预警类需求强调对潜在风险的及时识别和预警，例如，财务部门在汇率管理过程中需要实时了解汇率变动情况，及时预警可能出现的汇率风险。通过设定预警阈值、建立监控机制，企业可以在风险产生前采取预防措施，减少损失。预测类需求旨在通过对历史数据的分析，预测未来的发展趋势和结果，如销售部门对未来某一时间点的产品销售额进行预测。准确的预测能够帮助企业提前做好准备、制订策略、把握市场机会。

企业进行业务数据分析，首先需要深入了解业务背景，了解客户的当前状况，了解经营管理模式及所处行业等的情况，然后进行数据理解，判断业务数据分析需求是否可以通过数据分析项目来满足。若可以，则根据业务数据分析需求类型确定数据分析项目，再规划通过数据分析满足业务数据分析需求，并确定所需目标数据。最后进行所需资源评估，数据分析项目团队负责评估实施数据分析项目所需的资源与企业现有资源是否匹配，确保数据分析项目能够在现实条件下顺利实施。

2. 数据采集

数据采集是获取财务信息的重要步骤，基于已经确定的业务数据分析需求来确定需要收集哪些数据。在数字经济时代，若要实现企业利用全量数据进行决策的目标，财务部门需要拓展数据来源，进行企业内外部数据的全面采集。财务部门不仅要获取财务数据，还要获取业务数据；不仅要获取结构化数据，还要获取非结构化数据；不仅要获取企业内部数据，还要面向外部数据源，围绕外部利益相关者，获取客情、竞情、行情、国情等数据。内外部数据网络的建立使企业在分析、预测业务活动的同时能够把握外部环境中的机遇、应对风险。①

企业财务部门进行数据采集，需要遵循以下原则：

（1）全面覆盖原则。数据采集的全面性是保证财务分析全面性和准确性的前提。企业财务部门在进行数据采集时，需要全面考虑所有相关的财务、业务活动，确保收集到的数据能够全方位反映企业的财务状况和业务情况，避免数据收集范围有限导致的分析结果偏颇或不全面，为企业提供全景式的数据支持。

（2）质量较好原则。数据质量直接决定了财务分析的质量。企业财务部门在数据采集过程中，应注重数据的准确性、完整性和可靠性，确保收集到的数据真实、准确、没有重大误差。企业通过建立数据质量控制机制，制订数据审核流程，可以有效提高数据质量，为后续的数据分析提供高质量的数据源。

（3）周期一致原则。企业财务部门在进行财务数据采集时，需要保证数据采集的周期与企业的财务报告周期或数据分析周期相匹配，这样可以确保数据的时效性和连续性，避免周期不一致导致的数据比较和分析困难，从而提高财务分析的准确性和可靠性。

（4）颗粒度一致原则。数据的颗粒度即数据的细致程度。企业财务部门应根据财务分析的需要对数据颗粒度进行合理选择。企业财务部门进行数据采集时，应保持数据颗粒度的一致性，确保同类数据的细致程度相同，这样不仅有助于保持数据分析的一致性和可比性，也便于在需要时对数据进行更深入的分析。

（5）持续采集原则。财务数据采集应是一个持续的过程。持续的数据采集可以使企业持续获取最新的财务数据和业务数据，为企业进行持续的

---

① 陈虎，孙彦丛. DT 时代基于数据价值链的财务变革 [J]. 财会月刊，2022（10）：41-45.

财务、业务监控和动态数据分析提供支持。通过建立数据采集机制，企业可以及时发现财务和业务的变化，快速响应市场变化和经营环境的变化。

企业财务部门实现企业内外部数据采集情境全覆盖，离不开数字技术的应用。系统日志和应用程序编程接口（application programming interface，API）是在线采集企业内部结构化数据的重要工具。利用这些工具，企业财务部门能够实时地从企业的 ERP 系统、客户关系管理系统等信息系统中自动收集财务相关数据，如销售记录数据、成本数据、库存信息等，并将这些数据汇聚至数据中台或数据仓库中，为后续的数据处理和分析提供统一的数据源。对于非结构化数据，光学字符识别（optical character recognition，OCR）技术、自动语音识别（automatic speech recognition，ASR）技术和自然语言处理（natural language processing，NLP）技术等为财务数据采集提供了解决方案。OCR 技术可以识别并转换图像文件中的文本数据，ASR 技术能够将音频文件中的语音内容转换为结构化文本，NLP 技术可以从自然语言文本（如合同文档、报告等）中提取关键信息。这些技术的应用扩大了财务数据采集的范围，使企业财务部门能够利用更加丰富的数据资源，提高财务分析的全面性和深度。对于外部数据的采集，爬虫程序和 API 是两种常用的工具。爬虫程序通过自动爬取网络页面，可以从各类网站中提取有价值的信息，如市场动态信息、行业报告信息等。API 可以实现与外部开放数据库的连接，批量获取所需的数据资源。这些工具能帮助企业财务部门获取外部数据，为企业提供更广的视角和信息支持。

3.数据清洗

企业财务部门采集的原始数据常常存在各种问题，如存在缺失值、重复记录、异常点、错误信息等。这些问题不仅会降低数据处理的效率，也会直接影响到数据分析的准确性，甚至可能导致错误的决策。数据清洗是指在处理和分析数据之前，利用一系列技术手段找出数据中的错误和不一致之处，并进行纠正。数据清洗的主要任务包括处理缺失数据、删除重复数据、纠正错误数据、统一数据格式等。企业财务部门只有进行了充分的数据清洗，才能保证后续数据分析的准确性和有效性。

数据清洗包括以下几个步骤：

（1）数据质量评估。对数据集进行全面的评估，了解数据的质量，识别数据集中存在的问题，了解这些问题产生的原因。数据质量评估的目的是明确数据清洗的范围和重点，确保数据清洗工作有的放矢。

（2）依据数据质量评估的结果，制定具体的数据清洗规则，如确定如何处理数据缺失、如何识别和删除重复数据、如何纠正数据错误、如何统一数据格式和标准。制定数据清洗规则时，需要考虑数据的特点和后续数据分析的需求，从而采用合理的方法实现数据的完整性和一致性。

（3）执行数据清洗。根据数据清洗规则和策略，逐项检查数据集，对各种数据问题进行相应的清洗操作。这一步骤通常需要利用数据处理工具和技术，如数据库管理系统、数据清洗软件等，以提高数据清洗的效率和准确性。在数据清洗过程中，可能需要不断调整清洗方法，直至数据质量达到预期标准。

（4）数据清洗质量评估。完成数据清洗后，需要遵循数据可信和数据可用的原则，对清洗后的数据进行质量评估。这一步骤是为了确保数据清洗工作有效地解决了原始数据中的问题，没有引入新的错误。通过质量评估，了解数据清洗的成果，保证数据集的准确性和可用性。

（5）数据替换。将经过质量评估的干净数据替换至原数据集中，为后续数据分析工作奠定基础。数据替换能确保数据分析建立在高质量数据基础上，提高数据分析结果的可信度和有效性。

4.数据探索

数据探索是指利用统计学原理，通过作图、制表、计算、统计等方法探索数据内在结构和规律，了解数据集特点以及数据间相互关系。在整个财务数据价值链内，数据探索是进行数据算法建模之前的重要环节，是初步的数据分析。面对海量数据，数据分析人员通过数据探索，概括数据的主要特征和规律，挖掘数据隐藏的价值，并为数据算法模型的构建提供依据。

数据分析人员进行数据探索时，可以运用以下方法：

（1）描述性统计分析。通过计算数据的算术平均数、中位数、众数、标准差、方差、峰度和偏度等，数据分析人员可以从集中趋势、离散趋势和分布形态三个方面对数据特征进行全面描述。算术平均数反映了数据集的平均水平，标准差和方差反映了数据的波动大小，峰度和偏度能够反映数据分布形态。这些描述性统计指标为人们了解数据的整体情况和特征提供了重要信息。

（2）了解数据的概率分布。在许多数据科学任务和机器学习任务中，建模通常基于对数据概率分布的假设。在观察样本数据后，数据分析人员需要利用统计方法判断数据可能服从的概率分布类型，如正态分布、二项分布等，这对后续选择合适的算法模型和进行准确的数据分析至关重要。

（3）相关性分析。数据分析人员通过计算数据变量之间的相关系数，如皮尔逊相关系数、斯皮尔曼秩相关系数等，评估两个或多个变量间的关系强度和方向。通过相关性分析，数据分析人员能够识别财务数据中的关键影响因素，了解不同变量之间的相互作用，这对构建精确的财务预测模型、做出科学的财务决策具有重要意义。

5.数据算法应用

数据算法是一系列有助于解决问题和实现目标的规则，是财务数据价值链的核心。

（1）数据算法的作用。

①数据算法在处理大量、复杂数据上发挥着至关重要的作用。在当前的信息时代，企业每天都会产生海量的数据，如销售数据、用户行为数据、生产数据、物流数据等。这些数据规模大、结构复杂。数据算法凭借出色

的数据处理能力，能有效地对这些数据进行处理，筛选出有用的信息，剔除无用的噪声。无论是结构化数据，如表格、数据库等，还是非结构化数据，如文本、图片、音频等，都可以被数据算法有效处理。数据算法能从数据中提取有价值的信息，将原始的、无序的数据转化为有用的数据。

②数据算法能够发现数据中的隐藏模式。在看似无序的数据海洋中，实际上潜藏着众多的规律和模式。这些模式可能是用户的购买行为、市场销售发展趋势、生产效率等。这些模式对企业来说，具有很高的商业价值。例如，通过分析用户的购买行为，企业可以精准地进行营销；通过分析市场销售发展趋势，企业可以准确地进行库存管理；通过分析生产效率，企业可以有效地进行生产优化。然而，这些模式往往隐藏在数据之中，不易被人直接发现。数据算法通过强大的数据分析能力，可以挖掘出这些隐藏的模式，为企业提供有价值的商业信息。

③数据算法能够支持企业决策。在企业管理中，决策越来越依赖数据。数据成为战略决策、运营决策、投资决策、风险决策的重要依据。然而，数据往往不能直接用于决策，需要经过数据算法的处理和分析，才能转化为可用于决策的信息。数据算法通过预测分析，可以预见未来的趋势和可能性，为企业决策提供前瞻性的视角；通过优化分析，可以找出最优的决策方案，为企业决策提供最大化的效益；通过风险分析，可以评估决策的风险和效益，为企业决策提供最佳选择。总之，数据算法对提高决策的准确性和效率具有至关重要的作用。

（2）数据算法的设计与应用。数据算法的设计是基于管理思维的，通过对数据进行分析和处理，得到符合企业价值诉求的思路和方法。这个过程不是一蹴而就的，而需要反复尝试和优化算法模型。首先，数据科学家需要根据具体的业务场景，选择并尝试适配的算法模型，如回归分析、决策树、聚类分析、神经网络等。在选择算法模型的过程中，数据科学家需要综合考虑算法模型的复杂性、可解释性、精度、效率等因素，从而在满足业务需求的同时，能保持算法模型的性能和效率。接着，利用已有的数据集进行模型测试和评估，检验算法模型的有效性和精度。然后，根据算法模型实际应用的效果反馈，对模型进行优化或迭代。如果算法模型在某些指标上的表现不佳，那么数据科学家可能需要调整模型的参数，或者改变特征选择和数据处理的方式。只有不断尝试和优化算法模型，才能找到符合业务需求、能提升决策效率和效果的算法模型。

不同的业务场景可能需要不同的决策方法。企业在数据算法应用上要有足够的灵活性和创新性。通过对各种算法模型的运用，企业能够根据自身的业务需求和数据特性，选择合适的决策方法，从而实现数据驱动的决策，提升竞争力和运营效率。

6.数据可视化

企业财务部门通过数据分析得到的信息需要传递给企业管理者，被充分理解，才能转化为智慧，支持经营决策。传统财务部门按照固定频次出具财务报表及报告，进行财务指标的事后分析，并以基本统计图表为载体向企业的管理层和利益相关者展示企业过去的经济活动信息。但面对数字经济时代企业庞大的数据流，传统财务数据分析工具及呈现方式无法满足经营管理对企业数据多维动态分析与实时展现的需求。数据使用者难以高效地从传统财务信息呈现载体中获取所需的信息，这可能导致企业海量数据背后的规律无法被正确解读。企业财务部门可以利用数据可视化技术解决这些问题。数据可视化技术通过运用计算机图形学、图像处理技术和人机交互技术等，将分析、处理后的数据以图表、视频、动画等形式直观展示出来，是企业财务部门的重要的数据分析和信息传达工具。

数据可视化的意义如下：

（1）数据可视化使企业经营情况的实时分析和信息呈现成为可能。利用动态图表和仪表板等可视化工具，企业财务部门能够全面、准确地展现企业的多维度经营数据。这种实时的、全景式的数据展示，能够提高管理者对企业运营情况的认识，使原本静态、复杂的报表数据变得生动、易懂。

（2）数据可视化支持基于管理者需求定制的分析模型和视觉展现形式。通过深度挖掘数据价值，企业财务部门可以根据管理者的需求，选择合适的数据展现形式，如折线图、柱状图、热力图等，构建个性化的分析视图。这种定制化的数据展示不仅能满足数据使用者的个性化需求，也能提高数据的准确性和传递效率。

（3）数据可视化还能实现对重点数据的实时监控和风险预警。通过设定阈值和触发条件，企业财务部门可以及时发现数据异常，进行风险预警，为企业及时采取风险控制和应对措施提供可能，有效降低经营风险，减少损失。

## 二、构建企业财务数据治理体系

财务部门是企业的数据中枢，汇聚了企业从业务前端到财务管理后端的大量数据。构建企业财务数据治理体系对推动财务管理数字化具有重要意义。

### （一）构建财务数据标准体系

#### 1. 财务数据标准体系的内容

财务数据标准包括国际标准、国家标准、行业标准、企业标准等。这些不同层面的标准各有特色，相互补充，为财务数据治理提供全方位的规范。

国际标准有《国际财务报告准则》（International Financial Reporting Standards, IFRS）和《国际会计准则》（International Accounting Standards, IAS）等。国际标准由专业组织或者联合国等国际机构制定，通常具有广泛适用性和权威性。国家标准（如我国的《企业会计准则》）是在符合国际标准的基础上，根据国情、法律法规以及国内的实践经验制定的，对国内的企业有直接和强制性的要求。行业标准对特定行业的财务数据处理提出了具体的要求。这些标准考虑到了行业特有的经营特点和管理需要，如银行业的风险管理标准、制药行业的研发成本核算标准等。行业标准有助于企业管理和分析行业特定的财务数据、提升竞争力和管理效率。企业标准是在国际标准、国家标准、行业标准的基础上，根据企业自身的实际情况制定的。企业标准考虑到企业内部的数据生态，在遵循上级标准的同时，使数据治理工作更好地服务于企业开展业务、实现战略目标。

企业财务数据标准体系应包括以下内容：

（1）元数据标准。元数据或称为数据的数据，提供了关于财务数据的描述性信息，如数据的来源、格式、含义、责任人等。元数据标准包括数据定义标准、数据分类标准和数据关系标准等，通过规范数据的命名规则、分类方法和关系描述，使数据的管理、检索和利用高效、准确。例如，在编制报表时，财务人员利用元数据标准，能够快速、准确地理解各项财务数据的含义和计算方法，避免错误。

（2）主数据标准。主数据是企业运营中核心业务数据，如客户数据、供应商数据、产品数据、账户数据等。主数据标准旨在确保企业核心业务数据在整个企业内部一致和标准化。通过确定统一的主数据管理规则和流程，主数据标准能帮助企业消除数据孤岛，提高数据的准确性和可靠性。例如，利用统一的客户数据标准，企业可以确保在不同业务部门和系统中对同一客户的识别和处理一致，从而提升客户管理的效率。

（3）参照数据标准。参照数据是用于分类和标准化企业数据的数据，如货币单位、国家代码、行业分类等。参照数据标准通过规范这些基础分类和标准化信息，支持企业数据的统一解释和应用，对于确保财务报告的一致性、支持跨系统和跨部门的数据交换与整合至关重要。例如，在开展国际业务时，通过应用统一的国家代码和货币单位标准，企业可以准确地进行跨境交易记录和财务报告编制。

（4）数据指标标准。数据指标标准涉及财务指标和业务指标的定义、计算方法和使用场景。这些标准能确保企业衡量和评价业务绩效的一致性和可比性。通过明确各项指标的计算公式、数据来源和解释说明，数据指标标准能帮助企业精确衡量业务绩效，支持企业决策。例如，利用统一的盈利能力指标标准，企业可以比较不同业务单元或时间周期的业绩，识别业务增长的机会，改进业务流程。

2.企业财务数据治理标准体系建设

企业在财务数据治理标准体系建设过程中，应考虑满足当前实际需求与预见未来发展趋势。企业财务数据治理标准体系不仅要解决眼前的问题，还要有长远目标，以便应对未来可能出现的新情况。

企业财务数据治理标准体系应能满足当前企业的实际需求，如业务需求、技术需求及法律法规需求。财务数据治理标准体系应能够支持企业的业务运营和决策，需要确定业务数据模型、数据格式及数据质量要求等，以确保业务数据的准确性和一致性；应能够适应企业的技术架构和技术策略。企业构建财务数据治理标准体系时，需要考虑数据存储、处理、共享等方面的技术问题，以便在技术层面实现数据治理。财务数据治理标准体系应遵守相关的法律法规，如《中华人民共和国数据安全法》《中华人民共和国网络安全法》《中华人民共和国个人信息保护法》等，以防止企业因违反法规而面临法律风险。财务数据治理标准体系还应能够适应企业未来发展，如适应企业业务的变化、技术的更新以及法律法规的修订等。例如，企业需要定期评审和更新财务数据标准，以确保标准的时效性。企业还可以与其他组织共享财务数据标准，促进数据互通和利用。例如，企业可能需要将一部分数据标准公之于众，以便其他组织参考和使用。

(二)完善财务数据治理制度

1.数据质量管理制度

数据质量管理制度是确保企业财务数据准确性、完整性和可靠性的关键，对于支持企业决策、提升运营效率和维护企业信誉至关重要。企业完善数据质量管理制度，可从以下几个方面入手：

（1）明确数据质量的标准和评价指标。通过设定具体、可衡量的数据质量指标，企业可以对数据的质量进行量化评估，从而找出数据质量问题。例如，企业可以通过错误数据的比例来衡量数据准确性，可以通过缺失数据的比例来评价数据完整性。这些标准和指标为后续的数据质量提升提供了明确的目标和评价标准。

（2）设定数据质量责任人。数据质量责任人通常包括数据所有者、数据管理者以及数据用户等。数据所有者负责制定数据质量管理制度并监督制度执行。数据管理者负责执行数据质量管理制度。数据用户需要按照规定的方式使用和维护数据。数据质量管理制度应明确各数据质量责任人的职责，以使他们能履行职责。

（3）建立数据质量监控和审核机制，确保数据质量管理的有效实施。企业需要定期对数据进行质量检查，使用自动化工具监控数据质量，对异常数据进行及时识别和处理。数据质量审核不局限于企业内部数据，也应当覆盖引进的企业外部数据，确保引入企业的所有数据都符合质量要求。此外，企业制订数据质量问题反馈和解决流程，可以及时解决数据问题，防止错误数据影响决策和运营。

（4）不断进行数据质量提升和维护工作。企业可根据数据质量监控和审核的结果，分析数据问题产生的根本原因，采取相应的解决措施，如优化数据收集和处理流程，提升数据录入、管理人员的技能。随着企业业务的发展和外部环境的变化，企业还需要定期评估和更新数据质量管理制度，确保数据质量管理制度适应企业的实际需求和数据治理实践。

2.数据安全管理制度

在当今信息化快速发展的时代，数据安全成为企业财务管理中的一个重要议题。为了使财务数据免受非法访问和攻击，企业需要在技术和管理两个方面建立和完善数据安全管理制度。

在技术方面，企业应该采用各种安全技术来防止数据被非法访问和攻击。例如，企业可以应用数据加密技术，确保数据在存储和传输过程中的安全。即使数据被拦截，数据拦截者没有密钥也无法解密数据。企业可应用身份认证技术，如双因素认证技术、生物识别技术等，确认用户身份，防止未授权访问；应用访问控制技术，设置权限，限制用户对数据的访问和操作范围，确保只有授权用户才能访问特定的数据资源；应用网络防火墙和入侵检测系统（intrusion detection system, IDS）等，监控和过滤进出企业网络的数据包，防止恶意软件入侵和数据泄露。

在管理方面，企业应该制订和实施数据安全策略。企业需要明确规定数据的访问、使用、存储、传输、备份和恢复等的标准和流程，建立数据安全事件响应机制。企业可编制数据分类和处理指南，明确不同级别数据的安全要求；建立数据使用和访问日志，进行定期审查；制订数据备份和灾难恢复计划，确保数据的连续性和完整性；建立数据泄露和安全事件快速响应机制，确保在数据安全事件发生时能够迅速采取措施，减少损失。

3. 数据生命周期管理制度

数据生命周期管理制度是对企业内部数据从生成、存储、使用、共享到最终销毁的全过程进行系统化管理的一套规范和程序。这一制度的目的是确保数据在生命周期的每个阶段都得到有效管理，提高数据的质量和价值，确保数据安全和合规。

在数据生成和收集阶段，企业需要确保数据的准确性和完整性。这通常涉及对数据来源的控制，以及对数据收集过程的规范，如设定数据收集的标准和方法，确保所收集数据的真实性和可靠性。此外，对于敏感数据的收集，企业要遵守相关的法律法规，保护个人隐私和数据安全。在数据存储阶段，企业需要对数据的存储位置、格式及存储期限等进行规范。这包括数据分类管理，根据数据的敏感程度和重要性，采用不同级别的安全措施，如对敏感数据加密处理。企业还应制订数据备份策略和灾难恢复计划，确保数据的安全性和可恢复性。在数据使用和共享阶段，企业需要明确数据的访问权限，确保只有被授权人员才能访问特定的数据。此外，企业还要对数据的使用目的、方式和范围进行规范，避免数据被滥用或泄露。对于数据共享，特别是跨部门或跨组织的数据共享，数据生命周期管理制度应要求双方签订数据共享协议，明确数据使用的范围和责任，确保数据共享的合规性和安全性。对于数据销毁，数据生命周期管理制度应规定数据销毁的标准和方法。对于不再需要的数据，尤其是包含敏感信息的数据，企业需要采用安全可靠的方式进行销毁，如物理销毁或使用专业软件进行彻底删除，以防数据被恢复和非法使用。

4. 数据使用和访问制度

数据使用和访问制度旨在规范人们对数据的使用和访问，以保障数据安全，提高数据质量，优化数据应用，为企业提升财务数据管理水平和运用效率、做出战略决策提供有力支持。[1]

数据使用规则的制定涉及企业内部用户的角色、权限、需求等因素。不同角色的用户可能对数据的需求和使用方式存在差异。数据使用规则要能够满足这些差异化的需求，同时，保证数据安全和合规。对于敏感数据或重要数据，数据使用规则要更加严格，可能需要限制数据使用范围和方式。数据使用规则需要严格遵守相关法律法规和企业内部的规章制度，任何违反法律法规或企业规章制度的数据使用行为都应被禁止。数据访问制度更多地关注保护数据安全，防止无授权访问和数据泄露。数据访问应遵循最小权限原则，用户只能访问所需的最少量的数据。例如，对于敏感数据或重要数据，数据访问制度可能需要限制用户访问权限，只有特定角色

---

[1] 腾讯研究院. 网络法论丛：第 2 卷 [M]. 北京：中国政法大学出版社，2018：142.

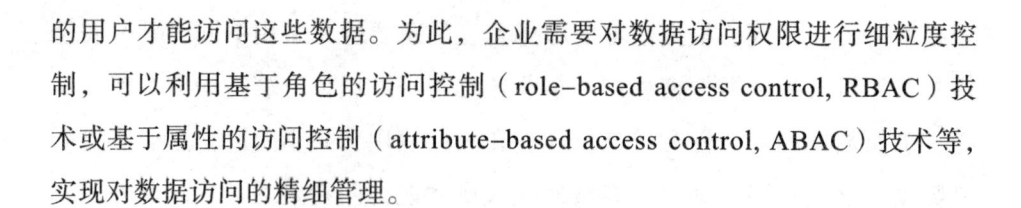

的用户才能访问这些数据。为此，企业需要对数据访问权限进行细粒度控制，可以利用基于角色的访问控制（role-based access control, RBAC）技术或基于属性的访问控制（attribute-based access control, ABAC）技术等，实现对数据访问的精细管理。

5. 数据共享管理制度

数据共享管理制度旨在规范数据的共享流程，确保数据共享的安全性、合规性和高效率。在信息技术飞速发展的今天，数据共享已成为推动企业创新、优化决策和提高运营效率的关键因素。然而，数据共享也带来了数据安全和隐私保护的挑战。制定有效的数据共享管理制度尤为重要。

（1）数据共享管理制度要明确数据共享的目标和原则。数据共享的目标通常包括提升工作效率、促进知识共享、支持业务决策等。在此基础上，数据共享管理制度应当强调数据共享需要遵循的原则，如确保数据的安全、保护隐私、维护数据质量、保障数据使用的合法性等。数据共享管理制度通过明确目标和原则，可以为数据共享提供明确的指导和标准。

（2）数据共享管理制度要对数据分类和分级管理提出具体要求。企业对不同类型和不同敏感程度的数据应该采用不同的共享策略。例如，对于包含敏感个人信息的数据，需要严格限制共享范围，可能还需要对数据进行脱敏处理；对于一些公开信息，可以更宽松地共享。企业通过对数据进行分类和分级，可以有针对性地制订数据共享策略，保护数据安全和隐私。

（3）数据共享管理制度要详细规定数据共享的流程和操作指南。这涉及数据共享的申请、审批、实施和监控等环节。在数据共享的申请环节，企业应明确共享数据的范围、用途、接收方等；在数据共享审批环节，企业需要评估数据共享的必要性和风险，确保数据共享符合企业制度和法律法规；在数据共享实施环节，企业应采用适当的技术手段，确保数据传输安全；在数据共享监控环节，企业要对数据共享的过程和结果进行跟踪，及时发现并处理产生的问题。

（4）数据共享管理制度还应对数据使用者的权利和义务进行明确规定。数据使用者应当遵守数据共享的相关规定，保证数据使用的合法性和正当性，不得超范围使用或泄露数据。同时，数据提供方应保证提供的数据准确、真实，及时更新和纠正数据。

（5）数据共享管理制度还应对违规处理进行明确规定。一旦发现数据共享过程中存在违反制度的行为，企业应当及时采取措施，如暂停数据共享、追究责任等，以维护数据共享制度的严肃性和有效性，确保数据安全。

### （三）建立财务数据治理机制

1. 建立有效的沟通与协商机制

财务数据治理是涉及各部门、各层级的复杂的系统性工作。有效的沟通与协商机制是使财务数据治理体系顺畅运行的关键因素。沟通与协商机制能够协调各方利益，解决矛盾和冲突，推动财务数据治理工作顺利开展。

企业的沟通与协商机制主要体现在以下几个方面：

一是企业各部门之间的沟通。企业部门间的定期沟通有助于同步信息，避免工作重复，同时，促进不同部门协作，提高数据利用效率。此外，这种沟通还有助于企业各部门站在统一的数据治理视角，在数据治理方面朝着相同的目标努力。

二是企业上下层之间的沟通。企业管理层与执行层之间的沟通能够确保企业战略目标和战略实施细节的良好对接。管理层通过与基层员工直接沟通，可了解一线的实际工作情况和面临的问题，使基层员工了解企业的战略目标和期望。这种沟通有助于精准对接双方需求，优化资源配置，提升工作效率，也能增强员工的归属感和参与感。

三是企业与外部相关方的沟通、协商。企业通过与政府机构、行业协会、合作伙伴沟通，不仅能够及时了解政策导向和行业最新动态，还能了解外部利益相关者的需求和期望。这种外部沟通有助于企业在数据治理和应用方面更好地适应外部环境,提升数据应用的广度和深度,增强企业的竞争力和市场适应能力。

企业建立有效的沟通与协商机制,需要做好以下几方面的工作:

第一,企业需要明确沟通的具体内容,选择合适的沟通方式,确定沟通的时间,确定合理的沟通频率。企业要明确沟通的目的是什么——是共享信息、解决问题还是做出决策。只有沟通的各个方面都被明确规划,参与者才能有的放矢,确保沟通能够直接支持企业实现战略目标。例如,项目团队可能需要每周进行一次会议来更新项目进展信息,企业高层的战略讨论可能每季度进行一次就可以。通过明确沟通的各项参数,企业可以避免信息过载或沟通不足。

第二,企业可以利用多样化的沟通工具和平台,如企业社交网络、项目管理软件、即时通信工具等,支持团队的日常沟通和协作。这些工具不仅能够让沟通双方进行即时的信息交换,还能够记录沟通历史,便于信息回溯和管理。同时,通过创设开放的沟通环境,鼓励员工积极发声、分享想法和意见,企业能够更好地利用人才资源,促进创新和问题解决。

第三,企业应该建立反馈机制,确保每次沟通都有明确的结果和后续行动计划。对于员工提出的合理建议和意见,企业应当及时采纳并付诸实践,同时,向全体员工公开沟通成果和意见采纳情况,以增强员工的归属感和参与感。若不采纳某些员工意见,企业需要给予员工合理的解释,确保员工理解企业决策背后的考虑,维护沟通的积极性和开放性。

第四,企业应该定期举办沟通技巧培训,如有效倾听、清晰表达、非语言沟通、演讲等方面的培训,帮助员工提升沟通能力。通过培训,员工能够学习到如何在沟通中更有效地传达自己的想法、如何理解他人的立场和需求,从而使沟通更为高效。

2.建立激励约束机制

作为组织管理的一种重要工具,激励约束机制能够调动人的积极性和创造性，推动财务数据治理工作高效进行。财务数据治理不仅仅是技术活动，更是管理活动，涉及的内容广泛，包括数据的采集、存储、处理、分析、使用等，这些环节都需要人的参与。调动人的积极性，激发人的创造性，使人能够为财务数据治理工作做出最大的贡献，需要依靠激励约束机制。

在激励方面，企业可以设立一套完善的激励制度，调动员工参与财务数据治理的积极性。激励机制主要包括物质激励和精神激励。物质激励可以包括奖金、提成、股票期权等。对于在数据治理中表现出色的个人或团队，企业可通过直接的经济利益奖励，提高他们对数据质量和数据管理工作的重视程度。例如，对于有效提升数据准确性、完成数据清洗项目、优化数据处理流程的员工，企业可给予一定的经济奖励，以此来鼓励更多员工投入数据治理工作中。精神激励是通过赞扬、表彰、肯定等方式，增强员工的成就感和自豪感。企业通过公开表扬在数据治理工作中做出突出贡献的员工，不仅能够增强他们的成就感和归属感，还能够在全公司范围内树立榜样，促进正面竞争，增强员工的内在动力。此外，为数据治理领域的杰出贡献者提供职业发展机会，如让他们参与高级培训、赴外地考察学习等，也是一种有效的精神激励方式。激励制度需要公平、公正、透明，能够让员工感觉到只要他们努力工作，就能得到应有的回报。这样，员工会更加积极地参与财务数据治理工作，提高工作效率，提升工作质量。

在约束方面，企业需要建立一套有效的监督机制，对财务数据治理过程进行监督，确保规章制度被严格执行。监督机制可以包括内部监督和外部监督两部分。内部监督主要依靠企业内部的审计、评估等机制，通过定期或不定期的审计、评估，检查各环节的工作情况，发现问题并及时进行解决。外部监督依靠政府的监管、公众的监督、媒体的曝光等，使企业规范操作。另外，企业还需要设立一套违规处罚机制，对于违反规章制度的行为，要进行严肃处理，给予相应的处罚，以此来警示其他员工，防止类似情况发生。处罚可以包括警告、罚款、降级、解雇等,要根据违规行为的严重程度来决定。

### (四)构建财务数据治理评价体系

构建财务数据治理评价体系是企业提升数据管理质量、实现数据资产高效利用的关键。这一评价体系旨在通过一套科学的评价指标和方法,对企业财务数据治理的效果进行全面的评估和监控,从而找出存在的问题,改进工作。

财务数据治理评价体系的核心在于确保数据的准确性、完整性、一致性、及时性和可靠性,这些都是衡量数据质量的基本维度。在此基础上,该评价体系还应包括数据治理结构的完善度、数据治理流程的规范性、数据安全性和合规性、数据治理技术的先进性以及数据治理文化的成熟度等多个方面。通过这些维度的评价,企业能够全面了解财务数据治理的现状和成效,为数据治理的持续改进提供依据。

企业构建财务数据治理评价体系,要注意以下几点:

一是需要对财务数据治理的目标和要求进行明确,将这些目标和要求转化为具体的评价指标。这些评价指标不仅要量化数据质量的基本属性,还要反映数据治理的效率、参与者的满意度、数据使用的成效等。例如,企业可以通过数据错误率、数据更新周期、数据使用频次、用户反馈等指标来综合评估数据治理的效率和效果。

二是要选择多种评价方法,如定量评价和定性评价。定量评价侧重于通过数值指标来衡量数据治理的具体成效,便于进行客观的比较和分析。定性评价侧重于通过案例分析、专家评审等方式,对数据治理过程中的主观因素和复杂情况进行评价。定量评价和定性评价两种方式的结合使用能够使评价结果全面、准确。

三是为了确保评价体系有效运作,还需要建立相应的评价机制,如评价的周期性安排、责任分配、结果反馈和改进措施的实施。企业定期进行财务数据治理评价，可以及时了解数据治理效果，发现问题并采取措施。通过将评价结果与相关人员的绩效考核相结合，企业可以激励所有参与者关注并改进数据治理工作，建设良好的数据治理文化。

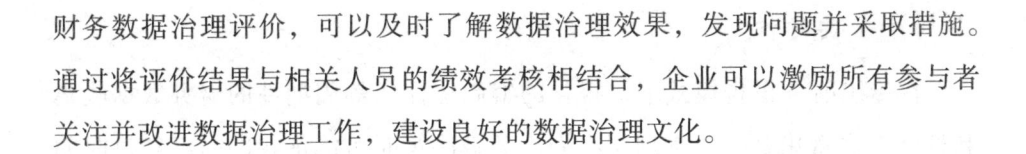

## 第三节 企业数字化财务管理报告的编制和使用

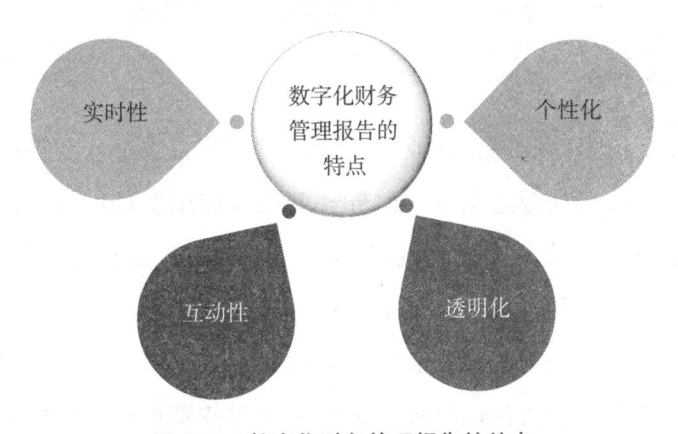

### 一、数字化财务管理报告的特点

财务管理报告是指企业根据财务信息编制的一种重要的管理工具，用于向内部管理层、外部股东和利益相关者提供有关企业财务状况和经营绩效的详细信息。它是财务管理的重要成果之一，对于企业的决策具有重要意义。在快速变化的商业环境中，信息的获取与处理能力直接影响到企业的决策质量与效率。传统的财务管理报告尽管具有历史性、预测性和解释性的信息功能，但在处理大数据时面临困难，适应性和实时性相对较弱。于是，数字化财务管理报告应运而生。与传统的财务管理报告相比，数字化财务管理报告具有以下特点，如图 5-2 所示。

图 5-2 数字化财务管理报告的特点

## （一）实时性

在传统财务报告模式下，报告的编制往往依赖周期性的财务数据收集和处理。这意味着企业管理层在做出关键决策时可能依赖的是已经过时的信息。数字化财务管理报告通过实时更新财务数据，突破了这一限制。利用先进的信息技术，如云计算技术和大数据技术，企业可以实时收集和处理财务数据，使得财务管理报告能够反映企业的最新财务状况和业绩，不仅能加快信息流通的速度，也使得管理层能够基于最新的数据做出快速响应。无论是抓住市场机遇，还是应对突发风险，都能够更加灵活和有效。财务管理报告实时性的提升，从根本上增强了财务管理报告在企业管理决策中的作用。

## （二）互动性

在传统的财务报告中，信息的呈现通常是静态的。用户想要深入了解某项数据背后的详细信息，往往需要进行额外的查询，或重新进行数据分析。而在数字化财务管理报告平台上，用户可以直接与报告互动，比如，通过点击图表中的数据点，即可获取该数据点背后的详细信息，或根据个人需求调整报告的显示内容和格式。数字化财务管理报告的互动性不仅使报告的内容更加丰富，也使每位用户都能根据自己的具体需求进行个性化的数据查询和分析，大大提高了数据的使用效率和价值。

## （三）透明化

随着数字技术的应用，企业财务管理报告的编制过程变得更加开放和透明。第一，数据来源透明化。财务管理报告使用者可以轻松追踪到数据的来源，了解数据收集和处理的具体过程。第二，数据处理方法透明化。用户可以验证数据的准确性，了解数据分析的逻辑和方法。财务管理报告透明度的提升，有助于消除信息的不对称性，减少误解和猜疑，提高利益相关者对财务管理报告的信任度。透明化的财务管理报告还能够促进企业内部的责任追究和自我监督,鼓励更加规范和负责任的数据管理行为,为企业的可持续发展提供支持。

### (四)个性化

企业可以根据不同用户的需求定制财务管理报告的内容和格式。传统的财务管理报告往往采用标准化的模板,可能无法满足所有用户的具体需求。而数字化财务管理报告通过提供灵活的定制选项,使得每位用户都能根据自己的需求获取相关的信息。这种个性化的报告不仅能够满足不同利益相关者的信息需求,还能够提升报告的使用效率和价值。例如,对于企业高层管理者而言,财务管理报告可能重点提供关键业绩指标和战略分析结果;对于业务部门而言,财务管理报告可能侧重于反映业务细节和操作数据。个性化的财务管理报告让信息的接收者能够迅速获得他们最关心的信息、做出精准的决策。此外,个性化的财务管理报告也体现了企业对用户需求的重视,有助于提升用户满意度和忠诚度。

## 二、数字化财务管理报告的内容

数字化财务管理报告不是仅仅将传统的财务管理报告数字化,而是将财务信息与其他相关信息(如市场信息、客户信息等)集成在一起,提供全面、深入的分析视角。数字化财务管理报告的主要内容通常包括财务数据分析、业务性能分析、经济环境分析和企业风险分析这四部分。

财务数据分析是数字化财务管理报告的基础部分,主要对企业的财务状况进行细致的分析和评估,包括资产负债表、利润表和现金流量表等财务报表的分析,以及关键财务指标(如流动比率、资产负债率、净利润率等)的计算和解读。通过对财务数据的深入分析,企业能够准确把握自身的财务健康状况,评估盈利能力、资产利用效率和财务稳定性,为财务决策提供科学依据。

业务性能分析侧重于从运营角度评价企业的业务表现和管理效率。这部分内容通常涉及营业收入、成本控制、市场份额变化、客户满意度等方面的分析。数字技术的应用使得业务性能分析可以更为细致和动态，帮助企业及时了解各业务单元的运营效果、了解改进空间，提升企业的竞争力和市场响应速度。

经济环境分析关注的是企业外部经营环境的变化及其对企业的影响。这部分内容主要包括对宏观经济趋势、行业发展状况、政策等因素的分析，评估这些外部因素对企业财务和业务表现可能产生的影响。经济环境分析有助于企业把握市场机遇、应对外部风险、制订更为有效的战略规划。

企业风险分析是对企业面临的各种风险进行评估。这部分内容主要关注企业内外部的风险源，以及这些风险对企业可能产生的影响。企业面临的风险类型可能包括财务风险、运营风险、市场风险、法律风险等。通过风险分析，企业可以更好地了解和预测风险，制订相应的风险管理和应对策略，从而减小风险对企业运营的负面影响。

### 三、数字化财务管理报告的编制和使用流程

数字化财务管理报告的编制和使用包括五个基本步骤：需求分析和整体规划、收集和整理数据、设计和编写报告、发布报告、评估和改进报告。

#### （一）需求分析和整体规划

需求分析和整体规划是数字化财务管理报告编制和使用的首要步骤，为报告的编制、使用提供了基础和方向。在这个阶段，企业需要明确财务管理报告的目的、目标受众以及他们的具体需求。这涉及与各部门领导和关键决策者进行深入的讨论，了解他们对财务数据的需求，如希望通过报告解决的问题、支持的决策类型、关注的财务指标等。此外，企业还需要考虑财务管理报告的发布频率、格式和传播渠道，确保能够满足管理层和其他利益相关者的信息需求。通过需求分析和整体规划，企业可以确定财

务管理报告的框架和重点内容,为下一步的数据收集和整理奠定基础。需求分析和整体规划对确保数字化财务管理报告的针对性和实用性至关重要。

## (二)收集和整理数据

收集和整理数据是将需求分析和整体规划阶段确定的财务管理报告框架和内容转化为具体操作步骤。在这一阶段,企业需要从各种内部、外部渠道收集所需的财务数据和其他相关信息。内部数据可能来自会计系统、销售系统、人力资源系统等,外部数据可能包括行业报告、市场分析数据、宏观经济数据等。企业需要对收集到的数据进行归类、整理和初步分析,以确保数据的准确性和一致性。在此过程中,企业可能会遇到数据格式不统一、数据质量参差不齐等问题,需要通过数据清洗和转换处理来解决这些问题。数据收集和整理是编制高质量数字化财务管理报告的基础,直接影响到后续数据分析的准确性和报告的可信度。企业需要投入相应的资源和技术,确保这一步骤顺利完成。

## (三)设计和编写报告

设计和编写报告是数字化财务管理报告编制和使用流程的核心部分,是将收集和整理好的数据转化为直观、易理解的报告内容。在这一阶段,工作重点是选择合适的报告格式和设计元素,如图表,确保报告内容的逻辑性和连贯性。设计和编写报告时,企业需要根据需求分析和整体规划阶段确定的目标受众和报告目的,确保报告内容既全面又精准地反映企业的财务状况、业务性能、经济环境和风险等。此外,报告的个性化设计也非常重要。企业可以根据不同用户的偏好和需求,为用户提供定制化的视图和分析,从而提升报告的使用价值和用户满意度。企业利用先进的数字化工具和平台,如商业智能(business intelligence, BI)工具,可以支持报告的设计和编写,使得报告不仅内容丰富,还形式多样、互动性强。

### （四）发布报告

企业发布报告，确保编写好的财务管理报告能够及时、准确地传达给目标受众。在数字化时代，财务管理报告的发布方式多种多样，如企业可以利用电子邮件、企业内部网站、移动应用程序等发布报告。选择合适的发布报告渠道可以大大提高报告的可访问性和影响力。在发布报告时，企业还需要考虑报告的保密性和安全性，确保敏感信息只能被授权用户访问。此外，为了增强报告的互动性和实用性，企业可以建立报告反馈机制，收集用户的意见和建议，这不仅有助于评估报告的效果，也可以为后续报告的改进提供依据。总之，发布报告不仅是信息传递的过程，也是企业与内外部利益相关者沟通和互动的重要环节，对于提升企业的信誉具有重要意义。

### （五）评估和改进报告

评估和改进报告是数字化财务管理报告编制和使用的最后步骤，目标是通过对已发布报告的效果进行评估，了解存在的问题和不足，提高报告的质量和实用性。

评估财务管理报告时，企业需要收集和分析来自不同渠道的反馈信息，为报告的改进提供直接的依据和参考。在评估报告过程中，企业应关注报告是否达到了初期设定的目标，评估报告的准确性、完整性、可读性，以及报告发布的及时性、报告访问的便利性和用户体验等。通过这些评价，企业可以全面了解报告的实际效果，找到主要问题和改进空间。基于评估结果，企业需要制订具体的报告改进计划，如优化数据收集和处理流程，改进报告内容和结构，更新报告设计和可视化元素，完善报告发布和分享机制，等等。在实施报告改进措施时，企业应采用分步骤、循序渐进的方式，确保每一次改进都能够有效提升报告的整体质量和使用效果。

评估与改进报告的过程是一个持续循环的过程。企业要不断地了解和响应用户的反馈，持续追求报告的优化。通过这一过程，企业不仅可以提升数字化财务管理报告的质量和实用性，还能够促进企业内部的创新，提高数据治理能力和决策能力。

## 四、数字化财务管理报告编制和使用的优化路径

### （一）利用区块链技术改进财务管理报告的生成与传递流程

区块链技术作为一种分布式账本技术，通过加密和链式数据结构保证数据的不可篡改性。企业利用区块链技术，能改进财务管理报告的生成与传递流程。

首先，区块链技术能够显著提升财务数据的安全性和可靠性。在传统的财务管理报告编制和使用流程中，数据在收集、存储和传递过程中面临安全威胁和篡改风险。区块链技术通过不可篡改的特性，能确保数据一旦被记录就无法更改或删除。每一项财务数据，从生成、审核到报告编制的每一步，都可以被加密并记录在区块链上，任何未经授权的修改尝试都会被系统拒绝，这能大大提高数据的真实性和完整性。

其次，区块链技术能提高财务管理报告的可信度和可追踪性。在区块链上，每一项数据和交易都有明确的时间戳和来源，所有参与方都可以访问这些信息，但不能更改这些信息。这意味着财务管理报告的生成和传递过程对所有利益相关者都是透明的，提高了报告的可信度。此外，由于区块链技术的分布式特性，数据的存储不依赖单一中心，而分散在网络中的多个节点上，这不仅能提高数据的安全性，还使数据的追踪和验证更加便捷。

再次，区块链技术通过智能合约实现了财务管理报告生成和传递流程的自动化。智能合约是一种自执行的合约，其条款直接写入代码中。在财务管理报告生成和传递过程中，智能合约可以自动执行数据验证、报告生成和分发等任务。例如，一旦某个预设的条件被满足，智能合约就自动触发报告的生成和传递，提高了报告生成、传递的效率和准时性。

最后，区块链技术支持跨机构的数据共享与合作。在多机构参与的财务活动中，区块链平台可以作为共享的、不可篡改的数据基础设施，使得

各方都可以实时访问和验证共享的数据、无须担心数据的一致性和安全性问题。这种跨机构的数据共享机制不仅能减少数据重复录入和验证的工作量，还能为合作伙伴建立信任关系提供坚实的基础。

## （二）建立健全数字化财务管理报告管理制度

在优化数字化财务管理报告编制和使用的过程中，建立健全财务管理报告管理制度是一项至关重要的任务。这项制度要在满足现有财务管理要求的同时，适应数字化环境下的特殊需求。具体来说，建立健全数字化财务管理报告管理制度可以从以下几方面入手：

一是明确财务管理报告准备和发布的责任主体。在数字化环境下，财务管理报告的编制可能涉及数据分析师、信息技术专员等人员。财务管理报告管理制度需要明确这些人员的责任和权利。例如，数据分析师可能需要负责分析财务数据，提出财务指标，信息技术专员可能需要负责维护财务管理报告平台的稳定运行。

二是规定财务管理报告的数据安全和准确性的标准。在数字化环境下，数据安全和准确性是财务管理报告质量的关键指标。财务管理报告管理制度需要明确规定数据的收集、存储、处理规则，确保数据安全和准确。

三是应注重财务管理报告管理制度的灵活性和适应性。随着数字技术不断进步，新的数据处理和分析工具可能会出现。财务管理报告管理制度需要具有一定的灵活性，能够适应这些变化，确保财务管理报告的编制过程能够充分利用先进技术。例如，允许使用新的数据处理工具，只要这些工具能够满足数据安全和准确性的要求。

四是财务管理报告管理制度需要配有一套完整的执行、监督机制。财务管理报告的编制过程涉及多个部门和人员。财务管理报告管理制度需要明确报告执行、监督的责任主体，确保制度被严格执行。例如，财务管理报告管理制度可能需要规定企业内部审计部门负责监督报告的编制、执行过程，确保各个部门和人员遵守制度。

### （三）构建财务管理报告数据库平台

构建财务管理报告数据库平台的目的是集中存储和管理企业的财务数据，提供统一的数据来源，支持高效、准确的财务管理报告编制和分析。财务管理报告数据库平台不仅能加快财务管理报告的生成，还能提高报告的质量和可用性，为企业决策提供强有力的支持。

企业构建财务管理报告数据库平台，需要注意以下几点：

一是需要对企业现有的财务数据管理体系进行全面的评估，明确数据收集、存储、处理和分析的需求。考虑到数据源的多样性和复杂性，财务管理报告数据库平台需要具备强大的数据整合能力，能够处理来自企业内部各种系统（如ERP系统、客户关系管理系统等）的数据和外部数据。这不仅涉及数据格式的转换和标准化，还涉及数据质量的检验和数据清洗，确保数据的准确性和一致性。

二是要注重数据的安全性和可访问性。数据安全机制包括数据加密、访问控制和备份恢复等，是确保财务数据不被未授权访问、不意外丢失的基础。同时，财务管理报告数据库平台还需要提供灵活的数据访问接口和友好的用户界面，使财务人员和非财务人员都能根据自己的权限和需求方便地获取、使用数据。

三是支持高级数据分析和报告自动化。通过集成先进的数据分析工具和算法，财务管理报告数据库平台要能够自动识别数据模式，生成分析和预测信息，丰富报告的内容，提升报告的价值。报告自动化生成机制还能减少人工操作的需求，提高报告编制的效率和准时性。

四是随着企业业务的发展和技术的进步，企业需要不断调整和升级财务管理报告数据库平台，以满足新的需求。为此，企业要建立一套有效的平台管理和维护机制，定期收集用户反馈信息，分析平台使用数据，找到改进空间，对平台进行必要的技术更新和功能扩展。通过持续优化，财务管理报告数据库平台能够更好地服务于企业的长期发展。

# 第六章　数字经济引领企业人力资源管理变革

第六章 数字经济引领企业人力资源管理变革

# 第一节 企业人力资源管理变革概述

人力资源管理是指在组织内部对员工进行有效管理的过程，涵盖招聘、选拔、培训、评估、激励和发展等多个方面，旨在提高员工的绩效，实现组织的战略目标。

## 一、人力资源管理的特点

### （一）整体性

人力资源管理强调员工管理的全面性和整体性，不仅关注个别员工的发展和管理，也重视人力资源作为一个整体对组织战略目标实现的贡献。员工招聘、选拔、培训、评价、激励以及发展是一个连贯的过程。人力资源管理的每个环节都应与组织的整体战略紧密联系，从而提升人力资源的效能。

### （二）战略性

人力资源管理与组织的长期目标和战略密切相关。战略性人力资源管理不仅关注日常的人力资源管理操作，也重视通过人力资源发展预测和规划，支持和推动组织的战略实施。

### （三）人本性

人力资源管理突出对员工的关注和尊重，强调以人为本。人力资源管理的这一特征体现在人力资源管理的各个方面，如为员工提供符合他们职业发展需求的培训、构建公平的评价体系、提供薪酬福利、营造良好的工作环境等。人本性的人力资源管理不仅能够激发员工的潜能，提高员工的满意度和忠诚度，也是吸引和留住人才的关键。

### （四）动态性

随着外部环境的变化及组织内部需求的变化，人力资源管理需要不断地调整和优化。人力资源管理应能够灵活应对环境变化，如通过不断更新培训计划来提升员工技能、通过灵活的工作安排来应对市场需求的变化等。动态性的人力资源管理能够支持组织在不断变化的环境中持续发展。

## 二、人力资源管理的功能

### （一）获取功能

人力资源管理的获取功能主要包括人力资源规划、招聘与录用。为了实现组织的战略目标，人力资源管理部门要根据组织结构确定职务说明书与员工素质要求，制订与组织目标相适应的人力资源计划，并根据人力资源计划，开展员工招聘、考核、选拔、录用与配置工作。人力资源管理部门只有先获取了所需的人力资源，才能对之进行管理。

### （二）整合功能

人力资源管理的整合功能是指使员工和睦相处、协调共事、获得群体认同，使员工的理念与组织理念、员工行为与组织规范同化。具体而言，人力资源管理具有这几方面的整合功能：①使员工想法趋同于组织理念，使员工行为服从于组织规范，使员工认同组织并产生归属感；②群体中人际关系和谐，组织中人与组织顺利沟通；③化解矛盾冲突。

### （三）奖酬功能

奖酬功能是指因员工为组织做出贡献而给予员工奖酬，目的是激发员

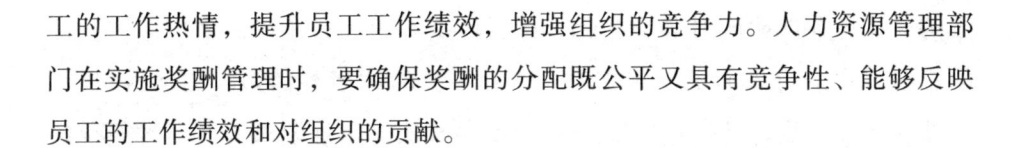

工的工作热情，提升员工工作绩效，增强组织的竞争力。人力资源管理部门在实施奖酬管理时，要确保奖酬的分配既公平又具有竞争性、能够反映员工的工作绩效和对组织的贡献。

### （四）调控功能

调控功能是指对员工实施合理、公平的动态管理。通过合理的绩效考评与素质评估，组织可以对员工的工作表现和能力进行客观评价，据此进行员工晋升、调动、奖惩等的决策，实现人才的最优配置。调控功能有助于明确员工的责权利，规范员工的行为，提升员工工作效率。另外，通过对绩效不佳或能力与岗位不匹配的员工进行必要的管理，如培训、调岗或解雇等，组织能够维护内部的工作秩序和效率，保障组织目标的顺利实现。

### （五）开发功能

开发功能是指通过各种培训和发展计划提升员工的能力和价值，包括提高人力资源的数量和质量两个方面。对于企业而言，招聘与留住人才是提高人力资源数量的关键，培训、职业生涯规划、建立激励机制是提高人力资源质量的关键。通过为员工提供持续学习和成长的机会，企业不仅能够提升员工的专业技能和工作效率，还能激发员工的创新潜能，提高员工的职业满意度。从长远来看，人力资源开发有助于建立一支高素质的员工队伍，为企业的持续发展和市场竞争力提升提供人才支持。

## 三、人力资源管理的六大模块

### （一）人力资源规划

人力资源规划是指对企业当前的业务需求进行分析，对企业未来的业务需求进行预测，分析现有人力资源的能力和数量，并据此确定员工招聘、培训、发展及留存等方面的需求，旨在确保企业在未来有合适的人员数量和质量，满足企业运营需求。有效的人力资源规划能够帮助企业优化人员结构，预见并准备应对市场变化、技术进步和企业变革等因素对人力资源的影响。在进行人力资源规划时，企业需要考虑多种因素，如业务目标、劳动力市场发展趋势、员工职业发展路径及法律法规要求等。通过系统的人力资源规划，企业能够拥有足够的人才储备，提升适应性和竞争力，促进员工的职业成长，提升员工满意度。

### （二）招聘与人员配置

招聘与人员配置是企业获取人力资源的关键环节。招聘直接影响企业吸引和选拔合适的员工，进而决定了企业的人力资源质量和业务绩效。招聘与人员配置模块主要涵盖职位分析、招聘计划制订、招聘渠道选择、候选人筛选、面试评估和录用决策等环节。通过系统化的招聘流程，企业能够明确各职位的要求，合理规划员工招聘，选择有效的招聘渠道，进行候选人筛选和评估，确保录用的人员与企业的需求相匹配。此外，良好的招聘与人员配置流程还能够提高企业吸引顶尖人才的能力，降低人员流动率，促进企业的长期发展。

### （三）员工培训与开发

员工培训与开发是人力资源管理中不可或缺的一部分，旨在提升员工的工作技能，促进员工职业发展，提高企业的竞争力。该模块包括对员工进行岗前培训、在职培训和职业发展规划等。通过有效的培训，企业能够确保员工的技能和知识与工作要求相匹配，同时，激励员工追求个人成长和职业发展，提高员工对企业的忠诚度，增强员工的归属感。员工培训与开发还有助于建设学习型企业，促进知识共享，促进创新，提升企业的适应性和竞争力。通过持续投资于员工培训和开发，企业不仅能够提高业务绩效，还能为未来培养关键的人才。

### （四）绩效管理

绩效管理是指对员工工作表现进行评估与管理，旨在提升企业和员工

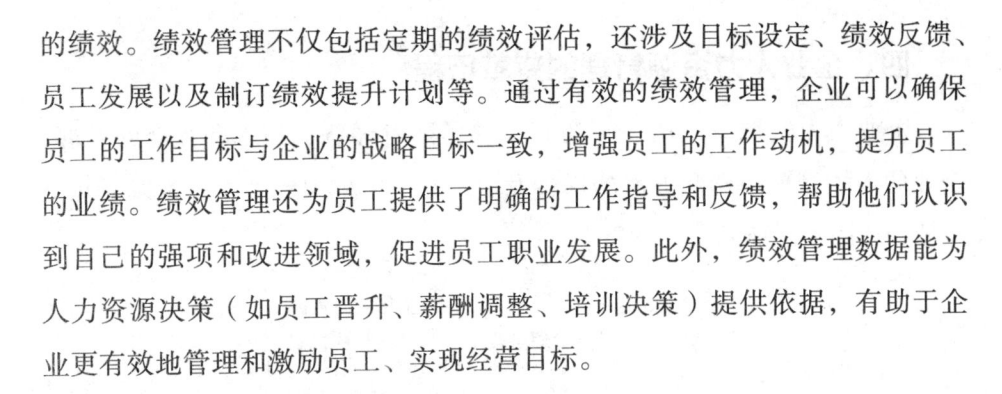

的绩效。绩效管理不仅包括定期的绩效评估，还涉及目标设定、绩效反馈、员工发展以及制订绩效提升计划等。通过有效的绩效管理，企业可以确保员工的工作目标与企业的战略目标一致，增强员工的工作动机，提升员工的业绩。绩效管理还为员工提供了明确的工作指导和反馈，帮助他们认识到自己的强项和改进领域，促进员工职业发展。此外，绩效管理数据能为人力资源决策（如员工晋升、薪酬调整、培训决策）提供依据，有助于企业更有效地管理和激励员工、实现经营目标。

### （五）薪酬福利管理

薪酬福利管理是指企业为吸引、激励和留住员工而设计、实施薪资体系和福利计划。薪酬福利管理不仅涵盖员工的基本薪资、奖金、提成等直接薪酬的管理，还包括医疗保险、退休福利、假期、员工培训机会等间接薪酬的管理。薪酬福利管理的目的是建立一个既公平又具有竞争性的薪酬福利体系，以吸引和留住关键人才，同时，激励员工提升工作绩效。企业构建一个有效的薪酬福利体系，需要考虑市场竞争、企业的财务能力、员工的工作绩效及法律法规等因素。通过细致的薪酬福利管理，企业不仅能够提升员工的满意度和忠诚度，还能够建设积极的企业文化，促进企业长期可持续发展。

### （六）劳动关系管理

劳动关系管理主要通过劳动合同体现。企业需要从法律角度理解劳动关系管理，处理好劳动关系。随着社会、经济的发展，公民的法律意识增强，国家重视劳动者权益保护。企业以遵守《中华人民共和国劳动法》为基础，进行人才盘点，和员工建立和谐的关系，提升员工在工作期间的体验，发挥员工的潜力，不仅可以规避用工风险，也可以很好地发挥员工的个人价值，促进企业发展。

## 四、企业人力资源管理的变革历程

企业人力资源管理的变革历程反映了随着经济、技术和社会的发展,企业的人才管理理念和方法的逐步发展。这一历程大致可以分为以下几个阶段,如图 6-1 所示。

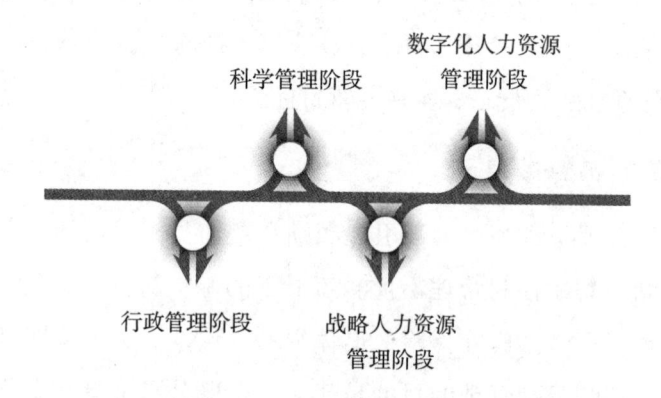

图 6-1 企业人力资源管理变革历程的四个阶段

### (一)行政管理阶段

20 世纪初,人力资源管理主要聚焦行政事务和合规性任务,如工资支付、员工记录管理以及守法合规等。那时,人力资源管理通常被称为"人事管理"。这一阶段人力资源管理的核心在于维持组织的日常运作和满足法律要求,对员工的发展和利益关注较少。

### (二)科学管理阶段

随着泰勒(F. W. Taylor)的科学管理理论的提出和霍桑实验的开展,人力资源管理开始关注工作效率的提升和员工的需求。科学管理理论强调通过科学的方法优化工作流程、提高生产效率。霍桑实验揭示了员工满意度、工作环境和人际关系对生产效率的影响。这一阶段,人力资源管理开始从单纯的行政管理转向更加关注人的因素和组织行为。

## （三）战略人力资源管理阶段

20世纪末，随着经济全球化和知识经济的发展，企业意识到人力资源对获得竞争优势的重要性。人力资源管理被提升到战略层面，重点是通过有效的人力资源策略支持组织长期目标的实现。这一阶段的人力资源管理注重吸引和留住人才，注重人才发展，注重建设以人为本的组织文化。

## （四）数字化人力资源管理阶段

在数字经济时代，数字技术飞速发展，影响着各行各业。人力资源管理与数字技术结合后，形成了数字化人力资源管理。数字化人力资源管理是以人力资源管理为出发点，从管理技术和工具运用的角度，将人力资源管理基本理论作为理论基础，实现数字技术与人力资源管理相结合。数字化人力资源管理系统是企业管理的重要工具，使企业管理从无机管理向有机管理转变。数字技术的发展推动了管理理论、管理方法、管理工具和技术手段的创新，促进了人力资源管理的创新。

数字化人力资源管理具有以下两大特征：

一是人力资源分析数字化。人力资源管理的颗粒度经历了从定性到定量的转变，这为企业提供了精确、可度量的管理手段。通过数字化处理，企业能够将复杂的人力资源信息系统化、量化，使企业整体战略、人力资源战略、具体的人才管理策略都能够实现精细化和量化落地。例如，通过数字化管理，企业能够追踪和分析员工的工作表现、培训需求和职业发展路径，从而为员工提供个性化和目标化的职业发展支持。企业还可以通过数据分析，将组织绩效分解到部门和个人，明确各级目标与职责，确保组织内部目标的一致性，促进各部门协同工作，有效提升运营效率和成效。

二是数字技术渗透人力资源管理的各个环节。在招聘过程中，企业利用数字技术，可以通过数据分析精准定位合适的候选人，提升招聘效率和质量。在员工培训和发展方面，企业能根据数据分析结果制订个性化、有效的培训计划。员工利用在线学习平台，可以随时随地接受培训。在绩效管理方面，数字化工具能够提供实时的、多维度的绩效数据，帮助企业管理者客观、公正地评价员工表现，同时，为员工提供即时反馈信息，促进员工持续成长。此外，数字技术还能优化员工关系管理。企业可利用社交平台和移动应用加强内部沟通与协作，提升员工满意度和参与度。总体而言，数字技术的应用不仅提升了人力资源管理的效率和效果，也赋予了企业更强的灵活性和竞争力，使企业能够更好地适应快速变化的市场环境。

## 五、数字经济时代人力资源数据的特点

在数字经济时代，人力资源数据具有相关性、流转性、非标准化等特点。

### （一）相关性

#### 1. 内部数据的相关性

人力资源内部数据的相关性体现在员工在工作、生活、学习等多个领域生成的信息的相互作用和影响上。人力资源内部数据不仅包括基本的个人信息、工作绩效数据、培训历程数据、薪酬福利数据等结构化数据，还包括员工满意度调查数据、工作日志数据、社交媒体互动数据等非结构化数据。这些数据之间存在着复杂的相关性。例如，员工的培训历程数据和工作绩效数据之间可能存在正向关联，即系统性的培训可能会提高员工的工作绩效；员工满意度与员工留职率之间也存在相关性，满意度高的员工更可能留在公司。企业对这些数据进行综合分析，可以准确地评估人力资源配置效率，促进人才发展和绩效管理，从而实现组织目标。

#### 2. 外部数据的相关性

人力资源外部数据的相关性体现在企业与外部环境的交互中，尤其体现在对基准数据、行业对标数据及竞品公司数据的比较和分析上。基准数据，如五险一金的政策规定，直接影响公司的人工成本和员工的实际收入，

进而影响企业的招聘策略和人才吸引力。行业对标数据，如薪酬调研报告数据和劳动力市场发展趋势数据，为企业提供了行业平均水平的参考，帮助企业在人力资源管理中做出明智的决策。竞品公司的对标数据，如人才结构数据、福利策略数据、员工满意度数据等，为企业提供了直接的竞争分析视角。通过对这些外部数据及其关联性进行分析，企业能够更好地定位自身在行业中的竞争地位，制订或调整人力资源战略，以适应或引领市场变化，优化人才引进和保留策略。

3.企业经营数据也会影响到人力资源数据分析

企业的财务状况数据、收益能力数据、市场定位数据及未来发展策略数据等经营数据直接影响到人力资源战略规划和管理。当企业效益良好、市场竞争力强时，企业倾向于增加对人力资源的投入，如扩大招聘规模以支持业务扩展，提高员工薪酬福利待遇以吸引和留住关键人才，增加培训费用以提升员工技能和工作效率。在这种情况下，人力资源数据分析会更加关注通过优化人才结构和提高员工满意度来支持企业的快速发展和市场竞争力提升。当企业面临经营困难时，效益下滑，为了维持运营和改善财务状况，可能会采取成本控制措施，如裁员、降低薪酬福利待遇、减少培训费用等。在这种情况下，人力资源数据分析可能重点关注在资源紧张的情况下优化人力资源配置，提高员工工作效率，减少非核心岗位的人力成本。

### （二）流转性

人力资源数据的流转性体现在人力资源数据在组织内部各个工作流程中的广泛渗透和高效流动上。在人力资源管理的全过程中，数据不仅流通于员工招聘、入职、晋升、调动、离职等各个环节，也在流转过程中实现累积和优化。数据的流转不仅涉及人力资源内部的数据管理系统，也涉及人力资源内部数据管理系统与其他部门（如财务部门、销售部门）业务系统的对接，以支持跨部门的业务需求分析和决策。通过在各个工作环节中

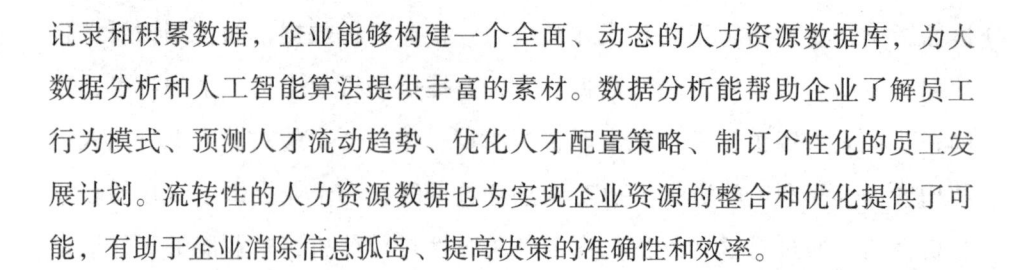

记录和积累数据，企业能够构建一个全面、动态的人力资源数据库，为大数据分析和人工智能算法提供丰富的素材。数据分析能帮助企业了解员工行为模式、预测人才流动趋势、优化人才配置策略、制订个性化的员工发展计划。流转性的人力资源数据也为实现企业资源的整合和优化提供了可能，有助于企业消除信息孤岛、提高决策的准确性和效率。

### （三）非标准化

人力资源数据统计指标、统计口径、计算公式等都没有统一标准。这和财务数据形成了鲜明对比，使得人力资源数据应用难度提高。

#### 1.统计指标没有统一标准

不同企业根据业务需求和管理习惯，可能选择不同的指标来衡量人力资源投入和产出，如百元人工成本创利、劳动分配率、人事费用率、人工成本占总成本的比例等。每个企业选择的人力资源数据统计指标、计算方法都可能不同。人力资源数据的非标准化增加了数据分析的复杂度，也限制了数据的内外部可比性。

#### 2.统计口径没有标准

不同企业可能会采用不同的人力资源数据统计范围和方法。例如，对于劳动生产率的计算，有的企业仅考虑签订了劳动合同的正式员工，而有的企业则会将派遣员工、外包员工等也纳入计算范围。这种统计口径差异导致即使是同一指标，在不同企业中的含义和计算结果也可能不同。人力资源数据没有统一的统计口径也使得企业间的数据比较不实用，也可能导致企业内部管理决策的偏差，因为不同的统计口径可能反映出不同的人力资源状况和发展趋势。

## 六、数字经济时代传统人力资源管理模式变革的意义

在数字经济时代，数字技术不仅深刻影响了人们的生产和生活，也带

动了企业管理的变革。数字化转型是传统人力资源管理模式变革的必经之路，也是提高企业竞争力的关键路径。具体来说，企业传统人力资源管理模式变革的意义主要体现在以下几方面：

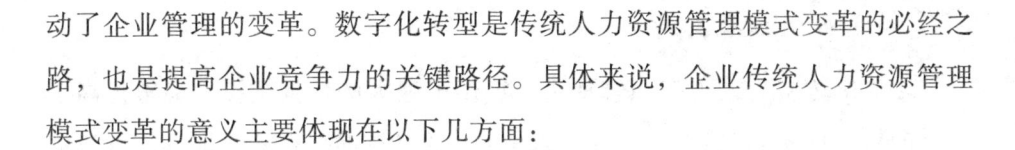

### （一）提高人力资源管理效率

传统人力资源管理的操作流程往往依赖大量的手工作业和纸质文件，不仅效率低下，还容易出错。数字经济时代的到来使得人力资源管理可以更加依赖技术，实现管理流程的数字化、自动化和智能化。通过引入先进的数字技术，如人工智能技术、大数据分析技术和云计算技术等，企业能够精准地进行人才招聘、员工培训、绩效评估和员工留存等关键人力资源管理活动。数字技术可以帮助企业人力资源部门提高工作效率、减少重复劳动。

### （二）提高服务水平

数字化工具（如自助服务平台、移动应用和在线沟通渠道）的应用，使得员工能够便捷地获得各种人力资源服务，如福利查询服务、培训服务、绩效反馈服务等，大大提高了服务的可及性和响应速度。此外，通过数据分析，企业人力资源部门能够更好地了解员工需求，找到和解决问题，为员工提供更加个性化和前瞻性的服务。服务水平的提升不仅能提高员工的满意度和忠诚度，还能促进员工创新，提高组织效能。

### （三）促进员工发展

利用数字技术，企业能够为员工提供个性化的学习和发展平台，使他们能够根据自己的兴趣和职业规划获取相关的培训资源和发展机会。数字化工具，如在线学习系统和移动学习应用等，不仅能扩展员工学习的范围和深度，还能提高学习的灵活性和效率。此外，通过对员工表现和发展数据的跟踪分析，企业可以了解员工的潜力和需求，为他们提供有针对性的发展计划和职业生涯指导，从而实现员工能力的提升，促进员工职业目标的实现。

## （四）加强决策支持

数字化转型为人力资源管理决策提供了强大的数据支持，显著提高了决策的科学性和有效性。通过集成和分析员工数据、绩效数据、市场数据等，企业管理者可以全面了解员工和市场，在人才招聘、员工培训、绩效评估、薪酬福利管理等关键人力资源管理领域做出精准和前瞻性的决策。例如，数据分析可以揭示员工离职的潜在趋势和原因，助力企业提前采取措施降低人才流失率。通过对人才市场和内部员工绩效的深入分析，企业可以有效地进行人才规划和配置，确保关键岗位的人才供应充足。数字化工具能够实现对各种人力资源相关数据的实时监控和分析，为企业管理层提供即时的人力资源分析结果，使企业能在快速变化的市场环境中做出迅速响应，提升企业的竞争力。

## （五）提高企业人力资源部门灵活性和适应性

面对市场环境和业务需求的快速变化，传统人力资源管理往往缺乏灵活性和适应性，难以及时响应外部环境变化。数字经济时代要求人力资源管理能够快速适应外部环境的变化。企业人力资源部门要具备灵活的组织结构、较强的人才调配能力和高效的沟通机制。通过数字化转型，人力资源管理可以更快地适应市场变化，支持企业持续创新和发展。

## 七、数字经济时代传统人力资源管理模式变革的理论基础

### （一）系统理论

在人力资源管理领域，系统理论强调组织内部各部分的相互依存和相互作用，认为人力资源部门不是独立运作的，而与组织的其他部门紧密联系，共同影响组织的效能。在数字经济时代，系统理论特别强调通过技术整合实现组织各部门的联结和信息流动。利用先进的数字技术和数字工具，组织能

够从全局角度协调和优化人力资源管理活动，如员工招聘、培训、绩效评估和发展等，以此支持组织战略目标的实现，提高组织的运营效率和竞争力。

## （二）战略人力资源管理理论

战略人力资源管理理论将人力资源管理与组织的长期目标和战略紧密联系，认为人力资源管理应当支持并推进组织战略实施。在数字经济时代，这一理论强调利用数字技术和数据分析结果来优化人力资源管理，使人力资源管理能够支持组织实现战略目标。通过对大量数据的分析和应用，组织可以准确地预测和响应市场变化，做出合理的战略决策。数字化工具可以帮助组织实现人才管理的精准化、个性化，以及人力资源配置的优化。战略人力资源管理还注重构建能够适应快速变化的环境的灵活、动态的人力资源系统，支持组织的持续创新和长期发展。

## （三）人力资本理论

人力资本理论强调员工的知识、技能和经验等是组织的宝贵资产，对组织的长期发展和竞争力提升有重要的影响。在数字经济背景下，人力资本理论强调员工数字素养的重要性，强调通过培训提升人力资本的价值。随着数字化转型，组织更加依赖具有高级数字技能的人才来开发和应用新技术，驱动创新，并保持竞争优势。因此，数字经济时代的人力资源管理不仅要关注员工招聘、维护和发展，也要注重通过培训提高员工的数字技能，加强人力资本的积累和优化，从而支持组织的数字化转型和业务模式创新。

## （四）公平理论

公平理论强调员工对工作回报与投入公平性的感知对员工工作满意度、绩效和忠诚度有显著影响。在数字经济时代，这一理论的重要性进一步提升，因为数字化工具和平台为员工提供了更多比较自己与他人工作回报的机会。员工利用数字化工具和平台，可以轻易地比较自己与其他人的报酬、

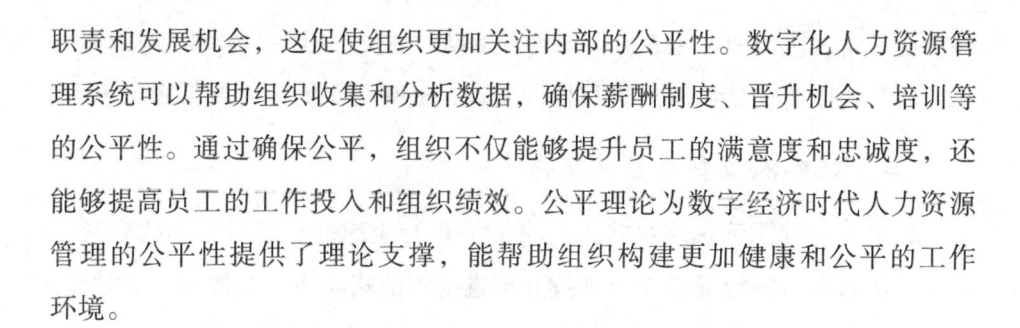

职责和发展机会，这促使组织更加关注内部的公平性。数字化人力资源管理系统可以帮助组织收集和分析数据，确保薪酬制度、晋升机会、培训等的公平性。通过确保公平，组织不仅能够提升员工的满意度和忠诚度，还能够提高员工的工作投入和组织绩效。公平理论为数字经济时代人力资源管理的公平性提供了理论支撑，能帮助组织构建更加健康和公平的工作环境。

### （五）流程再造理论

流程再造理论强调通过重新思考和重新设计来改进业务流程，以达到显著提高效率、降低成本和提高服务质量的目的。在人力资源管理领域，这一理论指导组织对传统的人力资源管理流程进行检视和重构以适应数字经济时代的新要求。数字技术的应用使得流程再造在人力资源管理中变得尤为重要和可行，因为数字化工具和平台可以支持更为高效、灵活的流程。例如，利用数字技术和数字化工具，组织可以重新设计招聘、培训、绩效评估等关键人力资源管理流程，使之更加高效、迅速响应市场及组织内部变化。通过流程再造，组织不仅能够提升人力资源管理的效率和效果，还能更好地适应快速变化的业务环境，增强竞争力和创新能力。流程再造理论在数字经济时代为人力资源管理提供了重要的理论依据，指导组织利用数字化转型的机遇实现管理模式和流程的根本性改进。

## 第二节　企业人力资源管理数字化转型的原则

### 一、安全性原则

随着数字技术的发展，数据成为企业的核心资产之一，也面临来自多方面的安全威胁。数据泄露、篡改或丢失可能导致企业受到重大经济损失，损害公司声誉，甚至触犯法律法规，引起诉讼。敏感信息的泄露可能会对员工和企业造成不利影响。因此，企业在进行数据收集、存储、分析、应用时，应遵循安全性原则，遵守相关的法律法规，确保企业内部信息安全，保护隐私。在实施数字化转型时，企业必须采取各种措施来确保数据的安全性和完整性，如对敏感数据进行加密处理，确保数据存储和传输安全，防止数据泄露、篡改或丢失。企业还需要建立健全访问控制机制，确保只有被授权人员才能访问特定数据，从而降低内部信息泄露的风险。此外，企业还应定期进行安全审计和风险评估，及时发现并解决安全隐患。企业遵循安全性原则，不仅有助于与员工、业务合作伙伴建立信任关系，还能够提高市场竞争力，优化品牌形象。

## 二、灵活性原则

企业在进行人力资源管理数字化转型时，应具备适应快速变化的环境的能力，能够灵活调整、优化数字化策略和工具。企业采用的技术和解决方案应当能够支持快速变更和调整，以适应外部环境的变化，满足企业发展的需求。企业选择可扩展、模块化的数字化工具和平台，便于根据业务发展需求和市场需求进行功能添加、修改或删除。此外，企业还应积极创新，探索和应用新技术、新方法，提高适应性和响应速度。企业遵循灵活性原则，有助于在不断变化的市场环境中保持竞争力，也能更好地满足员工的需求和期望，促进企业长期发展。

## 三、战略导向原则

企业在进行人力资源管理数字化转型时，应以实现长期战略目标为导向，确保数字化转型与企业的整体战略紧密结合。在规划和实施数字化项目时，企业需要从整体战略出发，考虑通过数字化手段优化人力资源管理，以更好地支持企业战略目标的实现。具体来说，企业高层领导应积极参与数字化转型的规划和监督，确保转型方向与企业发展战略一致，同时，要求人力资源部门与其他部门协同工作，将人力资源管理的各项数字化举措与企业的核心业务流程、关键业绩指标（key process indication, KPI）对接。在实践中，企业应遵循战略导向原则，利用数字化工具和技术，提升人力资源管理的战略价值，例如，通过数据分析支持人才规划、员工发展与绩效管理等方面的决策，通过自动化和优化工作流程提高运营效率，降低成本。

## 四、系统性原则

企业在进行人力资源管理数字化转型时，应确保数字化转型举措在组织内部的各个层面都得到有效实施。人力资源管理数字化转型不仅仅是技术的更新换代，也涉及组织结构、工作流程、人员和企业文化等多方面的变革。企业需要确保数字化转型策略与人力资源管理的所有关键领域和功能模块（如招聘、培训、绩效评估、员工发展、薪酬福利管理和员工关系管理等）相协调，实现人力资源部门与企业其他部门协同工作。企业应当建立跨部门的协作机制，促进信息和资源的共享，确保数字化转型得到组织内部各部门的支持和参与。此外，企业还需要建立监控和评估机制，定期检查数字化转型的进展和效果，确保数字化转型顺利进行并对企业产生积极影响。通过系统性的规划，企业不仅能够确保数字化转型的连贯性和一致性，还能够提升组织的适应性和灵活性，从而在快速变化的市场环境中保持较强的竞争力。

## 五、循序渐进原则

企业应在可控的范围内，逐步推动人力资源管理数字化的各个环节，以确保战略目标的实现。

企业不求一步到位，而应阶段性实施人力资源管理数字化。这样，企业能有效地管理和控制成本，避免过度投资导致的资源浪费。这种渐进式的数字化也为数据收集和分析提供了足够的时间，使企业能根据实际运营情况及时进行必要的数字化策略调整。企业遵循循序渐进原则，还有助于提升员工对数字技术的接受度。通过逐步推行数字化，企业能使员工有足够的时间适应新技术、掌握必要的操作技能，避免因突然变革而产生困扰。此外，人力资源管理数字化需要根据市场需求、法律法规和技术发展情况进行调整。这种循序渐进的数字化推进方式有助于企业更好地应对外部环境的变化。企业遵循循序渐进原则，不仅能确保数字化项目的顺利实施，还能为持续发展和竞争力提升奠定坚实的基础。

## 六、客观可行性原则

企业在人力资源管理数字化过程中，设定目标、采取各项措施都应基于现实情况和企业实际需求。企业遵循客观可行性原则，能够精准地识别自身的优势和不足，从而制订符合实际情况的数字化转型计划及其实施方案。企业还应对数字化转型方案实施效果进行实时监测，对可能出现的问题进行预警，根据实际运营情况对数字化转型目标和计划进行微调。这样，企业不仅能提高数字化项目成功率，还能确保各项资源得到优化配置。

## 七、规范性原则

企业人力资源管理的工作流程、职责划分、规程、技术应用应规范化。

工作流程的规范化能确保人力资源管理在数字化环境中的连贯性和一致性。企业制订明确的工作流程，可以确保人力资源管理的每个步骤都按照既定的流程进行，从而确保人力资源管理的准确性和有效性。这也有助于简化人力资源管理流程，提高工作效率，降低错误风险。

明确的职责划分是确保人力资源管理工作有效进行的关键。在企业数字化转型过程中，人力资源管理人员的角色和职责可能会发生变化。企业对人力资源管理人员的职责进行明确划分，可以确保他们每个人都明确自己的角色、知道自己应该完成哪些任务，从而确保人力资源管理工作高效进行。

规范化的管理规程为人力资源管理提供了明确的指导和框架。管理规程不仅指导人力资源管理人员进行人力资源管理活动，还规定了人力资源管理结果的报告呈现方式，以及人力资源管理过程中可能出现的问题的处理方法，有助于使人力资源管理按照既定的规范进行，确保人力资源管理的公正性、规范性。

在数字技术应用方面，企业的技术标准、技术应用流程、技术质量应规范化。企业在引入和应用新技术时，应遵循相关标准，从而减少技术不成熟或不兼容导致的损失。技术标准的规范化不仅有助于企业内部系统高效运作，也为企业内部系统与外部系统和平台对接提供了便利。技术应用流程的规范化能确保需求分析和系统设计、应用、维护的每一个环节都能得到有效管理、质量控制。技术质量的规范化意味着所有的硬件、软件和算法都需要经过严格的测试，硬件、软件和算法要满足企业对数据准确性、系统稳定性和安全性的要求。技术应用的规范化不仅能提高技术的可靠性和应用效率，也能为企业拓展业务、适应市场环境、实现持续和高质量发展提供有力支持。

## 第三节　企业人力资源数字化管理的路径规划

### 一、岗位胜任分析数字化

在数字经济时代，企业要重新界定"人才"概念，重视人力资源管理，并应用先进的数字技术，构建岗位胜任分析平台。该平台的核心目标是精确地识别和评估人才，确保员工的能力与员工的岗位要求匹配。

### (一)岗位任职标准数字化

岗位任职标准是评估员工是否适合特定岗位的一套细化准则,包括核心素质项目、能力指标项目和参考项。核心素质项目通常关注员工的基本资质,如工作经验、教育背景和岗位级别等。能力指标项目侧重于衡量员工的专业技能、知识以及他们在过去的绩效。参考项包括员工的行为准则和道德标准,也是评估员工适职性的重要方面。

企业将岗位任职标准数字化,需要利用数字技术将这些标准转化为可量化、易于分析的数据。一是将员工的教育背景、工作经历、岗位级别等信息转化为数字格式,以便于存储、查询和分析这些信息。例如,企业可利用电子表格或专业的人力资源信息系统记录和更新这些数据。二是通过在线评估、数字化考试和绩效跟踪系统来评定和记录员工专业技能和知识数据。这些数据可以帮助企业管理者迅速了解员工在特定领域的能力水平,以及他们在岗位上的表现。三是通过在线调查、电子反馈表和其他数字化工具评估、记录员工的行为和道德素养。这些信息随后可以用于全面评价员工的职业表现和适职性。通过这样的数字化转型,企业能够建立一个全面、动态的岗位任职标准数据库,为岗位胜任分析提供实时、准确的数据支持。这样,企业不仅能提高人力资源管理的效率和精确度,也能为员工的发展和职业规划提供有力的数据支持。

### (二)人才评估标准数字化

人才评估标准是评价员工胜任岗位的标准,通常基于岗位需要,对员工的经历、能力、动力和潜力进行全面评估。具体来说,一是评价员工的工作经验、教育背景和职业资历,考察员工是否具备岗位所需的经验基础;二是根据岗位需求评估员工的专业技能、解决问题的能力、决策能力等;三是评价员工的工作动机、职业兴趣和职业承诺等,考察员工工作的内在驱动力;四是评估员工的成长潜力和未来发展可能性,评估员工应对新挑战的能力。

人才评估标准数字化是指利用技术手段，将以上评估内容转化为量化的、可以通过计算机程序处理的数据。企业可以采取以下措施实现人才评估标准数字化。

第一，建立四维岗位胜任力模型。利用软件工具将经历、能力、动力和潜力这四个维度的评估因素转化为数字模型，为每个维度设定评分标准和量化指标。

第二，创建能力词典库。将关键能力指标细分，得到结构化的能力词条，如"战略执行""团队合作"等，并赋予每个词条明确的定义和量化标准。

第三，系统评估与加权处理。使用评估软件根据四维模型和能力词典库进行人才评估。每位员工的表现在不同维度上可以转换为具体的评分。对不同维度的评分进行加权处理，可以得到员工的综合评估得分，体现员工在岗位上的总体胜任力。

第四，规范化数据输出。用数字化报告的形式输出人才评估结果，提供标准化、客观的数据，便于人力资源管理者做出科学的人才决策。通过这样的数字化转型，企业可以更高效、准确地评估和管理人才，也为人才的发展和配置提供数据支持，增强人力资源管理能力。

### （三）绘制岗位人才画像

在传统的人力资源管理实践中，企业往往重视评估和记录员工的显性特征，如工作经历、教育背景、技能证书等，而对员工的隐性特征（如个性、内驱力、发展潜能等）了解不足，这导致员工评估的片面性。随着数字技术的发展，企业可通过细致、全面的数据分析，了解员工的显性特征和隐性特征，绘制多维度的人才画像。

人才画像通常包括这几个维度：能力画像、个性画像、关键技能画像和驱动力画像。能力画像反映员工的职业技能和知识水平，个性画像揭示员工的性格特点和行为倾向，关键技能画像突出员工在特定岗位上所需的核心能力，驱动力画像描述员工的内在动机和激励因素。这些画像的绘制基于大量数据收集和分析，涉及员工自评结果、同事评价结果、客观绩效指标以及心理测评结果等。企业要利用大数据技术深入挖掘员工信息，绘制岗位人才画像，直观体现出员工胜任岗位所需要的各项技能。

### （四）自动关联胜任岗位

自动关联胜任岗位是指利用先进的数据分析技术自动将员工的评估数据与预设的人才画像进行匹配，从而判断员工是否适合当前或未来可能的岗位。通过自动关联胜任岗位，企业可以快速判断哪些在岗员工或应聘者的技能、经验、性格等与岗位需求高度一致，从而判断员工的岗位胜任度。对于那些与岗位人才画像高度相符的员工，企业可以放心地将他们安排在合适的岗位上，发挥他们最大的工作潜力。如果分析结果显示员工与特定岗位的匹配度不高，企业则可以及时采取措施，如为员工提供培训和发展机会，或者考虑将员工调整到更加合适的岗位上。自动关联胜任岗位不仅能减轻人力资源部门的工作负担，避免主观判断可能带来的偏误，还能为员工提供客观、公正的评估和发展平台。通过系统化、自动化的员工与岗位匹配分析，企业能够确保每位员工都得到充分利用和发展，也能实现人才战略，提升竞争力。

## 二、人才盘点评估数字化

人才盘点评估数字化有利于实现对企业人才资源的全面盘点与评估，精确掌握人才库存、了解人才需求与现有人才分布之间的差距。人才盘点评估数字化能使企业了解各部门、各层级的人才结构和质量，了解关键岗位与关键人才，评估人才发展潜力，预测未来人才需求趋势。此外，人才盘点评估数字化还有助于企业发现人才流失风险、优化人才培养和激励机制、提升人才的满意度和忠诚度。数字化的人才盘点评估的步骤如下：

## （一）选定人才盘点对象

在确定人才盘点对象时，企业通常会聚焦几类关键人员：核心技术人员、稀缺性业务骨干和关键项目负责人等。这些人员往往是企业运营和提升竞争力的关键，因此他们得到特别的关注。此外，全面人才盘点也是企业人力资源管理的重要组成部分。企业对所有员工的能力、绩效和潜力进行全面评估，建立全面且动态的人才数据库。这样的人才盘点不仅可以帮助企业识别、培养和利用关键人才，延长员工的职业生命周期，还可以提高员工管理效率和组织健康度。通过系统的人才盘点，企业人力资源部门可以确保人才管理策略与组织的长期发展目标相一致，为企业的持续成长和市场竞争力提升提供人力资源支持。

## （二）获取人才盘点数据

人才盘点数据是根据企业人才评估标准得到的人员信息，一般包括以下内容：

1. 绩效数据

绩效数据直接体现了员工的工作效率和成果，是评价员工过去表现的重要依据。绩效数据通常包括员工的目标完成情况、工作质量、工作态度以及团队协作能力等方面的数据。通过对员工过去一段时间（如三年）的绩效数据进行分析，企业能够对员工的稳定性、可靠性和长期贡献度有全面的了解。这些数据有助于企业识别表现优异的员工、为这些员工提供进一步发展的机会，也有助于企业发现表现不佳的员工、及时进行干预。

2. 能力数据

能力数据体现了员工的专业技能、工作经验和知识水平等，主要包括职称、受教育程度、工作经验、知识、技能等方面的数据。这部分数据不仅反映了员工当前的职业能力，也对预测员工未来的表现和发展潜力具有重要意义。企业对员工能力数据进行详细分析，可以在人才选拔、培训以

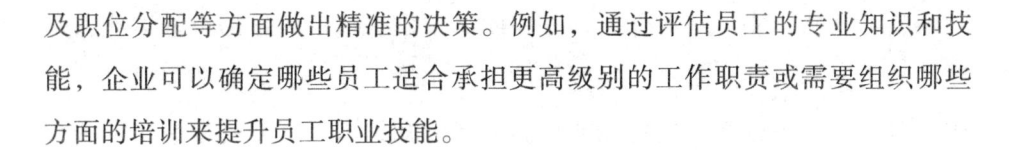

及职位分配等方面做出精准的决策。例如，通过评估员工的专业知识和技能，企业可以确定哪些员工适合承担更高级别的工作职责或需要组织哪些方面的培训来提升员工职业技能。

3.潜力数据

潜力数据是指能够揭示员工未来发展可能性和晋升潜力的信息。潜力评估关注的是员工的成长性、适应新角色的能力以及应对挑战的能力。这种数据对企业制订长期人才战略尤为重要，因为这些数据能帮助企业识别那些具有高潜力的员工并为他们提供相应的发展机会，使企业未来的领导层和关键岗位员工有合适的人选接替。通过员工潜力评估，企业可以制订人才继任计划，确保关键岗位的人才供给不断，从而实现持续发展。

（三）查看人才盘点结果

根据绩效数据，企业可以将员工的表现分为五个等级：卓越（S）、优秀（A）、合格（B）、需改进（C）和不合格（D）。高绩效员工（卓越和优秀等级员工）是企业的关键人才，通常具备较强的工作能力和较好的工作成果。企业应重点培养和激励这部分人才。中绩效员工（合格等级员工）是企业的主体力量，需要持续接受培训、不断发展以提升绩效。低绩效员工（需改进和不合格等级员工）需要企业特别关注和干预。企业应找出这些员工绩效不佳的原因并采取提高员工绩效的措施。

通过对员工能力数据进行分析，企业可以对员工的工作能力有全面的认识，进而将员工分为高能力等级的员工、中等能力等级的员工、基本能力等级的员工、低能力的员工。高能力等级的员工展现出的能力远超出岗位要求。他们通常拥有卓越的专业技能和知识，并能在工作中展现出高水平的创新能力和解决问题的能力。他们往往能够承担更多的责任，并且在团队中起到领导、示范作用。中等能力等级的员工能够稳定地满足岗位要求，具备较高的专业技能和知识水平。他们在日常工作中表现出较好的一致性和可靠性，能够完成任务，并在团队中发挥稳定的作用。基本能力等级的员工仅具备满足基本岗位要求的能力水平。他们虽然能够完成日常工作，但可能缺乏更高级的技能或更高的专业知识水平，需要接受培训和指导来优化工作表现。低能力的员工在多数情况下未能达到岗位的基本要求，在专业技能、工作效率或问题解决能力上存在明显不足。这类员工需要企业密切关注和支持。企业可对这些员工进行定向培训、职业辅导或岗位调整，以优化他们的工作表现。

根据潜力数据，企业可以将员工分为高潜力、中潜力和低潜力三个等级。高潜力员工通常具备快速学习能力和应对新挑战的能力，是企业未来的领导者或关键岗位的重要候选人。中潜力员工具有一定的发展潜力，需要适当培养。低潜力员工可能在现有岗位上表现稳定，但晋升或转岗的潜力较小。

### （四）应用人才盘点结果

依据绩效指标、能力指标和潜力指标完成的人才盘点具有非常重要的作用。第一，这样的人才盘点可以帮助企业了解全体员工或关键岗位员工的能力及职业潜能。第二，人才盘点能够帮助企业从横向和纵向两个角度了解内部员工分布状况，这对优化团队结构、调整人力资源配置具有重要意义。通过人才盘点，企业可以了解人才队伍的现状和发展趋势，为制订战略规划和决策提供数据支持。第三，人才盘点可以帮助企业准确了解人才需求以及现有的人才队伍状况，帮助企业实现人力资源管理目标，促进企业发展。第四，企业可以通过人员盘点发现人才队伍与人才需求之间的差异，以便进一步优化人才管理方案。

利用数字化人才盘点结果，企业可以完成以下工作：

一是建立人才库。企业能够利用数字化工具和平台收集、整理、分析员工的各项数据，如绩效、能力、潜力等方面的数据。通过为员工添加标签，企业不仅可以快速识别各类人才，还能根据人才的特点和需求实施个性化的培养计划。这样,企业能有效地管理和利用人才资源,提高人才的工作满意度和忠诚度,也为人才的持续成长和职业发展打下坚实的基础。

二是建设人才梯队。通过数字化人才盘点,企业能够准确评估各级人才的能力和潜力,从而科学规划人才梯队结构,确保关键岗位和关键技能领域人才供应充足。利用数字化人才盘点结果,企业可对现有人才梯队进行优化,填补关键岗位的空缺,同时,调整或裁减人才序列,保证人才配置的合理性。这种策略不仅有助于企业在当前竞争激烈的市场环境中保持竞争力,也能为企业的长期发展和人才保障提供支持。

三是了解员工职业发展需求。通过数字化人才盘点,企业可以迅速完成员工绩效评估和反馈,帮助员工明确自身的优势和改进领域,促进员工综合素质的提升。企业利用人才盘点结果,能更好地了解员工的工作表现和职业发展需求,从而为员工提供精准和有效的培训、指导和职业发展规划。这样,企业不仅能够促进员工个人成长,提高员工对职业的满意度,还能够提高团队整体的工作绩效和创新能力,最终推动企业持续发展和市场竞争力增强。

## 三、构建人力资源管理数字化平台

### (一)构建人力资源管理数字化平台的原则

1.用户友好性与可访问性

人力资源管理数字化平台的设计和实现应以最终用户为中心,确保用户易于使用平台。该平台的用户友好性主要体现为直观的界面设计、清晰的导航指引、容易理解的操作流程。同时,该平台需要在各种设备(如台式电脑、平板电脑及智能手机等)上都具备良好的可访问性,确保用户无论在何时何地都能高效地使用平台。

2.集成性与兼容性

人力资源管理数字化平台应能够与企业内外的其他系统和工具(如财

务系统、办公自动化系统和业务运营平台等）无缝集成。该平台的集成性不仅能够提高数据处理的效率和准确性，还能确保信息的实时更新和共享。另外，平台的兼容性也非常重要。平台需要能够支持多种数据格式和标准，以便与不同来源的数据进行交互和整合。

### 3.数据安全性与隐私保护

在数字化时代，数据安全和隐私保护是任何管理信息系统必须面对的问题。人力资源管理数字化平台尤其如此。企业需要确保该平台采用先进的安全技术和措施，如数据加密、访问控制和网络安全防护等，以防止数据泄露或未经授权被访问。此外，企业还应遵守相关的数据保护法律法规，确保平台上员工的个人信息得到妥善处理和保护。

### 4.可扩展性与灵活性

企业的业务需求和管理策略会随着时间推移而变化，因此人力资源管理数字化平台应具备良好的可扩展性和灵活性，以适应这些变化。该平台不仅需要满足当前的业务需求，还应能够支持未来的功能扩展或模块升级。同时，该平台应具有一定的灵活性，允许企业根据自身特定的管理流程和规则进行必要的定制和调整。该平台的可扩展性和灵活性能确保平台长期支持企业的人力资源管理工作、给企业带来持续的价值。

### 5.模块化与定制化

人力资源管理数字化平台应当具备灵活组合不同功能模块的能力，以适应不同规模和类型企业的特定需求。模块化设计使得该平台能够根据企业的成长和变化灵活添加或减少功能，而不需要进行大规模的重构或升级。该平台应允许企业根据自身的业务流程和行业特点调整平台功能，实现个性化设置，优化用户体验。通过提供模块化和定制化的平台，平台开发者可以为用户提供精准、有效的人力资源管理方案，提高用户对平台的接受度和使用效率。

## （二）人力资源管理数字化平台的主要模块

1. 招聘管理模块

招聘管理模块通过自动化流程提升招聘的效率和效果，确保企业能够吸引并选拔出合适的人才。在传统的招聘中，企业可能需要手动处理大量的简历，进行繁杂的筛选和评估，不仅耗时、耗力，也容易受到人为因素的影响，降低选择的准确性。数字化招聘管理模块通过整合不同的招聘渠道，自动收集和筛选简历，利用先进的算法匹配职位需求与候选人资质，提高筛选人才的精确度。此外，该模块还支持在线面试安排、评估管理以及反馈信息收集，实现整个招聘过程的透明化和系统化。该模块的数据分析功能能够帮助企业评估招聘渠道的效果、优化招聘策略。企业通过历史数据分析，能提升未来招聘的效率。

2. 员工信息管理模块

员工信息管理模块是存储和处理员工信息的集中系统，为其他人力资源管理功能提供支持和数据基础。员工信息管理模块涵盖员工的全面信息，如教育背景、工作经历、技能证书、绩效及职业发展记录等方面的信息。通过集中管理这些信息，企业可以快速获取员工数据，依据数据做出决策，增强员工管理的专业性和科学性。

3. 绩效管理模块

绩效管理模块使绩效评估更加系统化、客观化和高效化。传统的绩效评估往往依赖纸质文件和人工统计，不仅耗时，还容易受到主观因素的影响。而数字化绩效管理模块通过设定明确的工作目标和评价标准，实现绩效管理的标准化和透明化。该模块通常包含目标管理、绩效评审、360度反馈等多个功能，能够帮助企业全面跟踪和评估员工的工作表现。该模块通过设定具体、可量化的工作目标，能使员工和管理层清晰地了解期望的工作成果。该模块的定期绩效评审和反馈机制能确保员工及时获得关于工作表现的反馈信息，促进员工成长和职业发展。此外，360度反馈功能允许多个角度的评价，为员工提供全面的反馈信息，帮助他们更好地认识自身的优势和改进领域。

4.薪酬福利管理模块

薪酬福利管理模块通过自动化薪酬福利的计算与发放过程，显著提高了这些活动的准确性和效率。在传统的薪酬管理过程中，企业需要处理大量复杂的数据，这一过程既容易出错，又十分耗时。数字化的薪酬福利管理模块可以自动处理薪资计算、税务扣除、福利发放等工作，减少人为错误，确保支付的及时性和准确性。此外，该模块还具有薪酬分析和报告功能，能帮助企业分析薪酬数据、评估薪酬结构的市场竞争力、制订更有效的薪酬策略。利用该模块，企业不仅可以优化内部薪酬结构，还可以在招聘和留住员工方面获得竞争优势，同时，确保遵守相关的法规和政策。

5.员工培训与开发模块

员工培训与开发模块旨在为企业提供一个系统化、集成化的解决方案来管理、实施员工培训和职业发展计划。利用这个模块，企业可以设计、实施和监控员工培训计划，确保员工的技能和知识能够满足组织的需求。数字化的员工培训与开发模块允许企业创建在线培训课程，为企业提供虚拟教室，支持移动学习，使员工能够在任何时间、任何地点进行学习。此外，该模块还为企业提供了培训效果评估工具，帮助企业衡量培训的成效，使企业能不断优化培训内容和方法。该模块有助于提升员工的职业技能，提高员工的满意度和忠诚度，也为企业的持续发展和竞争力增强提供支持。

6.人力资源规划模块

人力资源规划模块可以帮助企业制订有效的人力资源战略规划、拥有合理的人才配置来实现业务目标。这个模块为企业提供了一套工具，能帮助企业分析当前的人力资源状况、预测未来人力资源需求、了解人才缺口、制订应对策略。利用人力资源规划模块,企业能够进行劳动力分析,评估人力资源的配置和利用效率,从而优化人员配置,减少劳动力成本。该模块还支持企业在组织变革、技术升级或市场扩展等情况下进行人力资源预测和规划。该模块还可以与企业的其他系统和平台(如财务系统、业务运营平台等)集成,为企业提供跨部门的数据分析结果,支持企业制订全面的、具有前瞻性的人力资源规划。通过实施人力资源战略规划,企业能够更好地适应市场变化,实现长期的业务增长。

## 四、构建数字化人力资源共享服务中心

人力资源共享服务中心(human resources shared services center,HRSSC)是指企业将各业务单元所有与人力资源管理有关的行政事务性工作(如员工招聘、薪酬福利核算与发放、社会保险管理、人事档案信息化服务与管理、劳动合同管理、新员工培训、员工投诉与建议处理、咨询与专家服务等)集中起来,建立的一个服务中心。

### (一)构建数字化人力资源共享服务中心的意义

1. 提高服务效率与质量

通过引入标准化流程,数字化人力资源共享服务中心能确保与人力资源相关的所有操作遵循统一的标准,减少流程差异带来的混乱和效率损失,显著降低因手工操作错误而产生的风险。同时,自动化工具在处理日常的事务性工作(如员工数据管理、薪酬计算和福利管理等)方面,提高了操作速度和准确性。例如,自动化的薪酬系统可以准确地计算员工工资,避免手工计算的错误,并且能够迅速响应变更请求,如调薪或税率调整。该系统不仅能提高员工的满意度,也能为企业节省重要的资源,降低运营成本。

2. 优化资源分配

企业人力资源部门利用数字化人力资源共享服务中心,能集中处理事

务性、重复性的工作，可以释放出更多的资源和时间，聚焦更具战略性的工作，如制订人才发展计划、进行绩效管理策略的优化、推进员工职业生涯规划等。这样，企业能优化资源分配，提升人力资源部门的工作效能，也使组织能够更有效地应对快速变化的市场环境，提高组织的竞争力。此外，通过将人力资源专家的知识和技能用于更具战略性的领域，企业能够更好地激发员工潜能，提升业绩，从而实现长期发展目标。

3.增强数据分析能力

企业利用数字化人力资源共享服务中心，能集中进行数据管理，聚合各类人力资源数据，如员工绩效、招聘效率、员工满意度、离职率等关键指标数据，建立一个数据仓库。这样的集中数据管理不仅能确保数据的一致性和准确性，还能通过高级数据分析技术，如数据挖掘技术和预测建模技术，使企业从这些数据中获得有价值的信息。这些信息有助于企业领导层了解人力资源的现状和发展趋势、评估人力资源管理策略和程序的有效性，支持企业做出科学的、战略性的决策。例如，通过分析员工离职数据，企业可能发现员工离职率高的原因和趋势，据此优化招聘策略和员工留存计划。总之，数字化人力资源共享服务中心能增强企业的数据分析能力，能够帮助企业优化人力资源管理，还能够支持企业的业务增长和竞争力提升。

4.提升员工体验

利用数字化人力资源共享服务中心的自助服务门户和移动访问功能，员工能够随时随地访问个人信息、查看薪酬福利详情、提交请假申请或更新个人资料等。这样的便捷访问方式不仅能提高服务的响应速度和便利性，也赋予员工更大的控制权和更高的自主性，提高员工的满意度和参与度。同时，基于员工的反馈和行为数据，数字化人力资源共享服务中心可以为员工提供定制化的服务和支持，如为员工提供个性化的培训推荐、职业发展建议或健康福利方案。这体现了企业对员工的重视，有助于增强员工的归属感，提升员工体验，提高员工的忠诚度。通过提升员工体验，企业可以营造更为积极、富有创造力的工作环境，促进员工的职业成长，从而推动企业可持续发展。

5.促进知识共享

利用数字化人力资源共享服务中心，人力资源团队能够轻松记录、整理和分享招聘策略、员工发展计划、绩效管理等方面的信息，从而使这些宝贵的信息不局限于单一部门或团队，使企业各部门都能利用这些信息。此外，数字化人力资源共享服务中心可以通过内部论坛、问答板块或在线研讨会等知识管理平台，促进员工积极参与知识共享。知识共享有助于提升员工的专业技能和工作效率，最终提高整个企业的人力资源管理水平和业务绩效。

6.支持企业全球化运营

跨国企业利用数字化人力资源共享服务中心，能够为不同国家和地区的子公司提供统一、标准化的人力资源服务，确保不同国家和地区的员工都能接受一致的支持和服务。例如，数字化人力资源共享服务中心可以实现全球招聘信息的统一发布和处理、员工培训和发展计划的标准化实施，以及绩效管理流程的全球一致性。此外，数字化人力资源共享服务中心支持多种语言，可为员工提供考虑不同文化背景的定制服务，有助于提升全球员工接受服务的体验和满意度，增强员工的全球一体感。

（二）构建数字化人力资源共享服务中心的流程

1.需求分析与整体规划

在这个阶段，企业需要对现有的人力资源管理流程、技术、人员能力等进行全面的审视，通过深入分析，判断哪些人力资源服务和流程可以集中化、哪些可以标准化和自动化，考虑如何利用现有技术或新引入的技术资源来支持这些变革。此外，企业还需要确定数字化人力资源共享服务中心的具体目标，如成本节约、效率提升、服务质量提高等，并根据目标设定具体、可衡量的成功标准。企业还需要考虑不同利益相关者的需求和预期，确保数字化人力资源共享服务中心的设计和应用能够满足各方的要求、与组织的总体战略保持一致。

2. 信息技术基础设施建设

企业需要基于前期的需求分析来确定所需的技术架构，制订数据存储、处理、分析和传输的解决方案。云计算平台、人力资源信息系统（human resource information system, HRIS）、自动化工具及在线协作软件等都是构建数字化人力资源共享服务中心需要引入的工具。此阶段的目标是创设既灵活又稳固的技术环境，确保数据安全。企业进行信息技术基础设施建设，也需要考虑基础设施未来的扩展性，确保技术环境能随着组织需求的变化而相应调整和升级。

3. 流程设计与优化

企业需要设计高效、标准化的工作流程。企业可通过细致的工作流程分析，了解工作流程中的瓶颈、冗余和低效环节，设计出简单、高效的工作流程。此外，企业还需要利用自动化工具来减少手工操作，降低错误率，加快服务交付速度。在工作流程设计与优化中，企业还应确保流程的灵活性和适应性，以便在未来可以根据实际运营情况或组织需求的变化对工作流程进行调整。同时，企业要建立流程监控和评估机制，持续对工作流程进行优化。通过工作流程设计与优化，企业可以显著提升数字化人力资源共享服务中心的运营效率和服务水平，更好地支持组织目标的实现。

4. 组织结构与人员配置

企业需要根据数字化人力资源共享服务中心的业务范围和服务目标来设计组织结构，确保组织结构能够支持高效的服务交付和流程管理。此外，企业需要根据各个员工的职责和技能来进行人员配置，确保组织每个岗位都有合适的人才。企业也需要考虑员工的培训和发展，确保他们能够适应

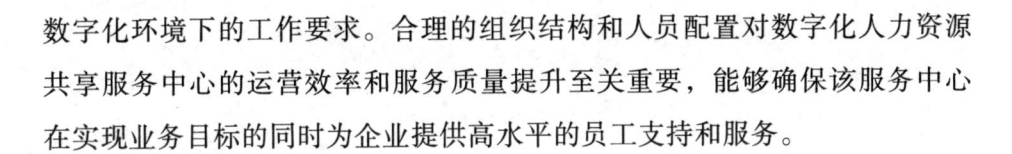

数字化环境下的工作要求。合理的组织结构和人员配置对数字化人力资源共享服务中心的运营效率和服务质量提升至关重要，能够确保该服务中心在实现业务目标的同时为企业提供高水平的员工支持和服务。

5. 规划实施

企业实施整体规划。在这个阶段，数字化人力资源共享服务中心的技术平台、工具、流程被正式部署和启用。规划实施过程包括技术系统的安装、配置、测试及用户培训等。在此过程中，企业可能会遇到技术、管理上的挑战，因此需要制订细致的计划，进行充分的测试和有效的沟通，以应对各种挑战。企业实施规划，不仅需要注重技术，还需要关注员工的接受度和适应性；确保数字化人力资源共享服务中心启动后能迅速进入高效运作状态。

6. 监控、评估与持续优化

企业需要监控关键绩效指标、服务质量、用户满意度和系统性能等，以确保数字化人力资源共享服务中心所有方面的表现都达到或超过预定目标。企业还需要对收集到的数据进行深入分析，评估数字化人力资源共享服务中心的应用效果。基于评估结果，企业需要不断调整和优化数字化人力资源共享服务中心的流程、技术，以提高服务效率，降低成本，提升员工满意度，适应不断变化的业务需求。

# 第七章　数字经济引领企业营销变革

# 第七章　数字经济引领企业营销变革

## 第一节　企业营销变革概述

### 一、数字经济时代企业营销变革的必要性

#### （一）消费者行为变化

随着互联网的普及和移动设备的广泛使用，消费者获取信息的方式及购买行为发生了根本性的变化。消费者更倾向于在线进行产品研究、比较评价和购买决策。企业必须适应消费者行为模式的转变，通过数字化营销策略来吸引和保持消费者的关注，使消费者能够进行便捷、个性化的购物。

#### （二）市场竞争加剧

互联网降低了市场准入的门槛，使得更多的企业可以进入市场，特别是许多小型企业和初创企业，可以迅速利用数字化工具提高品牌知名度，与传统大企业竞争。在这种环境下，消费者拥有更多的选择，可以轻松地获取有关不同产品和服务的信息，并对产品和服务进行比较、评估。为了在这样的市场环境中生存和发展，企业需要实施营销变革，不仅要提升产品和服务的质量，还需要加强品牌建设，利用数字化营销工具，如社交媒体，提高品牌可见性和吸引力。此外，企业还需要通过客户关系管理和持续优化客户体验来提高客户忠诚度，从而维持或增加市场份额，实现可持续发展。

## 二、从传统营销到数字营销

### （一）数字营销的概念

目前，学术界关于数字营销概念的界定主要有以下几种说法：

（1）数字营销是利用数字技术开展的一种整合、定向和可衡量的传播，以获取和留住客户，同时与他们建立更深层次的关系。

（2）数字营销是利用数字技术开展营销活动，将互动媒体与营销相结合，是一种全新的营销方式。

（3）数字营销是利用网络技术、数字技术和移动通信技术等，借助各种数字媒体平台，针对明确的目标用户，为推广产品和服务，实现营销目标而开展的精确化、个性化、定制化的实践活动，是数字化时代与用户建立联系的一种独特营销方式。

笔者认为，数字营销是指依托互联网技术把文字、图像、视频等转化为数字，在互联网环境中开展的营销。数字营销的载体是数字终端，数字营销的主要场所是数字空间，数字营销的实现基础是数字技术。

### （二）数字营销的发展历程

随着数字技术的不断进步，数字营销工具和手段也在不断更新、迭代。以标志性的数字技术应用为重要节点，可以将数字营销的发展历程划分为以下四个阶段。

#### 1.单向展示的传统网络广告数字营销阶段

在Web1.0时代，数字营销主要依托网站。互联网集合了各种各样的网站。网站的营销模式与传统媒体一对多的大众化营销模式一样，在一定程度上就是传统媒体广告的转移。网站营销是在用户上网过程中强制性让用户接收广告信息的一种单向传播，是典型的一对多的大众化营销模式。

这一时期的数字营销主要是利用 Web 技术来制作和发布广告。这一时期的主要广告形式如下：

一是旗帜广告。旗帜广告是早期的网络广告形式之一，通常出现在网页的顶部或底部，作为一种视觉焦点吸引用户注意。这种广告可以静态展示或动态展示，通过图像和文字的结合传递广告信息。用户点击广告后，可以链接到广告商的网站。旗帜广告的主要目的是提高品牌曝光度，吸引潜在客户。旗帜广告在初期的网络营销中起到了关键作用，帮助品牌在互联网上增强存在感，并引导流量至目标网页。

二是弹出式广告。弹出式广告是一种主动出现在用户视野中的广告形式，在用户浏览网页时自动弹出，吸引用户的注意力。这种广告虽然能有效吸引用户的注意力，但由于具有干扰性，往往引起用户的反感。弹出式广告可以是全屏广告或小窗口广告，内容丰富多彩，如简单的文本信息广告、复杂的互动式广告等。然而，随着用户对这种广告形式耐心的减少和广告拦截技术的普及，弹出式广告的效果和受欢迎程度有所下降。

三是文本链接广告。文本链接广告是将广告嵌入网页内容中，通过文本链接形式展现。用户点击这些特定的文本链接即可访问广告主的网站。这种广告较为隐蔽，能够自然地融入网页内容中，不像其他广告形式那样打断用户的阅读。文本链接广告的关键在于相关性，即广告内容要与周围的文本内容相关。这样，用户点击文本链接的可能性才会高。这种广告形式依赖精准的目标定位和内容相关性，能够在适当的上下文中有效地吸引目标用户。

四是按钮广告。按钮广告较小，不占用过多空间，通常以图形按钮的形式出现在网页上。用户点击图形按钮后，可以直接跳转到广告主的网页。这种广告形式因简洁性和直观性而受到青睐，在用户界面和导航栏中较为常见。按钮广告可以设计得非常吸引人，通过使用醒目的颜色和创意的设计来吸引用户点击。按钮广告虽然尺寸较小，但要清晰地传递信息，以实现企业营销目的。

五是电子邮件广告。电子邮件广告是指企业通过电子邮箱将广告发送给某一个人或群体的网络广告形式。电子邮件广告在内容上可能只是广告，也可能是资讯与广告内容的结合，在次数上分为一次性广告、多次广告或定期广告。通常情况下，未经用户许可而发送的电子邮件广告会被自动处理为垃圾邮件。电子邮件广告成本低，内容和形式不像其他网络广告那样受制于广告位的大小，更加灵活，和用户的沟通更加直接，针对性更强。

Web1.0时代的数字营销具有以下特点：

第一，广告能够突破传统媒体的时空限制，实现信息的全球传播。传统媒体广告，如电视广告和报纸广告，只能在特定的时间和地点触达受众。相比之下，网络广告通过互联网这一全球性的平台传播，不受时间、空间限制，实现了不间断的全球传播。这种广告传播方式扩大了广告的触及范围，能提升品牌的全球知名度，使得企业能够更加灵活地触及不同国家和地区的潜在客户、大幅提升营销效率和广告的投资回报率。

第二，广告呈现形式丰富。网络平台的多媒体功能使得广告可以通过文字、图片、视频、音频和动画等多种形式呈现，为广告创意提供了广阔的空间。广告呈现形式的多样性不仅增强了广告的吸引力和说服力，还能够适应不同用户的偏好和消费习惯，提升用户的参与度和互动体验。网络广告不仅让信息的传递更为生动有趣，也能够更有效地传达复杂信息，帮助消费者从多角度了解产品或服务，促进消费者做出购买决策。

第三，广告性价比较高。与高成本的传统媒体广告相比，网络广告的制作和发布成本较低。网络广告易于修改和更新，具有灵活性。在网络环境下，广告信息可迅速更新，无须经历复杂的修改流程。这不仅缩短了广告更新时间，还减少了额外成本。此外，网络广告具有可追踪性和可量化性。广告主能够实时监控广告效果，及时调整营销策略，确保资源有效投入，提升营销效果。

2.互动的社会化数字营销阶段

Web2.0时代的数字营销是以社会化媒体传播为主的分众营销模式。Web2.0技术创新给互联网带来一次变革,自上而下的由少数资源控制者集中控制、主导的互联网体系转变为自下而上的由广大用户集体智慧和力量主导的互联网体系。数字营销从单向展示、撒大网式的大众化营销模式转变为互动、针对性强的分众营销模式。这一时期涌现了一些新的营销形式:

一是网络社区营销。网络社区营销通过建立在线社区或参加已有在线社区来进行品牌推广,与用户互动。这种营销方式利用在线社区的集体智慧和网络效应,加强品牌与用户之间的联结,促进用户参与,促进广告内容自发传播。在在线社区中,品牌可以直接与消费者对话,收集消费者反馈信息,根据这些信息调整产品和服务,同时借助社区成员的口碑传播,实现有效的品牌推广。

二是博客营销。博客营销是指企业通过创建和使用博客来发布有价值的内容,以吸引目标受众,提高品牌声誉。博客为企业提供了一个平台,让企业可以展现专业知识、行业见解和品牌价值,与读者建立信任关系。通过定期更新高质量内容,博客营销有助于提高网站的搜索引擎排名,吸引更多流量,使企业与读者建立长期的关系。

三是网络视频广告。随着网络带宽的增加和视频平台的普及,发布网络视频广告成为一种高效的营销手段。企业可以通过创作吸引人的视频内容来传达品牌信息,利用视频的视觉和听觉双重冲击力来增强广告效果。网络视频广告可以在多个平台上传播,提高品牌曝光度,同时,使用户可以直接参与互动,增强用户的参与感,提高用户对品牌的忠诚度。

四是搜索引擎营销。搜索引擎营销是利用搜索引擎的搜索结果和广告机制来提升品牌可见性,吸引潜在客户。网站可通过优化网站内容和结构或购买搜索引擎广告来提高网站在搜索结果中的排名。这样,网站可以让品牌在潜在客户主动搜索相关信息时获得更高的曝光率，从而增加访问量，实现精准营销。

在 Web2.0 时代，数字营销具有以下特点：

第一，互动性。Web2.0 时代的数字营销突破了传统网络广告的单向传播局限，引入了用户与品牌互动机制。用户不再是被动接收信息的一方，而能够主动搜索信息，进行互动。无论是通过搜索引擎查询信息、在博客上发表评论，还是在社交网络上分享信息和讨论话题，用户都参与了内容的传播和反馈。这种互动为广告主提供了宝贵的反馈信息，帮助他们更好地了解目标受众、优化营销策略。

第二，去中心化。在这一时期，互联网的使用和内容创作不再仅仅集中在少数大型门户网站或媒体手中，普通用户也开始通过各种平台（如博客、论坛和社交媒体）创作内容，分享见解。用户生成内容（user-generated content, UGC）的兴起降低了传统媒介的影响力，使营销更加分散。企业开始利用去中心化的传播模式，与用户合作，利用关键意见领袖（key opinion leader, KOL）的影响力进行品牌推广和营销。这种营销模式强调的是利用用户的集体智慧和网络社群的力量，促进信息迅速传播和品牌影响力提升。

第三，精准、有效。利用先进的数据收集和分析技术，企业能够获取大量有关用户行为、偏好和互动的数据。这些数据不仅可以帮助企业了解消费者的具体需求，还能够帮助企业评估各种营销策略的效果、实现资源的优化配置。通过对用户行为的分析，企业能够及时调整营销策略，确保广告信息传播的有效性，提高营销投资回报率。这种基于数据的营销模式大大提升了数字营销的针对性、相关性和转化率，使营销更加高效。

3. 场景化的移动化数字营销阶段

Web3.0 时代的数字营销是以应用程序（App）传播为主的微营销模式，强调通过获取用户移动终端的实时数据和位置，融入用户所在的每一个场景，为用户提供精准的服务，建立具有很强黏性的客户关系。这一阶段的主要营销形式如下：

一是短彩信广告和无线应用协议（wireless application protocol, WAP）广告。短彩信广告利用短信服务传递带有图文和声音的广告内容，将广告直接送到用户的移动设备上，具有高覆盖率和直达性的特点。这种广告可以迅速触达广大用户。WAP广告是在无线应用协议网站上展示的广告。用户可以在智能手机上浏览这些广告。随着智能手机和App的普及，WAP广告的影响力有所下降，但WAP广告在特定场景和目标群体中仍有适用性和有效性。

二是App营销。App营销通过在移动应用内部进行广告投放，直接触及高度活跃的用户群体。这种营销方式可以在App中自然地呈现广告内容，通过植入式广告、推送通知、赞助内容等形式实现。App营销能够根据用户的行为和偏好为用户提供定制化的广告，提高用户的参与度和互动性，进而提高广告的转化率。

三是二维码营销。二维码营销是将二维码置于各种媒介（如产品包装、海报、广告牌等）上。用户扫描二维码即可快速获取信息或参与活动。这种营销方式便于整合线上、线下营销，提高用户互动性，增强用户参与感。二维码可以链接到网页、视频、优惠券等，为用户提供即时的价值，也便于企业收集用户反馈信息、优化营销策略。

四是H5营销。"H5"是HTMI5的简称，是一种编程语言，是一种高级Web网页技术，这些网页可以呈现文字、图表、音频、视频等多媒体信息，页面的切换有滑动翻页、点击按钮等多种方式，互动性和趣味性强。此外，通过特定代码的设计，每一个H5都能监测到用户在浏览或点击H5动画网页时的一切交互行为，可精准监测传播量、浏览量、用户行为数据、转化率等。H5技术与增强现实技术、虚拟现实技术结合，可以呈现炫酷的视觉效果，带给用户新奇的体验。近年来，企业纷纷赶上潮流，在营销中制作精美的H5页面，在社交平台造势，吸引用户关注，各种各样的优秀案例层出不穷。

五是移动短视频营销。随着移动互联网和智能设备的发展，短视频成为用户消费内容的重要形式。移动短视频营销是创作有吸引力的短视频内容，在短视频平台上发布这些短视频，利用平台的强大传播能力和高用户黏性，迅速扩散品牌信息。这种营销方式可以利用视频的视觉冲击力、用户情感共鸣以及短视频平台的社交属性，有效加强用户对品牌的记忆，提高用户参与度。

六是网红营销。网红营销是指企业与具有高人气和影响力的网红合作，利用社交媒体平台进行品牌或产品推广。网红具有广泛的粉丝基础和较高的互动率，能够快速提升品牌的知名度，促进产品销售。在网红营销模式下，网红通过分享个人体验、展示产品使用过程或参与品牌活动等方式，向粉丝推荐品牌或产品，使营销信息以自然、亲切的形式呈现。网红营销成功的关键在于选择与品牌形象匹配的网红，以及创作真实、有吸引力的内容，与粉丝建立信任关系，得到粉丝认同，促进粉丝做出消费决策。

七是AR/VR营销。AR/VR营销是利用AR技术和VR技术为用户提供沉浸式体验的营销方式。利用AR技术、VR技术，品牌可以为用户提供独特的、互动性强的体验，让用户以全新的方式了解产品和服务。例如，AR技术可以让用户在自己的实际环境中虚拟试穿服装或试用家具，VR技术可以为用户提供全方位的产品体验，能够实现虚拟旅游。这两种技术不仅能增强用户的参与感，增加乐趣，还能帮助用户更好地了解产品特性和价值，促进用户做出购买决策。随着AR技术、VR技术的发展和普及，AR/VR营销变得越来越可行和有效，尤其适合追求创新用户体验、追求互动的品牌。

这一阶段的数字营销呈现出以下特点：

第一，移动化、场景化。移动化数字营销的场景化特征体现为这种营销能够适应用户的各种移动场景、实现个性化和时效性的市场沟通。在移动互联网环境下，用户的上网行为更加碎片化和即时化，他们在不同的时间和地点，利用移动设备接触和消费信息。用户的这种行为模式推动了营销移动化、场景化。例如，用户利用智能手机在通勤路上看新闻、在咖啡店浏览社交媒体、在商场使用移动支付等，都是移动营销可以介入并发挥作用的场景。企业能够根据这些具体场景制订相关的营销策略，比如，在特定时间和地点推送优惠信息，或根据用户的行为为用户提供个性化服务，这样的营销更容易得到用户的关注和响应，能增强营销效果。

第二，即时互动。移动化数字营销的即时互动性体现在用户能够随时随地与品牌进行互动、交流上，这种互动不局限于用户与品牌之间，还包括用户之间的相互影响。在移动设备上，用户可以即时看到各种营销信息，并快速做出反应，无论是点击、评论、分享还是参与线上活动，都使营销互动变得更加即时和有效。此外，移动设备的普及也促进了实时数据的收集与分析，企业可以根据用户的实时反馈调整营销策略，实现精细化的市场分析和用户管理。即时互动还强化了用户体验，有利于提升用户对品牌的忠诚度和用户满意度。

第三，线上、线下融合。移动化数字营销的线上、线下融合体现为利用移动设备联结实体消费体验和虚拟消费体验，打破了传统营销中线上、线下的界限。线上、线下融合不仅能优化用户体验，还能为企业创造更多互动的机会。例如，用户可以用手机应用查看产品信息、进行线上下单，再到实体店体验或提取商品，这种O2O（online to offline）的模式增强了消费的便利性和灵活性。企业可以利用移动设备收集用户位置数据，为用户提供本地化服务，开展精准营销，从而提升营销效率和效果。

第四，本地化。随着定位技术的发展，企业可以通过移动设备获取用户的位置信息，从而发送与用户地理位置相关的广告和促销信息。这样，企业不仅可以提高广告的相关性和吸引力，还可以针对特定地区的潜在客户进行精准营销，提高营销转化率。例如，用户在接近某个商圈时，可以收到该区域内商家的优惠信息；用户搜索附近的餐厅或服务时，可以立即获得相关推荐信息。本地化营销还有助于企业更好地了解不同地区用户的需求和偏好，实现有效的市场细分和定位。

4.智能化数字营销阶段

智能化数字营销建立在物联网技术、大数据技术、云计算技术、人工智能技术等数字技术的基础上,以实现品效合一为目标,以满足每一个生活者个性化、碎片化的动态需求为中心,将个性鲜明的生活者纳入企业营销环节,实现全面的商业整合。目前,具有代表性的智能化数字营销形式有以下几种:

一是程序化购买。程序化购买是利用算法自动购买广告空间、定位受众,使得广告投放变得更加高效和精准。在智能化数字营销阶段,程序化购买结合了大数据分析,不仅自动执行购买过程,还能实时优化广告投放策略,确保广告内容能够触达合适的目标受众。这种营销方式通过分析用户的在线行为、购买历史和个人偏好,精确地匹配广告内容和受众,能提高广告的转化率和投资回报率。此外,程序化购买能够实时追踪广告效果,为广告主提供数据支持,帮助他们更好地了解广告表现、调整营销策略、实现个性化和动态的广告投放。

二是智能助手服务。智能助手服务是运用人工智能技术,如自然语言处理技术和机器学习技术,为用户提供个性化的服务和信息。在企业营销领域,智能助手可以通过聊天机器人、语音助手等形式与用户进行互动,为用户提供定制化的产品推荐、客户支持和购物咨询等服务。智能助手能够根据用户的历史数据和即时反馈,不断学习和适应用户的需求和偏好,为用户提供准确和个性化的服务。智能助手不仅能提升用户体验,提高用户满意度和忠诚度,还能收集和分析用户互动数据,为企业提供用户行为数据,支持企业进行精准的市场分析和决策。

三是智能传感器服务。通过嵌入产品或环境中的智能传感器,企业可以实时收集关于用户行为和环境变化的数据,从而实现动态、响应式的营销。例如,零售行业中的智能货架可以根据顾客的行为和偏好自动调整展示内容,或者通过传感器收集的数据分析顾客流量和购买模式,优化店铺布局和库存管理。此外，智能传感器还可以用于监测用户对广告或产品的反应，提供实时反馈给营销系统，帮助企业实时调整营销信息、实现更高效和个性化的用户互动。

此阶段的数字营销具有以下特点：

第一，数据驱动营销决策。在数字经济时代，数字技术的进步不仅改变了企业收集、处理和分析数据的方式，也提高了数据在企业营销策略制订中的价值。

互联网和移动通信技术的普及使企业能够实时收集来自在线购物平台、社交媒体、移动应用等的客户数据。这些数据数量巨大，而且多样化，包括消费者行为数据、交易数据、互动数据和反馈数据等，为企业提供了全面的视角来了解和预测消费者行为。云计算技术的发展使得大规模数据集的存储和处理变得更加经济、高效。企业可以利用强大的云基础设施来存储海量数据，运用先进的数据处理技术进行数据分析，降低对高级信息技术资源的依赖度。大数据分析技术和机器学习技术的进步为数据驱动营销决策提供了支持。企业可以使用这些技术来识别模式、预测趋势，在数据海洋中发现有价值的信息。此外，人工智能技术和自动化技术的融合提升了数据驱动营销的效率和效果。利用自动化工具，企业可以实现营销自动化，如自动化的电子邮件营销、社交媒体营销和在线广告投放。人工智能技术能够根据数据分析结果自动调整营销策略，实现个性化和动态的营销。

在数字经济背景下，数据驱动营销决策已经成为企业获取竞争优势的关键，使企业能够基于数据分析制订营销策略、精准定位目标市场、优化营销资源分配、提高营销的投资回报率、满足消费者需求、促进业务增长。通过应用数字技术，企业可以在不断变化的市场环境中保持敏锐的洞察力和领先地位，确保营销策略始终基于最新的市场情况和消费者需求。

第二，营销自动化、动态化。

首先，基于数字技术的集成化的营销自动化平台使得企业能够在单一界面上管理跨渠道的营销活动。这些平台通常融合了电子邮件营销、社交媒体管理、内容管理及客户关系管理等多种功能，使企业能够在各个渠道同步和优化营销活动。利用这些平台，企业不仅能够自动化营销流程，还能在所有渠道上为消费者提供一致的体验，从而增强营销活动的吸引力，提高消费者参与度。例如，当一个消费者在社交媒体上与品牌互动后，企业可以自动通过电子邮件发送个性化的内容或优惠信息，进一步加强与该消费者的联系，这种跨渠道的一致性和互动性营销具有良好的效果。

其次，数据分析技术和人工智能技术推动营销向更智能、更个性化的方向发展。利用机器学习算法，企业能够自动收集和分析大量消费者行为数据，如购买历史数据、网站浏览习惯数据以及社交媒体互动数据等，从而识别特定的消费者行为模式和趋势。通过数据分析，企业能够预测消费者的未来行为，根据预测结果制订更为个性化和更具针对性的营销策略。例如，通过分析特定客户群体的购买行为，企业可以自动发送个性化的产品推荐和促销信息，提高营销的转化率，提高消费者的忠诚度和满意度。这种基于数据分析技术和人工智能技术的营销自动化，成为提高营销精准度和有效性的关键驱动力。

再次，数字技术提高了营销的实时性和动态性。在数字技术支持下，企业可以即时收集和分析市场数据、消费者反馈数据及竞争对手动态数据，实现对营销的实时监控和即时调整，提高营销策略的及时性和相关性，迅速适应市场变化或消费者偏好变化，优化营销资源分配，提高营销效率。例如，如果实时数据显示某一营销渠道的表现不佳，企业可以立即调整营销策略，减少在该渠道的投入，或者改变内容策略以提高用户参与度和转化率；如果数据显示某种促销活动或内容在特定用户群体中特别受欢迎，企业可以快速扩大该活动的规模，或在其他渠道复制成功的营销策略。营销的实时性和动态性能给企业带来竞争优势，使营销保持良好的状态、快速响应市场变化和消费者需求变化。

最后，中小企业应用软件即服务模式（software as a service, SaaS），能够以较低的成本实现营销自动化，提升营销效率和效果。通过订阅基于云的服务，企业无需大量前期投资即可获得最新的营销自动化技术。基于云的服务包括数据分析、客户关系管理和跨渠道营销等功能，不仅为中小企业提供了与大企业竞争的平台，还推动了整个市场的发展，使得个性化、自动化营销策略更加普及。企业应用软件即服务模式，可以根据自身的成长和市场需求灵活地调整营销技术线，确保营销策略和工具能够随着企业的发展而变化，保持营销优势。

第三，消费者体验和互动增强。

首先，个性化体验提升。数字技术的应用使企业能够收集和分析大量的消费者数据，如购买历史数据、偏好数据、浏览行为数据等，使企业能够为消费者提供个性化的产品推荐和服务，满足消费者对独特性产品和服务的需求，提升消费者的满意度和忠诚度。企业可以利用社交媒体、移动应用和在线平台等多种渠道与消费者互动，实时响应消费者的反馈和需求，为消费者提供贴合个人需求的购买体验。

其次，多渠道互动。随着智能手机和互联网技术的普及，消费者与品牌的互动变得更加多元和便捷。企业可以利用社交网络、即时通信软件、论坛和评论区等多种渠道与消费者建立联系，与消费者实时互动和沟通。多渠道的互动不仅能提高消费者的参与度，还可以帮助企业更好地了解市场需求和消费者偏好、优化产品和服务。

最后，体验式营销。数字经济时代的企业越来越注重为消费者提供沉浸式、互动式的消费体验。利用虚拟现实技术、增强现实技术、直播和短视频等，企业能够为消费者提供生动、具有吸引力的营销内容，让消费者在互动过程中体验产品和服务。这种体验式营销不仅能提高消费者对品牌的认识，加强消费者与品牌的情感联结，还能促进口碑传播，给企业带来更大的市场影响力和更好的营销效果。

需要指出的是，数字营销的四个发展阶段并非后者替代前者，而是叠加式升级。也就是说，当数字营销迈入一个新阶段时，前一阶段的数字营销方式并未消失，而与后者共同存在，相互补充。企业应根据具体情况恰当地选用数字营销方式，也可以使不同营销方式互相配合，从而获得良好的营销效果。

## 第二节 企业数字营销的实施策略

### 一、搭建数字化营销平台

#### （一）数字化营销平台的功能

1. 内容管理与分发

内容管理是指创作、存储、管理、优化和发布各种营销内容，确保营销内容高质量，同时，提高内容的可见性和用户参与度。这一过程不仅包括文本内容的管理，还包括视频、图像和音频等多媒体内容的处理。通过有效的内容管理和分发，企业能够确保营销内容及时更新且与目标受众相关，增强营销内容的吸引力和影响力。此外，内容管理系统支持搜索引擎优化，能使营销内容在搜索引擎结果中获得更好的排名，吸引更多潜在客户。内容分发要确保在正确的时间、通过正确的渠道将内容传递给目标受众，包括社交媒体、电子邮件、博客和其他在线平台的内容分发，有助于提升品牌曝光率和用户参与度。

2. 用户互动与参与

在数字化营销平台上，企业可以与用户互动、沟通，增强用户体验，提升用户对品牌的忠诚度。利用数字化营销平台，用户可以直接与品牌互动，分享观点和反馈信息。用户参与感增强。企业可以利用数字化营销平台收集用户反馈信息，了解用户需求和偏好，进而调整营销策略，开发用户喜欢的产品。数字化营销平台的用户互动和参与机制可以促进营销内容传播，扩大品牌的影响力和覆盖范围。

3.客户数据资产化

通过收集、分析客户行为数据、购买历史数据和互动记录数据，企业能够绘制详细的客户画像，了解不同客户群体的特定需求和偏好。通过客户数据分析，企业能够设计精准的营销活动，提高营销信息的相关性和吸引力，提高客户的参与度和忠诚度。客户数据资产化能帮助企业预测市场趋势、发现潜在的商机、优化产品和服务。为了实现客户数据资产化，企业需要确保数据的准确性、时效性和合规性，同时，采用先进的数据分析工具和技术，如机器学习技术和人工智能技术，深入挖掘数据价值，基于数据制订、调整营销策略。

4.提高销售转化率

提高销售转化率是指利用各种在线营销工具和策略将潜在客户转化为实际购买者。提高销售转化率的措施包括优化营销渠道、提高网站和营销内容的吸引力、实现个性化的用户体验等。通过对用户行为的跟踪和分析，企业可以了解哪些营销策略有效、哪些客户群体更可能进行购买，从而对营销活动进行优化，提高投资回报率。此外，提高销售转化率还涉及消除客户购买过程中的潜在障碍，如优化结账流程、为客户提供多样化的支付选项、确保网站的用户体验能够促进购买。通过提高销售转化率，企业不仅能够增加收入，还能够提升客户满意度和忠诚度，为长期发展奠定基础。

（二）数字化营销平台建设原则

1.用户友好原则

企业在数字化营销平台的设计和使用过程中，应当充分考虑用户的需求和体验，确保平台界面直观易用、内容质量高、互动性强。第一，数字化营销平台能够为用户提供清晰的导航、较快的加载速度和响应速度，具有适应不同设备和屏幕尺寸的适配性。第二，该平台要为用户提供帮助、支持，确保用户在遇到问题时能够迅速找到解决方案。第三，该平台应该考虑到不同用户群体的特定需求。例如，数字化营销平台为残疾人提供无障碍访问功能。企业构建用户友好型数字化营销平台，能够提高用户满意度和忠诚度，促进用户积极参与互动，促进口碑传播，从而优化品牌形象，提高市场竞争力。

2.灵活性和可扩展性原则

数字化营销平台要能够适应市场需求变化、技术进步和企业战略调整。该平台的架构应允许添加新功能或修改现有功能，能够轻松集成其他系统和工具，如社交媒体、客户关系管理系统和数据分析工具。企业确保数字化营销平台的灵活性和可扩展性，能避免业务增长或变化导致平台过时，可以确保数字化营销平台持续支持企业发展。

3.安全性和合规性原则

企业在数字化营销平台的建设和维护过程中，应充分考虑数据安全和用户隐私保护，遵守相关的法律法规。企业需要采取有效的技术措施和管理措施，使平台免受未授权访问，防止数据泄露和其他网络安全威胁。企业可采取数据加密、访问控制、网络安全监控和定期安全审计等措施。企业还需要在收集、处理和使用用户数据过程中遵守数据保护法律法规。企业确保数据安全性和合规性，不仅能防范法律风险和经济损失，还能加强用户对企业的信任，从而提高品牌声誉，获得成功。

（三）数字化营销平台建设策略

数字化营销平台不仅仅是企业联系客户的纽带，也是加强产品宣传的重要渠道。企业建设数字化营销平台，能提升客户对企业的关注度。建设数字化营销平台的具体策略如下：

第一,维护、优化数字化营销平台。企业可对数字化营销平台进行优化,充分发挥数字化营销平台的优势,推进企业发展。例如,企业可对数字化营销平台界面与性能进行优化,提高平台服务质量,利用高水平的数字化营销平台吸引更多消费者。

第二,创新数字化营销平台的形式和内容。企业需要关注最新的数字营销趋势和技术,如人工智能技术、增强现实技术、虚拟现实技术等,并思考如何将这些技术融入数字化营销平台,从而实现互动性更强的用户体验。另外,营销内容的创新也至关重要。企业需要创作高质量、有价值、与用户兴趣和需求相匹配的营销内容,通过讲述故事、增加游戏化元素等手段提高营销内容的吸引力,提高用户参与度和转化率。

第三,强化数字化营销平台数据收集和分析。用户数据分析是企业提升营销效率和营销效果的前提,有助于企业对营销策略、营销手段进行优化。在建设数字化营销平台时,企业需要建立系统的数据收集和分析机制,以收集和分析用户行为数据、市场数据和竞争数据。

第四,进行多渠道集成。在当今的数字营销环境中,消费者通过多种设备和渠道接触品牌。因此,构建一个能够整合多种设备和渠道的数字化营销平台至关重要。企业在建设平台时,应考虑到平台跨渠道的一致性和连贯性,使消费者无论在哪个渠道接触品牌都能获得一致的体验和信息。此外,集成多渠道的数字化营销平台有助于企业在不同渠道收集和共享用户数据、更好地了解消费者行为、实现个性化推荐。

## 二、优化数字营销方式

### (一)社会化媒体营销

社会化媒体营销是利用社会化网络、在线社区、博客、百科或者其他互联网协作平台来进行营销。在数字营销中,社会化媒体主要是指具有网络性质的综合站点，站点的内容都是由用户自愿提供的。一般社会化媒体营销工具包括论坛、微博、微信、博客、在线社区等。

企业将社会化媒体营销作为一种重要的数字营销方式，投入大量资源，期望提升营销的效果。企业社会化媒体营销的策略如下：

第一，企业根据自身的业务目标和品牌定位，制订社会化媒体营销战略。这包括明确营销活动的目标受众、关键信息点、内容发布计划，以及如何促进用户互动和参与。明确的战略规划有助于企业有效分配资源、聚焦关键行动点、提升社会化媒体营销的效率和效果。企业应进行市场调研，了解目标消费者的偏好和行为习惯，选择合适的社会化媒体平台进行营销。

第二，以社会化媒体内容为突破点，打造品牌与大众沟通的核心营销内容。社会化媒体内容并非必须依靠社会化媒体平台才能广泛传播。真正脍炙人口的内容本身足够引起公众关注和参与传播，再通过社会化媒体的预热，即可联动线下在短期内实现很好的传播效果。企业创作优质社会化媒体内容可以从以下几方面入手：

一是要注重内容的质量和吸引力。企业应创作和消费者具有高度相关性的内容，确保这些内容与目标受众的兴趣、需求密切相关。为此，企业需要深入了解受众群体，了解他们的兴趣点以及他们在社会化媒体上的行为模式。例如，企业可以通过数据分析来了解受众常讨论或分享的话题，然后围绕这些话题创作社会化媒体内容。此外，内容的创新性也非常重要。企业需要不断尝试新的内容呈现形式和内容创意，如利用交互式内容、视频、直播等来吸引用户的注意力，提高用户参与度。这样，企业可以提升社会化媒体内容的吸引力和互动性，与受众建立情感联系，提高受众对品牌的忠诚度。

二是要确保内容具有一定的独特性，从而在竞争激烈的社会化媒体环境中脱颖而出。企业的社会化媒体营销内容不应该是千篇一律或易于复制的，而应该具有明显的品牌特色，能够体现企业的独特价值主张和品牌个性。例如，企业可以通过讲述独特的品牌故事、展示产品和服务背后的创新过程或倡导社会责任理念来实现营销内容的独特性。

三是重视内容的时效性。企业需要迅速响应市场的最新动态，及时调整内容策略，使内容始终保持新鲜感和相关性。通过保持内容的独特性和时效性，企业可以更有效地吸引受众的关注，将受众转化为品牌的忠实拥趸。

四是要注重内容的互动性，使内容能够引起受众参与和互动。企业可以通过设计互动环节、发起话题讨论、举办在线活动或比赛等方式实现社会化媒体营销内容的互动性。通过增强内容的互动性，企业不仅可以提高用户的参与度，增强用户黏性，还可以收集用户反馈数据，据此优化产品和服务。此外，鼓励用户生成内容也是一种有效的内容策略。企业可以激励用户分享自己的体验和故事，从而扩大品牌的影响力。这样，企业可以增强内容的互动性，从而在社会化媒体上获得广泛的用户基础。

第三，采用综合评价体系衡量社会化媒体营销效果，持续优化社会化媒体内容。综合评价体系应包括定量分析和定性分析，评估营销活动对品牌形象、用户参与度、客户忠诚度以及销售转化率的影响。除了关注粉丝数、点赞数和转发数等基础指标，企业还应关注用户的实际参与情况、讨论的质量、情感倾向等指标。企业可以采用 A/B 测试等方法，对不同的营销策略进行效果评估，调整和优化社会化媒体内容。

### （二）微电影营销

1. 微电影营销的概念与特点

微电影营销是利用电影短片进行品牌推广和营销。这种短片时长通常为 5～30 分钟，通过讲述引人入胜的故事来展示品牌价值、传达品牌信息或促进产品销售。微电影因叙事性、艺术性和情感共鸣而在网络上获得广泛传播，成为企业与消费者建立情感联系的有效工具。下面是微电影营销的主要特点：

（1）故事性强。微电影通过讲述具有吸引力的故事来传递品牌信息，这些故事往往情节丰富、人物形象鲜明、情感表达深刻，能够引起观众的共鸣。通过故事讲述，品牌可以自然、隐蔽地融入消费者的情感世界，提高消费者对品牌的认知度和好感度。

（2）视觉冲击力强。微电影通常具有较高的制作质量，具有优秀的摄影、剪辑、音乐和视觉特效，具有强烈的视觉冲击力，能为观众提供艺术享受。这种高质量的视觉表现有助于吸引观众的注意力，增强品牌形象的传播效果。

（3）易于传播。由于时长适中且容易在社交媒体和网络平台上分享，微电影便于被广泛传播。观众可以通过各种在线渠道轻松观看并分享微电影，使得品牌信息迅速扩散，扩大品牌营销的覆盖面，提高品牌影响力。

（4）容易引起情感共鸣。微电影营销的成功在很大程度上依赖微电影能触动观众的情感、引起观众情感共鸣。企业利用微电影引起观众情感共鸣，不仅可以加深观众对品牌价值和理念的理解，还可以促进观众对品牌的口碑传播。

2.微电影营销的方式

（1）娱乐营销。娱乐营销是通过微电影中的娱乐元素吸引观众，利用观众对娱乐内容的兴趣和好感来传递品牌信息。微电影往往包含幽默内容、惊喜内容或其他娱乐性的内容，能使观众产生观看愉悦感，提高观众参与度。企业通过创作有趣的故事、设计搞笑的角色或采用其他娱乐形式，吸引观众注意力，巧妙地传递品牌信息。微电影娱乐内容和品牌信息有机结合，既能使观众在观看电影过程中获得娱乐享受，也能使品牌信息自然而然地融入电影内容，达到潜移默化营销的效果。

（2）情感营销。情感营销通过微电影触动人心的情感故事，建立品牌与观众之间的情感联系，促进观众对品牌的认同。微电影内容具有真挚的情感，能够触及观众内心，引发观众情感共鸣。利用微电影，企业不仅能够在观众心中树立良好的品牌形象，还能促进口碑传播，因为观众往往乐于分享触动他们心灵的内容。成功的情感营销可以提高观众对品牌的情感依赖度和忠诚度，建立稳固的客户关系。

（3）网络口碑营销。网络口碑营销利用互联网的传播速度和广度，让微电影在网民中自发传播。这种营销方式依赖微电影内容的吸引力和传播力，旨在激发观众的分享欲望，通过社交网络、论坛、博客等实现迅速传播。网络口碑营销的关键在于创作高质量、具有传播价值的内容。这些内容通常具有独特性、新颖性或话题性，能够引发观众讨论。成功的网络口碑营销不仅能迅速提升品牌知名度，还能够树立正面的品牌形象，通过网民的自发传播提高品牌的市场影响力。

3.企业微电影营销的优化策略

（1）进行整合营销。微电影整合营销也叫多屏营销，就是通过与不同的网站、移动平台、媒体等展开合作而进行营销。首先，企业进行微电影整合营销，需要对不同用户群体的媒介使用习惯和内容偏好进行深入分析，确保微电影内容能够在各种平台上有效传播、触达广泛的目标受众。企业可以开辟企业网站专区来展示微电影，吸引目标用户的关注。其次，企业与多家主流门户网站和视频网站合作，提升微电影的曝光率，扩大微电影覆盖面。这种合作可以是内容分享、联合推广或互动营销等形式。通过在不同的平台发布微电影，企业能够利用各平台的用户基础和特色，实现营销内容的广泛传播，也能通过跨平台的数据分析精准地评估营销效果，优化未来的营销活动。最后，企业整合线下的活动、线下的媒体等进行品牌传播。线下活动可以加强品牌与消费者的互动和情感联系。线下媒体可以增强营销活动的正式性和权威性。通过将线上的微电影营销与线下活动、线下媒体宣传相结合，企业可以多角度传播品牌信息，加强消费者对品牌的记忆，从而有效提升营销活动的效果。

（2）优化微电影内容。与传统视频内容强调意义性和品位性不同，微电影内容更加注重趣味性、自由性和个性化。这是因为微电影的受众主要是互联网用户，他们更偏好有趣、富有创造力、能够引发共鸣的内容。企业在创作微电影时，需要深入了解目标观众的偏好，创作出能够触动观众心灵的作品，这样的微电影更容易被观众接受和传播。企业还需要根据自身的品牌定位和市场战略，确保微电影的主题和风格与企业的整体形象和发展目标一致，优化微电影内容。例如，注重年轻化、时尚的品牌可以选择创作幽默、轻松的微电影，传统的品牌或注重专业性的品牌可能需要选择更加庄重、具有教育意义的微电影内容。

（3）重视用户参与。在微电影营销中，用户参与不仅能提高品牌的可见度和互动性，还能为企业提供用户反馈数据，帮助企业更好地了解目标受众、提升营销效果。企业可以通过以下两种途径提高用户参与度：

一是利用视频平台的弹幕功能。弹幕允许用户在观看微电影时实时发表评论。这些评论可以增强观影的趣味性，优化用户的观影体验。企业应该合理调控弹幕的显示频率和内容，确保弹幕既能引发用户参与，又不会过分干扰用户观影。富有创意的弹幕内容可以触及用户的兴趣点，引起用户更多的互动和讨论。

二是利用评论区。企业应关注用户在评论区的反馈和讨论。通过分析用户评论内容，企业可以获取用户的直接反馈信息，了解用户的喜好、期望和不满。用户反馈信息对调整微电影内容、改进营销策略都具有重要价值。企业还可以利用评论区鼓励用户生成内容，如鼓励用户分享个人观点、创作作品等，这样不仅能增强用户的参与感和归属感，还能扩大微电影的影响力，促进微电影传播。

### （三）直播营销

#### 1.直播营销的概念与特点

直播营销是指企业以直播平台为载体进行营销。该营销方式能使企业达到品牌影响力提升或销量增长的目的。直播营销具有以下特点：

（1）营销成本更低。直播营销的成本相较于传统的电视广告营销或大型线下活动营销低得多。企业通过直播平台进行产品推广或品牌宣传，不需要高昂的场地费用，不用租赁设备，不需要大量的人员，只需准备好直播设备和合适的场地即可。利用网络直播平台的流量，企业可以以更低的成本接触更广泛的受众群体，从而实现成本效益最大化。

（2）传播速度更快，覆盖范围更大。在网络时代，信息传播速度快，直播内容可以瞬间触达全球的观众。直播营销的传播速度和覆盖范围是传统营销方式难以比拟的。直播营销能使企业迅速提高品牌知名度、扩大市场影响力。

（3）营销效果更直接。通过直播，企业可以实时展示产品、解答观众疑问并即时收到观众的反馈信息，使营销效果更为直接。直播的即时互动还能激发观众的购买欲望，在短时间内促成销售，提高销售转化率。

（4）营销反馈更有效。在直播过程中，企业可以通过观看人数、观众互动情况、观众留言等数据直接评估营销效果，并根据观众反馈信息调整后续的营销策略。通过直播，企业能够快速响应市场变化，优化产品和服务，提高客户满意度和对品牌的忠诚度。

2.直播营销的优化策略

营销直播包括四大要素：人物、场景、产品和创意。这四大要素会影响直播的效果。企业在进行直播营销时，要注意这四大要素的有机结合。

（1）选择优秀主播。主播作为直播营销的关键人物，具有十分重要的作用。企业选择主播时，应考虑以下几点：

①主播与直播间氛围的协调性。主播个人形象与直播间氛围的协调性影响观众的第一印象及持续观看意愿。主播的外表、着装应与直播环境相契合。例如，在拥有自然风光的户外直播场合，主播的装扮应休闲、自然，以符合环境氛围；在介绍科技产品的直播中，主播可能需要展现出专业、

干练的形象。主播外在形象与环境协调,有助于增强观众的沉浸感,提升直播的吸引力,也有助于提升品牌形象,增强观众对品牌的好感。

②主播形象与产品的匹配性。主播不仅是直播的传播者,也是产品的代言人。例如,推广美妆产品的主播应展现良好的肤质和化妆技能,这样能提高产品的可信度和吸引力;推广健身器材的主播应展现出健康、有活力的形象。主播形象与产品属性的契合,可以提升产品的吸引力,促进观众对产品特性的了解和认可,促进观众做出购买决策。主播与产品的匹配性不局限于主播外在形象方面,主播对产品的理解和使用体验也应与推广的产品相符,这有利于展现出直播的真实性和说服力。

③主播的语言风格与互动能力。直播间的氛围在很大程度上受主播的谈吐和互动方式影响。主播应能够根据直播内容和观众特点调整语言风格,使直播语言既专业又亲切,从而与观众建立情感联系。另外,主播适当的幽默和智慧可以使直播更加生动有趣,能增强观众的参与感,提高观众满意度。主播还应具备敏锐的观察力和应变能力,能够即时获取并回应观众的反馈信息,与观众建立良好的互动关系。这种互动不仅能提升观众观看直播的体验,还能促进信息的有效传递,提高营销转化率。

(2)搭建合适场景。场景是主播营销的主要空间,直接影响观众的观感和购买意愿。企业搭建直播场景时需要注意以下几点:

①应根据品牌定位、产品特性以及目标观众特点选择直播场景。门店直播可以充分利用实体店的环境优势,展示品牌形象,提高观众信任度,促进线上线下联动消费。仓库直播展示供应链实力,提升品牌透明度和观众对产品的信赖度。原产地直播通过呈现产品来源,增强产品的真实性和可追溯性,增强观众的信任感和购买欲望。主题直播间搭建需要更精心的设计,以增强观众的代入感,提高观众参与度。总之,直播场景应符合直播内容和目标,有效传递品牌信息,激发观众兴趣。

②搭建直播场景,不仅要考虑直播场景的功能性,也需要注重直播的

视觉效果和观众的情感共鸣。直播场景布置应符合品牌形象和直播主题，创设舒适、吸引人的观看环境。例如，知识付费直播可使用书架作为背景，展现学术氛围；服装直播应展示与服装风格相匹配的环境。直播背景墙的设计应富有创意，能够突出主打产品，能引起观众情感共鸣，增强观众观看黏性和互动意愿。

③搭建直播场景，还需要考虑设备的合理布局，确保直播的流畅性和互动性。高质量的视频和音频设备是必要的。同时，需要将光线、声音等调到最佳状态，以避免影响观众体验。设备的选择和布局应与直播场景环境相协调，既保证直播质量，又不破坏场景的整体氛围。合理的设备布局不仅能提升直播效果，还能防止技术问题干扰，确保直播的专业性，提高观众的满意度。

（3）优化产品管理。产品是直播营销活动的载体。一场直播活动通常需要销售三类产品：福利产品、主打爆款产品和高利润产品。福利产品主要用于吸引和留住观众，促进观众互动和参与。主播通过抽奖或赠送福利产品，可以有效引流并激励观众参与直播互动，从而提高直播的活跃度和观众黏性。福利产品虽不直接创造利润，但从长期来看有助于构建忠实的观众群、提升品牌形象。主打爆款产品是直播销售的核心产品，通常具有高性价比和广泛的市场需求，是吸引观众购买的主力。主播在直播过程中应重点推荐主打爆款产品，突出这些产品的优势和性价比，使用精心准备的话术来增强产品吸引力，从而实现销量的大幅提升。高利润产品定价较高，虽然转化率可能低于主打爆款产品，但利润空间大，对总体收益贡献显著。主播在直播中推荐高利润产品时，应着重展示产品的独特价值和高端属性，通过增值服务、限量优惠等方式提升产品吸引力，从而促进高价值交易。

（4）提升直播创意水平。创意是直播营销活动的灵魂。做好直播内容的创意策划，可以让直播内容更有吸引观众的魅力。做好直播创意，主要从以下三方面考虑：

①增加直播的文化内容。直播的文化内容是增强直播魅力和吸引力的重要因素。通过在直播中融入丰富的文化元素，主播不仅能够娱乐观众，还能教育和启发他们，提升直播的价值和观众的忠诚度。例如，一个直播节目可以结合传统节日、地方文化或者特定主题，通过讲故事、展示艺术品或传统手工艺等方式，增加文化内涵，让观众在享受娱乐的同时获得知识和灵感。此外，邀请专家、学者参与直播、分享文化内容，也是增加直播文化内容的有效手段。这样，企业不仅能吸引更广泛的观众群体，还能提升品牌形象和差异化竞争力。

②建立健全内容引导机制。内容引导机制是确保直播内容质量高和观众体验佳的重要手段。直播平台和主播应建立一套有效的内容引导机制，确保直播内容健康、积极、富有教育意义。这包括制定直播内容标准、监控直播过程中的内容、及时调整不适宜内容以及鼓励优质内容创作。例如，可以设立内容评审团，对直播内容进行预审或事后评估，给予优秀内容创作者奖励，对不当内容创作者进行处罚或指导。此外，还可以利用技术手段，如人工智能内容监测，自动识别和过滤不适宜的内容，确保直播环境健康。

③在直播间采用创意互动方式。直播间内的互动不局限于主播与观众之间的简单对话，还可以包括观众之间的互动、观众对直播内容的影响、观众参与直播内容创作等。主播可以让观众投票决定直播走向，设置观众提问环节、互动游戏或挑战，让观众参与内容创作，等等。通过这些创意互动方式，主播不仅能使直播生动有趣，还能增强观众的参与感和归属感，从而提升直播的效果。

### 三、进行数字化客户关系管理

（一）收集客户数据

企业在客户管理过程中需要收集客户数据，特别是需要针对客户开展一对一个性化营销且预算充足的企业，更应该考虑建立客户数据库，收集客户数据。不过，虽然对企业而言，尽可能多地掌握客户数据是有效进行客户管理的基础，但企业搜集、清洗、储存数据需要付出大量的人力、物力、财力。所以，企业需要有选择地根据客户的特点来收集客户数据。针对不同的客户类型，企业需要收集的客户数据如表 7-1 所示。

表 7-1　企业需要收集的客户数据

| 客户类型 | 需要收集的客户数据 ||
|---|---|---|
| | 一级数据 | 具体数据 |
| 个人客户 | 自身数据 | 姓名、性别、年龄、性格、电话、住址等 |
| | 家庭数据 | 婚姻状况，结婚纪念日，配偶姓名、生日、爱好，是否有子女，子女姓名、年龄、生日、受教育状况，子女是否与父母同住，等等 |
| | 事业相关数据 | 就业情况、单位、工作地点、职务、任职时间、收入、个人从业经历等 |
| | 心理与态度相关数据 | 财物动机、个性、生活方式、品牌信念、对品牌的态度 |
| | 行为数据 | 购买频率、购买种类、购买金额、购买途径 |
| 企业客户 | 基本数据 | 名称、地址、电话、创立时间、所在行业、规模、经营理念、销售或服务区域、声誉 |
| | 业务状况相关数据 | 销售能力、销售业绩、发展潜力、优势、存在的问题 |
| | 交易相关数据 | 交易条件、信用等级、企业与客户联系紧密程度 |

客户数据的来源主要包括第一方数据、第二方数据和第三方数据。

第一方数据是企业自身收集的数据，来源包括销售系统、会员系统和客户服务系统等。这类数据直接反映了企业与客户的互动历史，如订单历史、客户反馈、客户的网站访问行为等。这些数据直接由企业收集，准确性和相关性通常较高，非常适合用于提高客户服务水平和提高客户忠诚度计划。然而，第一方数据只限于现有客户群体，难以拓展至新客户。尽管第一方数据能使企业深入了解客户，但这些数据在数量和多样性上可能存在局限性，企业难以利用这些数据进行市场分析和新客户发掘。

第二方数据是企业从合作伙伴或相关平台那里获得的数据，包括企业从下游企业、广告代理商或合作媒体平台那里收集的数据。企业分析这类数据，可以了解客户的媒体偏好、行为模式。例如，企业通过合作媒体获得用户互动数据，可以了解目标客户群体。但第二方数据的数据采集源不属于企业，所以企业能收集的数据取决于外部平台的开放程度。如果数据来源平台更改制度或中断数据共享，企业可能会失去宝贵的数据资源，这会影响之前基于这些数据制订的策略。

第三方数据是由独立机构提供的数据，主要来源于市场调研、公开数据库和数据聚合商等。分析这些数据，企业能了解市场和用户，在市场定位、竞争分析等方面做出明智的决策。尽管第三方数据可以为企业提供多样化的信息，但竞争对手可能收集同样的第三方数据，这就降低了第三方数据的价值。此外，数据的真实性和质量也是企业利用第三方数据时需要考虑的重要因素。确保数据投资的有效性和安全性，是企业使用第三方数据时要面对的挑战。

### （二）整理客户数据

企业进行客户数据整理，能够及时发现并纠正错误信息，如客户提供的虚假姓名或联系方式、销售人员输入的错误客户信息、销售人员为了达到业绩目标而编造的数据以及其他各种错误数据。企业进行客户数据整理的意义体现在以下几方面：

1. 提高数据质量

不准确的数据会直接影响企业对市场和客户行为的分析，导致错误的业务决策和营销策略。通过对数据进行清洗和验证，企业可以确保使用的数据是真实、有效的，从而提高决策的准确性和营销活动的有效性。

## 2. 提升客户满意度和忠诚度

准确的客户信息能够帮助企业更好地了解客户需求和偏好、实现个性化服务和沟通、增强客户体验、提升客户满意度和忠诚度。

## 3. 提高数据的安全性和合规性

企业需要确保收集和使用客户数据符合相关法律法规的要求。数据整理不仅有助于识别和删除不合规的数据，还可以加强数据安全管理，防止数据泄露和滥用，维护企业声誉和客户信任。

（1）数据分析人员需要根据经验来评估客户数据的准确性。数据错误是常见的问题，比如，手机号码位数错误或电子邮件格式不正确。这些明显错误的数据需要被及时识别和清除。除此之外，数据分析人员还应利用专业知识来识别和纠正那些不明显的错误，如不符合地区编码的电话号码或不合逻辑的年龄数据。在此过程中，数据分析人员不仅需要应用数据分析技术，还需要应用业务知识，确保数据清洗过程既高效又准确，为后续的数据分析和应用奠定坚实的基础。

（2）通过相关字段的对比来了解数据的真实性。可以通过对比客户数据中的不同字段（如地址和邮编、电话号码和地区编码等）来检查数据的一致性和准确性。例如，如果客户提供的城市名称和邮政编码不匹配，那么这份数据很可能存在问题。对比客户的注册信息和交易记录中的信息，可以识别出不真实的数据。这种对比不仅可以帮助企业发现明显的数据错误，还能揭示数据的不一致性，提高数据的真实性和可靠性。

（3）使用工具去除数据中的空格、非法字符。在数据收集和输入过程中，经常会出现多余的空格、特殊符号或非法字符，这些都会影响数据处理和分析。使用数据清洗工具，可以自动识别并清除这些无效的内容，保证数据格式统一和清洁。这不仅有助于减少手动去除无效内容的工作量，还能避免人为疏忽导致的错误，确保数据分析的准确性。

（4）对已经确认格式和逻辑正确的数据进行测试。即使数据经过了初步清洗和验证,也有必要利用测试工具对数据进行进一步的检验,如对数据的完整性、一致性和逻辑性进行测试,确保所有数据都符合业务规则。例如,可以设置特定的测试场景来模拟数据应用过程,检查数据在实际使用中是否能够保持准确性和稳定性。

### (三)进行客户分析

客户分析是指企业在拥有基本数据的情况下,在客户关系管理中对相关数据进行统计、分析,发现用户的特征和行为规律,为营销策略的制订提供依据。客户分析具体可分为客户群体划分、客户行为分析、客户需求分析和客户流失分析。

1. 客户群体划分

(1)根据性别划分。注重区分不同客户的性别特征,以便更好地满足不同性别群体的需求。

(2)根据年龄划分。了解不同年龄段客户的消费特征和需求。年轻客户可能倾向于追求时尚、个性化产品,中老年客户可能更重视产品的质量。企业需要根据不同年龄段客户的偏好设计产品和营销活动,如针对年轻人推广具有潮流元素的产品,针对中老年群体强调产品的健康因素。

(3)根据职业划分。考虑不同职业群体的消费能力和偏好。例如,企业高管和白领可能倾向于购买高端、正式的服装,创意行业人士可能更喜欢个性化、时尚的产品设计。企业在产品设计和营销上应考虑客户职业特征,为不同职业群体提供符合他们需求的产品。

(4)根据审美风格划分。了解客户的审美偏好和风格。不同的客户群体可能对产品风格有截然不同的需求,例如,一些客户偏好经典、简约风格,而另一些客户喜欢前卫、潮流风格。企业需要通过市场调研了解目标客户的审美风格,根据客户特征进行产品设计和市场定位。

(5)根据场景划分。不同场景的客户需要的商品不同。例如,职业女性在工作场合可能需要正装,而在休闲场合可能偏好休闲的装扮。

## 2.客户行为分析

进行客户行为分析是了解客户需求、优化产品和服务、制订有效营销策略的基础。客户行为分析可以从以下四个角度进行。

（1）对客户基本信息进行多维度分析。从客户的地域、性别、年龄等维度对客户的购买行为或偏好进行分析。这种多维度分析有助于企业了解不同客户群体的特定需求和偏好，使营销策略更加精准和有效。

（2）对客户价值进行分析。通过分析客户的购买历史、产品价值和购买频率等数据来量化客户价值。高价值客户往往对企业的收益贡献大，能够给企业带来稳定的收入流。通过识别这些客户，企业可以设计更个性化、更优质的服务和产品，以提高客户忠诚度，提高客户终身价值。

（3）对客户浏览行为进行分析。分析客户的浏览行为和购买行为，可以揭示他们的偏好和兴趣点。这包括分析客户在网站或应用软件上的浏览路径、停留时间、点击率等数据。通过分析这些数据，企业可以发现客户对哪些产品或内容感兴趣、哪些促销活动更能吸引客户。企业可以根据客户数据分析结果，进行有针对性的产品推荐和内容定制，提高销售转化率和客户满意度。

（4）对客户"不喜欢"进行分析。通过设置"不喜欢"按钮或收集客户对推荐商品的负面反馈信息，企业可以收集到关于客户不喜欢什么的信息。这类信息有助于企业避免重复推送不受欢迎的产品或内容，防止客户不满，降低客户流失率。企业分析客户的反偏好，还能全面了解客户需求，优化产品和服务，优化客户体验，提高客户满意度。

## 3.客户需求分析

在进行客户需求分析时，企业需要深入了解数据的具体含义，从而了解客户的真实需求，为客户提供个性化的服务。客户需求分析可以从以下四个角度进行。

（1）对客户的环境信息和行为数据进行全面分析。通过分析客户环境信息（如客户的居住区域）和行为数据（如频繁浏览的商品类别、购物时间和频率等),企业可以对客户进行精细的画像,从而推断出客户的生活状态和需求。例如,频繁搜索婴儿产品的客户可能是新晋父母,对婴儿用品有较高的需求量。

(2)从客户的购买行为中提取信息。通过分析客户购买频率、购买时间点以及购买偏好等数据,预测客户的未来购买行为。这种数据分析可以帮助企业在适当的时间向客户推荐合适的产品,提高营销的针对性和效率。例如,通过分析客户购买纸尿裤和奶粉的时间,企业可以在客户需要购买前推送相关促销信息。

(3)对客户数据进行深入分析,了解客户行为的原因。比如,客户从一个品牌转向另一个品牌的行为反映了客户的品牌偏好、对产品的满意度或对价格的敏感度等。企业通过分析客户数据,可以了解客户的偏好变化及其原因,为产品改进和市场策略调整提供依据。

(4)利用客户数据,为客户提供个性化的产品和服务。企业通过分析客户数据,对客户行为进行深入了解,可以发现客户的具体需求,甚至在客户意识到这些需求之前,就制订营销方案,从而为客户提供个性化的产品和服务。这样,企业可以通过提供量身定制的产品和服务来满足客户的独特需求,提升客户满意度和忠诚度,在竞争中脱颖而出。

4.客户流失分析

通过深入分析客户流失的原因,企业可以采取措施减少未来的客户流失,提升客户忠诚度和企业收益。客户流失分析可以从以下三个角度进行。

(1)识别流失客户的特征和行为模式。企业可以通过分析历史数据,了解流失客户的共同特征,如购买频率下降、互动次数减少、服务使用率降低等。如果发现特定客户群体在取消服务前有相似的行为模式,企业就可以在这些行为发生前采取措施,通过改进服务或提供特别优惠来减少客户流失。

(2)进行客户满意度调查和客户反馈分析。企业应定期收集并分析客户满意度调查结果,注意客户满意度下降的趋势或特定的客户不满因素。企业还应定期进行客户反馈分析,从而了解客户流失的直接原因,并有针对性地解决这些问题。企业需要注意,分析客户投诉和负面反馈,也能了解客户流失的重要线索。

(3)分析竞争环境变化对客户流失的影响。市场竞争对手的变化、新产品的引入或行业发展趋势的变化都可能影响客户的留存。通过监测行业动态和竞争对手营销策略,企业可以及时调整市场策略,改进产品和服务,从而降低客户流失率。同时,企业了解客户转向竞争对手的原因,有助于克服自身的弱点,增强客户黏性。

## 第三节 数字经济时代的企业精准营销

### 一、精准营销概述

#### (一)精准营销的概念

精准营销是指对客户进行精准定位,在此基础上与客户进行一对一的沟通,为客户提供个性化的服务体验。精准营销的核心在于让产品的广告、信息在恰当的时间,通过恰当的渠道,通过恰当的方式,精准传递给恰当的人。

#### (二)精准营销的特点

1. 精准定位目标客户

对于精准营销来说,精准定位目标客户至关重要,是实现营销目标的基础。企业需要对客户进行准确划分,将客户分为目标客户和非目标客户,针对目标客户采取相关的营销措施,以实现营销的高效率和精准化。企业可以应用先进技术、数据库,进行数据分析,得到目标客户分析结果,从而给予目标客户准确的产品或服务。

2. 成本效益高

精准营销能以较低的成本实现较好的营销效果。通过精确定位目标客户并采用合适的营销渠道和方法,企业可以有效减少无效投资,提高营销活动的投资回报率。利用数字营销工具,如社交媒体、搜索引擎和电子邮件等,企业可以以较低的成本触达广泛的目标受众,同时,收集和分析用户数据,优化营销策略。此外,通过精准营销,企业可以降低对大规模、无差别的广告投放的依赖度,采用更加专注和个性化的营销方式,从而实现更高的成本效益。

3. 可定量评估营销效果

在精准营销中,企业能够利用大数据分析技术来精确识别目标市场和消费者群体,使营销活动的设计、开展和评估都建立在数据分析的基础上。这样,企业可以定量评估营销活动的效果,比如,通过分析广告点击率、转化率、销售数据等关键指标来评估营销效果,得出投入产出比,提高资源使用效率,确保营销投资得到实实在在的回报。

4. 可调控营销策略和活动

依托数据库技术、网络通信技术及现代化的物流体系,精准营销能够实现营销策略和活动的实时监控和调整。企业可以根据市场反馈和数据分析的结果灵活调整营销策略,如调整产品推广的信息内容、渠道,调整促销活动的力度。这样,企业不仅能够提高营销活动的有效性,降低营销成本,还可以在发现问题后迅速做出反应,降低风险。

5. 营销过程简化

借助现代科技手段,精准营销能够有效简化营销过程,减少中间环节,直接将产品和服务信息精确传达给目标消费者。营销过程的简化不仅体现在营销策划和实施阶段,还体现在数据收集、处理和分析的过程中。利用自动化工具和智能系统,企业可以迅速获取市场反馈信息,分析消费者行为,从而快速、精准地调整营销策略。营销过程的简化不仅能加快市场响应速度,提高营销的灵活性和效率,还能减少中间环节产生的成本,实现营销成本的大幅度降低。

## 二、数字经济时代精准营销的升级

### (一)消费者研究更加深入

在数字经济时代,消费者画像的数据来源更加丰富。企业能够进一步细化市场,使消费者画像多元化,并且能够对营销策略进行调整,使营销更具灵活性。

第一,以往的消费者画像只是基于性别、年龄、受教育程度等人口统计数据的类型化描述,多数是浅层描述。数字经济时代的消费者画像不仅能够描述消费者行为的环境因素,还可以体现消费者的价值取向,解读消费者的真实想法。

第二,在传统营销模式中,受限于数据收集和处理的周期性及成本,消费者画像往往是静态的,难以反映消费者行为的即时变化。在数字经济时代,利用先进的数据收集技术和实时分析工具,企业能够持续追踪消费者行为,及时了解和响应消费者需求变化。这种动态的消费者画像能够实时更新,为企业提供即时的消费者信息,使营销决策更加灵活和精准。通过实时分析消费者数据,企业能够快速调整营销策略,以适应市场发展和消费者需求变化。

第三,传统的企业市场调研可能忽略了消费者行为与生活方式、社交习惯之间的联系,数字经济时代的大数据分析能够全面分析消费者的在线、离线行为,揭示消费者行为背后的生活习惯和社会关系。在此基础上,消费者画像更加立体和多元,能够展示消费者生活的各个方面,并将消费者生活与消费偏好关联起来。这种全面的消费者画像能帮助企业更好地了解消费者，有助于企业在产品设计、营销和客户服务等方面做出更有针对性的决策，实现精准营销，提升消费者体验和忠诚度。

## （二）营销内容推广更加精准

在数字经济时代，为了推广产品，企业可以通过对用户的大数据分析和挖掘，定位目标客户，针对目标客户进行营销内容的精准推广。营销内容的精准推广不会给目标客户带来困扰和麻烦，有利于目标客户加深对企业的了解。对于既有消费者，企业能够深入挖掘并利用消费者的购物历史、搜索习惯、浏览偏好及购物时段等数据，了解消费者的喜好和行为倾向。基于对消费者行为的分析和了解，企业能够定制高度个性化的广告，进行个性化产品推荐，从而增强用户体验，提高精准营销的有效性。另外，数字经济时代的精准营销还实现了营销内容推广的实时性和可验证性。企业可以实时分析用户的在线行为，根据分析结果及时调整营销内容，使营销内容更贴合用户的需求和兴趣。例如，当用户访问电商网站时，系统能够即时展现有针对性的广告和商品推荐。如果发现用户对推荐内容不感兴趣，那么系统可迅速调整推荐内容，为用户提供新的推荐内容，形成一个持续优化的循环。这样，系统不仅能提升用户满意度，还能加快企业的市场反应速度，优化营销内容推广效果。

## （三）客户体验和互动强化

在数字经济时代，客户期望获得个性化的购物体验。企业能集成各种触点和渠道信息，进行数据分析，了解客户行为和偏好，为客户提供定制化的产品和服务。此外，利用虚拟现实技术、增强现实技术等，企业可以给客户带来独特的购物体验，提高客户的参与度和对品牌的忠诚度。例如，利用增强现实技术，客户可以在家中虚拟试穿衣服或试用产品。这种互动方式不仅能提升消费体验，也能为企业开辟新的营销渠道。通过给客户带来个性化、互动的体验，企业能够更有效地吸引和保留客户，推动销售增长。

## 三、数字经济时代企业精准营销的实施步骤

### （一）确定精准营销的目标

一般而言，企业可以选择以下四个精准营销的目标：

1. 留住客户

在数字经济时代，留住客户是企业精准营销的重要目标，关键在于维护与现有客户的关系。企业需要通过各种手段了解客户需求，持续为客户提供符合他们期望的产品或服务，优化客户体验，提升客户满意度和忠诚度。有效的客户保留策略不仅有助于企业稳定收入，还有助于企业减少获取新客户的成本。通过分析客户数据，企业可以预测客户流失风险，并采取预防措施，如为客户提供定制化服务或特别优惠，留住客户。

2. 提高客户购买量

企业可以通过提高现有客户的购买频率或购买量来扩大收入基础。为此，企业应不断创新，为客户提供更多增值服务或产品，激发客户消费欲望。通过细分市场、客户分析，企业可以发现并利用交叉销售、增销机会，从而提高客户的生命周期价值。此外，通过构建积分奖励系统或制订会员计划，企业可以激励客户更频繁地进行消费，同时，提高客户对品牌的忠诚度。

3. 提高客户活跃度

对于那些曾经购买过产品或服务但已经变得不活跃的客户，企业需要分析他们的行为模式，了解他们不活跃的原因，制订有针对性的营销策略来重新吸引他们购买产品。企业可以向他们发送定制化的沟通信息，为他们提供特殊折扣或限时优惠，推出新产品或服务。企业提高这部分客户的活跃度，不仅可以提升销售额，还能夯实客户基础，创造更多的价值。

4. 获得新客户

在激烈的市场竞争中，获得新客户是企业增加市场份额和实现销量增长的关键。企业需要对目标市场有深入的了解，了解潜在客户的需求、行为和偏好。通过有效的市场细分和目标定位，企业可以设计吸引潜在客户的营销活动，如投放社交媒体广告、内容营销、合作伙伴营销等。同时，企业需要评估营销活动的效果，确保营销资源的有效投入，并不断调整营销策略，以提高新客户的转化率和忠诚度。

## （二）收集并分析数据

在精准营销中，数据是制订有效营销策略的基础。企业可以通过两条途径搜集客户数据：直接渠道和间接渠道。通过直接渠道收集的内部数据主要来源于企业与客户的直接互动和交易，包括客户的购买记录数据、服务使用数据、反馈数据、调查问卷结果、在线行为（如网站访问行为）数据、客户服务互动记录数据等。通过间接渠道收集的外部数据是指企业之外的数据，包括市场研究报告、社会媒体和网络论坛数据、公开的数据集、行业发展趋势分析数据、竞争对手信息等。对于收集的数据，企业应使用数据分析技术（如数据挖掘技术、机器学习技术等）进行分析，以了解客户偏好、行为模式和市场趋势，为后续的营销决策提供支持。

## （三）制订精准营销策略

在收集并分析了大量的内部数据和外部数据之后，企业需要基于数据分析结果来制订具体的精准营销策略。为此，企业需要考虑如何定位产品、设计营销内容、选择营销渠道、设定营销预算等，还需要充分了解客户的偏好、行为、购买历史，以及竞争环境和市场趋势，确保营销信息能够在正确的时间、通过正确的渠道传达给正确的人。例如，如果数据显示一个特定顾客群体对某一产品类别表现出较高的兴趣，企业可以针对这一群体设计个性化的营销活动，通过他们偏好的媒介渠道发布营销信息。此外，精准营销策略还应该包括利用先进技术和工具（如数据分析技术、人工智能技术和自动化营销工具等）来提高营销活动的效率。

### （四）开展并优化营销活动

制订精准营销策略之后，企业需要开展营销活动，并持续监控营销活动的效果，以便及时优化营销活动。在开展营销活动过程中，企业要确保所有营销活动都严格按照计划进行，同时，收集相关数据以监控活动表现，了解营销活动引发的顾客反应、销售转化率、网站流量、社交媒体互动等。基于实时数据，企业可以评估营销活动的有效性，判断营销活动是否达到了预期的目标，并根据评估结果调整营销策略。如果某个营销渠道的表现不佳，企业需要调整预算分配，增加在更有效的营销渠道的投入。通过数据分析，企业还能迅速找到并解决出现的问题，如目标群体定位不准确或营销信息传递不清晰等，从而持续提升营销活动的效率和效果。这种循环的营销活动优化过程是确保企业在变化的市场环境中保持竞争力的关键。

# 参考文献

# 参考文献

[1] 申雅琛. 数字经济理论与实践 [M]. 长春：吉林人民出版社，2022.

[2] 刁生富，冯利茹. 重塑：大数据与数字经济 [M]. 北京：北京邮电大学出版社，2020.

[3] 唐晓乐，刘欢，詹璐遥. 数字经济与创新管理实务研究 [M]. 长春：吉林人民出版社，2021.

[4] 颜阳，王斌，邹均. 区块链+赋能数字经济 [M]. 北京：机械工业出版社，2018.

[5] 毛丰付，娄朝晖. 数字经济：技术驱动与产业发展 [M]. 杭州：浙江工商大学出版社，2021.

[6] 吴晨. 转型思维：如何在数字经济时代快速应变 [M]. 杭州：浙江大学出版社，2020.

[7] 李晓钟. 数字经济下中国产业转型升级研究 [M]. 杭州：浙江大学出版社，2018.

[8] 王颖. 数字经济背景下企业财务变革及财务人员转型 [M]. 昆明：云南人民出版社，2022.

[9] 王利萍，吉国梁，陈宁. 数字化财务管理与企业运营 [M]. 长春：吉林人民出版社，2022.

[10] 谢春林. 数字化时代企业财务管理探究 [M]. 长春：吉林文史出版社，2023.

[11] 李彤，贾小强，季献忠. 企业数字化转型 [M]. 北京：人民邮电出版社，2021.

[12] 林树，马健，葛逸云. 中国企业数字化评价研究 [M]. 南京：东南大学出版社，2023.

[13] 肖鹏，李方敏. 工业互联网赋能的企业数字化转型 [M]. 北京：电子工业出版社，2023.

[14] 王喆，郭佳，王玉庭.企业数字化转型认知与实践研究[M].长春：吉林科学技术出版社，2023.

[15] 许鑫，梅妍霜.企业数字化转型：理论、实践与探索[M].上海：上海交通大学出版社，2023.

[16] 李剑峰.企业数字化转型认知与实践：工业元宇宙前传[M].北京：中国经济出版社，2022.

[17] 陈玉平，董路，李肖.企业数字化转型：组织变革与创新赋能[M].北京：化学工业出版社，2024.

[18] 中国电子信息产业发展研究院.协同共生：企业数字化转型之道[M].北京：电子工业出版社，2021.

[19] 胡兴民，杨芳莉.企业数字化转型：拥抱变化与优势再造[M].北京：中国经济出版社，2023.

[20] 许德松，邹俊.企业数字化转型：新时代创新赋能[M].北京：清华大学出版社，2023.

[21] 蓝凌研究院.数智未来：中国企业数字化转型之路[M].杭州：浙江大学出版社，2023.

[22] 董安琪，刘全勇.数字经济时代传统企业数字化转型动能、要素与变革路径研究[J].国际商务财会，2023（23）：56-59.

[23] 范斗南.数字经济转型条件下企业管理的发展与变革研究[J].中国商论，2023（22）：57-61.

[24] 巴曙松，何雅婷.数字经济背景下企业信用管理的数字化变革[J].征信，2023，41（9）：10-14.

[25] 王映.数字经济下企业预算管理变革及创新探析[J].商业观察，2023，9（21）：92-95.

[26] 王国茹.浅析数字经济下的企业会计变革与创新[J].财会学习,2023(14)：94-96.

[27] 付小鸽.数字经济时代企业财务管理变革研究[J].财政监督，2023（10）：99-104.

[28] 张玮斌.洞察时代变革，把握发展数字经济的新趋势[J].建筑设计管理，2023，40（1）：40-45.

[29] 宋露琴.数字经济时代的企业创新变革探究[J].全国流通经济,2022(36):52-55.

[30] 李明达,陆婷婷.数字经济趋势下企业商业模式创新变革与治理研究[J].产业创新研究,2022(23):108-110.

[31] 赵丹,谢飞.数字经济时代数字化转型赋能企业未来发展[J].山西财政税务专科学校学报,2022,24(5):64-66,77.

[32] 荣奎桢.数字经济时代下企业组织制度变革的管理学思考[J].时代经贸,2022,19(9):96-98.

[33] 高腾飞,陈刚,陈颖.数字服务化视角下的企业管理变革:内在逻辑、动力基础与实践路径[J].贵州社会科学,2022(2):135-143.

[34] 龚庆,林耿堃.数字经济视域下软件企业商业模式变革研究:兼论Y公司的案例启示[J].苏州市职业大学学报,2021,32(4):55-59.

[35] 刘凤委,杨剑.数字经济时代下企业预算管理变革与创新实践[J].中国管理会计,2021(1):35-44.

[36] 常路,符正平.数字经济转型下传统企业的双平台战略与组织变革:以广新集团为例[J].企业经济,2019(9):69-76.

[37] 杭斯乔.数字经济带来的人力资源变革[J].商讯,2019(6):190-191.

[38] 张华.数字经济下企业发展的机遇与挑战[J].商业经济研究,2018(24):101-104.

[39] 何蓉.数字化转型背景下企业组织结构变革分析[J].产业创新研究,2024(2):145-147.

[40] 严恒.企业组织结构扁平化变革中的人力资源管理分析[J].中国中小企业,2021(8):210-211.

[41] 陈军强.转型升级战略下的大型设计企业组织结构变革研究[J].西北水电,2020(1):104-107.

[42] 冯蛟,张利国,樊潮,等.组织结构变革背景下赋能型员工管理模式构建[J].中国人力资源开发,2019,36(5):157-169.

[43] 朱文仲.信息时代的企业组织结构变革研究[J].财富生活,2018(18):86,88.

[44] 苏皓.基于企业数字化转型过程中企业文化变革的思考[J].经济师，2024（1）：286-287.

[45] 殷蒙蒙，赵晓光.新时代国有企业文化建设和变革的对策研究[J].中外企业文化，2021（7）：86-87.

[46] ] 邹作基.数字新基建：企业文化变革是关键[J].互联网经济，2020（4）：93-95.

[47] 郭献山.数字经济背景下中小企业市场营销数字化转型研究[J].江苏科技信息，2023，40（36）：50-53.

[48] 李欣阳，赵耀.数字营销在企业营销活动中的应用价值和实施路径[J].老字号品牌营销，2023（24）：20-22.

[49] 魏湘辉.数字经济助推传统企业营销渠道变革的分析[J].现代商贸工业，2023，44（6）：38-40.

[50] 许婧雅.转型发展背景下 WY 公司组织结构变革研究[D].银川：宁夏大学，2021.

[51] 陈贤贤.R 集团扁平化组织结构变革研究[D].石家庄：河北经贸大学，2023.

[52] 张强.TH 集团战略调整下的组织结构变革研究[D].重庆：重庆交通大学，2022.

[53] 陈浩博.基于价值观管理的企业文化变革案例研究[D].北京：北京交通大学，2022.

[54] 卿林佳.战略转型下 CGL 信息公司企业文化评估与变革研究[D].重庆：西南大学，2022.